中小企業の繰越控除にも対応！

## 詳解 賃上げ促進税制

給与額の集計方法から
適用判定、申告書の書き方まで

公認会計士・税理士
**鯨岡 健太郎**

清文社

## はじめに

　令和6年度の税制改正によってあらたに適用されることとなった「賃上げ促進税制」（給与等の支給額が増加した場合の法人税額の特別控除）は、さかのぼれば平成25年度の税制改正によって創設された「所得拡大促進税制」をその原点とする租税特別措置である。数度の税制改正を経て現在に至るまで、本税制は、賃上げを行う企業に対して減税措置を講ずることによって、物価高にも負けない構造的・持続的な賃上げの動きを広げ、わが国経済の積年の課題となっているデフレ脱却からの経済活性化を促すものであり、これまでも非常に多くの適用実績を上げてきた。

　令和6年2月（第213回）国会に提出された「租税特別措置の適用実態調査の結果に関する報告書」によれば、本税制は、研究開発税制や設備投資促進税制をはじめとした他の租税特別措置と比較しても適用件数が突出していることが分かる。適用件数が多くなれば、適用誤りや適用失念により税額の過大納付を招くトラブル（税務事故）の件数も多くなることは容易に想像できるところであって、このような税務事故の発生を未然に防止し、本税制を正しく適用するためには、適用要件等の正しい理解が必要不可欠であることはいうまでもない。適用件数の多さは、この税制と対峙する必要のある税理士や企業担当者の多さを示唆するものであり、そのニーズに応えるべく本書を上梓した次第である。

　本書は、令和6年度の税制改正に対応した「賃上げ促進税制」について、実務上のポイントも交えて網羅的な説明を試みた書籍であり、もともとは、筆者が過去に寄稿したWeb情報誌「Profession Journal（プロフェッションジャーナル）」（株式会社プロフェッションネットワーク発行）の連載記事や速報解説の内容を基礎としたものである。筆者は過去において『賃上げ・投資促進税制（所得拡大促進税制）の実務解説』（平成30年）、

『人材確保等促進税制（所得拡大促進税制）の実務解説』（令和3年）、『賃上げ促進税制の実務解説』（令和4年）と、当時の税制改正に対応した書籍を刊行しており、本書もその流れを基本的には引き継ぐものであるが、読者の利便性をより向上させる観点から、現行税制の解説を冒頭に、過去の改正経緯を末尾に配置する等、構成を抜本的に見直した。

　本書の大きな特徴として、平成25年度に創設された「所得拡大促進税制」からの改正の経緯を全て織り込んでいる点を挙げることができる。旧制度における適用要件や用語の定義なども含めているので当時の税務上の取扱いについてあらためて確認することができる。もちろん今では適用されない制度の話にはなるが、ごくまれに訪れる、過年度の税務申告の内容を振り返る必要性が生じる機会には参考になるであろう（ちなみに創設当初の税制は既に税務上の時効が到来して振り返る機会もないのであるが、それほど息の長い税制になっているという点も、個人的には感慨深いところである）。

　旧書と同様、本書は執筆時点で公表されている最新の情報を全て取り込んでおり、本税制の詳細な取扱いも含めて全ての論点を網羅しているものと自負している。本書がきっかけとなって、実効税率の引き下げに寄与することができれば幸いである。

　なお、所得税においても同様の特別措置が講じられているが、紙幅の関係もあり本書では触れていない。また、本書において意見にわたる記述は全て筆者の私見であり、所属する組織・団体の公式見解ではないことを念のため申し添える。

　最後に、本書の企画から出版に至るあらゆる場面でご尽力頂いた清文社の坂田啓氏と編集担当の對馬大介氏には心より御礼申し上げる。

令和6年9月

　　　　　　　　　　　　　　　　公認会計士・税理士　　鯨岡　健太郎

# 目次 CONTENTS

はじめに

## 第1編　賃上げ促進税制（令和6年度税制改正対応版）

### 第1章　総論 … 3

第1節　制度の概要 … 4
　1　令和6年度税制改正のあらまし … 5
　2　会社分類（大企業・中堅企業・中小企業者等） … 6
　3　大企業向けの賃上げ促進税制 … 8
　4　中堅企業向けの賃上げ促進税制 … 9
　5　中小企業者等向けの賃上げ促進税制 … 9
　6　グループ通算制度における取扱い … 11

### 第2章　大企業向けの賃上げ促進税制 … 13

第1節　制度の概要 … 14
第2節　適用要件 … 15
　1　税額控除の適用要件 … 15
　2　マルチステークホルダー方針公表・届出要件 … 15
　3　上乗せ控除のための要件 … 30
　　補足①　くるみん認定 … 32
　　補足②　えるぼし認定 … 34

### 第3章　中堅企業向けの賃上げ促進税制 … 37

第1節　制度の概要 … 38
第2節　適用要件 … 39
　1　税額控除の適用要件 … 39

|  |  | ② 上乗せ控除のための要件 | 40 |
| --- | --- | --- | --- |
| 第3節 |  | 特定法人（各論） | 43 |

## 第4章 中小企業者等向けの賃上げ促進税制 — 47

| 第1節 | 制度の概要 | 48 |
| --- | --- | --- |
| 第2節 | 適用要件 | 49 |
|  | ① 税額控除の適用要件 | 49 |
|  | ② 上乗せ控除のための要件 | 49 |
| 第3節 | 税額控除限度超過額の繰越し | 53 |

## 第5章 用語の定義 — 57

| ① 国内雇用者 | 58 |
| --- | --- |
| ② 給与等 | 59 |
| ③ 給与等の支給額 | 65 |
| ④ 「他の者から支払を受ける金額」と「補填額」 | 66 |
| 　　補足　「役務の提供の対価として支払を受ける金額」 | |
| 　　　　　の意義 | 69 |
| ⑤ 雇用安定助成金額 | 71 |
| ⑥ 雇用者給与等支給額 | 73 |
| ⑦ 比較雇用者給与等支給額 | 74 |
| ⑧ 控除対象雇用者給与等支給増加額 | 77 |
| ⑨ 調整雇用者給与等支給増加額 | 77 |
| ⑩ 継続雇用者給与等支給額・継続雇用者比較給与等支給額 | 78 |
| 　　補足①　雇用保険一般被保険者 | 84 |
| 　　補足②　継続雇用制度 | 85 |
| ⑪ 教育訓練費の額・比較教育訓練費の額 | 86 |
| ⑫ 中小企業者等 | 91 |
| ⑬ 調整前法人税額 | 94 |
| 　　補足　調整前法人税額から控除しない金額 | |
| 　　　　　（調整前法人税額超過額） | 97 |

## 第6章 地方税の取扱い — 101

| 第1節 | 法人住民税の取扱い | 103 |
| --- | --- | --- |
|  | 補足①　法人税割の課税標準となる「法人税額」 | 103 |

|  |  |  |
|---|---|---|
|  | 補足② 税額控除の効果が住民税に及ぶもの |  |
|  | （中小企業者等） | 106 |
| 第2節 | 法人事業税の取扱い | 108 |
|  | 1 適用時期 | 108 |
|  | 2 用語の定義 | 109 |
|  | 3 適用要件 | 109 |
|  | 4 控除額の計算 | 109 |
|  | 5 適用上の留意点 | 110 |
|  | 補足　事業税の外形標準課税の概要 | 111 |

## 第7章　組織再編成が行われた場合　119

| 第1節 | 調整計算の全体像 | 121 |
|---|---|---|
| 第2節 | 「基準日」の意義 | 124 |
|  | 1 給与等基準日 | 124 |
|  | 2 教育訓練費基準日 | 128 |
| 第3節 | 合併が行われた場合の調整計算 | 131 |
|  | 1 適用年度において合併が行われた場合 | 131 |
|  | 2 基準日から適用年度開始の日の前日までの期間に合併が行われた場合 | 133 |
| 第4節 | 分割等が行われた場合の調整計算（分割法人等） | 135 |
|  | 1 適用年度において分割等が行われた場合 | 135 |
|  | 2 基準日から適用年度開始の日の前日までの期間に分割等が行われた場合 | 138 |
| 第5節 | 分割等が行われた場合の調整計算（分割承継法人等） | 140 |
|  | 1 適用年度において分割等が行われた場合 | 140 |
|  | 2 基準日から適用年度開始の日の前日までの期間において分割等が行われた場合 | 141 |
| 第6節 | ケーススタディー | 143 |
|  | 【ケーススタディー（1）】適用年度に行われた合併（前事業年度が6月以上の場合） | 143 |
|  | 【ケーススタディー（2）】ケーススタディー（1）の翌事業年度の取扱い | 147 |
|  | 【ケーススタディー（3）】適用年度に行われた合併（前事業年度が6月未満の場合） | 150 |

【ケーススタディー（4）】ケーススタディー（3）の
翌事業年度の取扱い ................................................................ 156
【ケーススタディー（5）】適用年度に行われた分割等
（前事業年度が6月以上の場合） .......................................... 159
【ケーススタディー（6）】ケーススタディー（5）の
翌事業年度の取扱い ................................................................ 162

## 第8章　雇用促進税制との併用 ........................................... 165

第1節　併用に伴う調整計算の概要 ........................................... 166
第2節　雇用促進税制の概要 ....................................................... 169
　　　　1　雇用促進税制の類型 ................................................. 169
　　　　2　主な用語の定義 ....................................................... 171

## 第9章　特定税額控除規定の適用停止措置 ................... 177

第1節　概要 ............................................................................... 178
第2節　適用が停止される特定税額控除規定 ........................... 181
第3節　申告書記載例 ................................................................. 182
　　　　別表6（7）【記載例】 .................................................... 183

# 第2編　実務上のポイント

## 第1章　雇用形態ごとの適用可否 ................................... 187

## 第2章　データ集計実務上のポイント ........................... 197

第1節　収集が必要となるデータ ............................................... 199
第2節　データ集計の順序 ........................................................... 200
第3節　国内雇用者と継続雇用者 ............................................... 202
第4節　給与等支給額の集計 ....................................................... 204
　　　　1　個人別・月別給与等支給額一覧表 ......................... 205
　　　　2　属性の設定 ............................................................... 212
　　　　3　金額の集計 ............................................................... 216

|  |  | ④ 他の者から支払を受ける金額と雇用安定助成金額 | 218 |
| --- | --- | --- | --- |
| 第5節 | 決算・申告スケジュールとの関連 | | 219 |
| 第6節 | 本税制の適用可否シミュレーション | | 221 |

## 第3章　申告書への記載　223

| 第1節 | 明細書の添付と当初申告要件 | | 224 |
| --- | --- | --- | --- |
|  | ① 明細書の添付 | | 224 |
|  | ② 当初申告要件 | | 224 |
|  | 補足　「確定申告書等」の範囲 | | 225 |
| 第2節 | 申告書記載例 | | 227 |
|  | 【記載例1】賃上げ促進税制（大企業向け） | | 227 |
|  | 【記載例2】賃上げ促進税制（中堅企業向け） | | 238 |
|  | 【記載例3】賃上げ促進税制（中小企業者等） | | 248 |

# 第3編　これまでの制度改正のあゆみ

## 第1章　所得拡大促進税制（平成25年度〜平成29年度）　265

| 第1節 | 制度の概要 | | 266 |
| --- | --- | --- | --- |
|  | ① 平成25年度税制改正（制度創設） | | 266 |
|  | ② 平成26年度税制改正 | | 267 |
|  | ③ 平成27年度税制改正 | | 270 |
|  | ④ 平成29年度税制改正 | | 271 |
| 第2節 | 適用要件 | | 273 |
|  | ① 平成25年度（制度創設当初） | | 273 |
|  | ② 平成26年度 | | 274 |
|  | ③ 平成27年度〜平成28年度 | | 275 |
|  | ④ 平成29年度 | | 276 |
| 第3節 | 用語の定義 | | 279 |
|  | ① 雇用者給与等支給額 | | 279 |
|  | ② 比較雇用者給与等支給額 | | 279 |
|  | ③ 基準雇用者給与等支給額 | | 279 |
|  | ④ 平均給与等支給額・比較平均給与等支給額 | | 281 |

## 第2章　賃上げ・投資促進税制（平成30年度～令和2年度） …… 289

- 第1節　制度の概要 …… 290
  - ① 平成30年度税制改正 …… 290
  - ② 令和2年度税制改正 …… 293
- 第2節　適用要件 …… 294
  - ① 平成30年度～令和元年度 …… 294
    - 補足　経営力向上計画に関する証明について …… 296
  - ② 令和2年度 …… 301
- 第3節　用語の定義 …… 303
  - ① 雇用者給与等支給額 …… 303
  - ② 比較雇用者給与等支給額 …… 303
  - ③ 継続雇用者給与等支給額・継続雇用者比較給与等支給額 …… 303
  - ④ 国内設備投資額 …… 308
    - 補足①　「事業の用に供する」の意義 …… 309
    - 補足②　無形固定資産の内外判定 …… 310
    - 補足③　「国内資産の取得価額」の取扱いに関する各種通達 …… 311
  - ⑤ 当期償却費総額 …… 313
    - 補足　償却費として損金経理をした金額の範囲と「設備投資額」との関係 …… 314
  - ⑥ 比較教育訓練費の額 …… 316
  - ⑦ 中小企業比較教育訓練費の額 …… 317

## 第3章　人材確保等促進税制（令和3年度） …… 319

- 第1節　制度の概要 …… 320
- 第2節　適用要件 …… 324
- 第3節　用語の定義 …… 328
  - ① 国内新規雇用者 …… 328
  - ② 新規雇用者給与等支給額 …… 333
  - ③ 新規雇用者比較給与等支給額 …… 334
  - ④ 控除対象新規雇用者給与等支給額 …… 337

## 第4章 賃上げ促進税制（令和4年度〜令和5年度） ......... 339

第1節　制度の概要 ......... 340
第2節　適用要件 ......... 345
　　　　1　税額控除の適用要件 ......... 345
　　　　2　マルチステークホルダー方針公表要件 ......... 347

## 第5章 連結納税制度における取扱い（平成25年度〜令和3年度） ......... 349

第1節　制度の概要 ......... 350
　　　　1　適用年度 ......... 350
　　　　2　適用要件の充足性の判定 ......... 350
　　　　3　中小企業者等（中小連結親法人）の判定 ......... 351
　　　　4　税額控除限度額と控除上限額 ......... 352
　　　　5　各連結法人の当期控除額の個別帰属額 ......... 353
第2節　連結納税開始・加入時の取扱い ......... 354
第3節　連結離脱時の取扱い ......... 355
第4節　地方税の取扱い ......... 356

※本書の内容は、令和6年9月末日現在の法令等によっています。

――― ● 凡例 ● ―――

法令等の引用については次の略称を用いた。

措　法………租税特別措置法
措　令………租税特別措置法施行令
措　規………租税特別措置法施行規則
措　通………租税特別措置法関係通達
所　法………所得税法
所　令………所得税法施行令
法　法………法人税法
法　令………法人税法施行令
法基通………法人税基本通達
地　法………地方税法
地法附則……地方税法制定附則
労基法………労働基準法
雇保法………雇用保険法
高年齢者雇用安定法……高年齢者等の雇用の安定等に関する法律
労働者派遣法
　　……労働者派遣事業の適正な運営の確保及び派遣労働者の
　　　保護等に関する法律
震災特例法
　　……東日本大震災の被災者等に係る国税関係法律の臨時特
　　　例に関する法律

　本書では、制度改正前後の定義のそれぞれについて説明する必要があることから、参照条文がいつの時期のものかを明らかにするために、参照条文番号の冒頭に「H25」（平成25年4月1日時点のもの）、「H29」（平成29年4月1日時点のもの）、「H30」（平成30年4月1日時点のもの）、「R2」（令和2年4月1日時点のもの）、または「R3」（令和3年4月1日時点のもの）などと追記している。

# 第1編

# 賃上げ促進税制
## （令和6年度税制改正対応版）

# 第1章

# 総論

# 第1節 制度の概要

租税特別措置法第42条の12の5に定められているこの税制には「給与等の支給額が増加した場合の法人税額の特別控除」との見出しが付されているが、実際には以下の3種類の税額控除制度が含まれている。

- 大企業向けの賃上げ促進税制（第1項）
- 中堅企業向けの賃上げ促進税制（第2項）
- 中小企業者等向けの賃上げ促進税制（第3項）

若干補足すると、第1項の税制はすべての企業（青色申告法人）が適用可能であるのに対し、中堅企業については第2項の税制、中小企業者等については第2項または第3項の税制の選択適用が可能、という制度設計になっている。これら代替的な税制は、第1項の税制と比較して適用要件の緩和や税額控除限度額の拡大等の措置が含まれていることから、中堅企業および中小企業者等は特段の事情がない限りは第2項以下の税制を選好して適用することになり、その反射として、大企業のみが第1項の税制を適用するという状況に落ち着くと考えられる。

以上の整理をふまえ、本書では便宜的に第1項の制度を「大企業向け」、第2項の制度を「中堅企業向け」、第3項の制度を「中小企業者等向け」と分類する（次ページ表参照）。

| 区　分 | 租税特別措置法第42条の12の5に定める税制 | | |
|---|---|---|---|
| | 第1項 | 第2項 | 第3項 |
| 大　企　業 | ○ | × | × |
| 中　堅　企　業 | ○ | ○ | × |
| 中小企業者等 | ○ | ○ | ○ |
| 本書での分類 | 大企業向けの税制 | 中堅企業向けの税制 | 中小企業者等向けの税制 |

（○：適用可能、×：適用不可）

# 1 令和6年度税制改正のあらまし

　令和5年11月2日に閣議決定された『デフレ完全脱却のための総合経済対策〜日本経済の新たなステージにむけて〜』[1]（以下単に「総合経済対策」という）では、わが国経済がコロナ禍の3年間を乗り越え改善しつつある一方、輸入物価の上昇に端を発する物価高の継続が国民生活を圧迫し、回復に伴う生活実感の改善を妨げているとの現状認識のもと、賃金と物価が好循環する絶好の機会を確実なものとするために、適用期限の到来を迎えようとする「賃上げ促進税制」を強化する方針が示された。

---

1　https://www5.cao.go.jp/keizai1/keizaitaisaku/2023/20231102_taisaku.pdf
　（最終閲覧日：令和6年8月28日）

この「総合経済対策」は5本の柱[2]から構成されているが、そのうちの「第2の柱」の施策の一環として**「賃上げ促進税制について、物価高に負けない賃上げを実現できるよう強化する。その際、中小企業等について、赤字法人においても賃上げを促進するための繰越控除制度を創設するとともに、措置の期限の在り方等を検討する。併せて、マルチステークホルダーとの適切な関係の構築に向けた方策を講じる。」**ことが示された。さらに「第4の柱」の施策の一環として**「仕事と子育ての両立や女性活躍支援を促進するため、賃上げ促進税制を強化する。」**ことが示された。

　このような背景をふまえ、物価高に負けない構造的・持続的な賃上げの動きを広めるため、本税制が強化することとされたものである。

## 2　会社分類（大企業・中堅企業・中小企業者等）

　用語の定義も含めた詳細は後述するが、まずは本税制が想定する3種類の会社分類について簡単に整理しておくこととしよう。

　本税制の適用対象は、「資本金の額（出資金の額）」または「常時使用従業者数」の2つの軸を用いて「大企業」「中堅企業」「中小企業者等」の3つに区分される。このとき「大企業」は積極的に定義されるものではなく、「中堅企業」および「中小企業者等」に該当しない企業として位置付けられる点に注意したい。

---

2　「総合経済対策」で示された「5本の柱」は以下の通りである。
　・第1の柱：物価高から国民生活を守る
　・第2の柱：地方・中堅・中小企業を含めた持続的賃上げ、所得向上と地方の成長を実現する
　・第3の柱：成長力の強化・高度化に資する国内投資を促進する
　・第4の柱：人口減少を乗り越え、変化を力にする社会改革を起動・推進する
　・第5の柱：国土強靱化、防災・減災など国民の安全・安心を確保する

## 【大企業：第1項の税制を適用する企業】

中堅企業および中小企業者等に該当しない企業が該当する。

このうち、以下の条件に該当する企業には、適用要件が追加される。

- 資本金の額[3]が10億円以上、かつ常時使用従業員数が1,000人以上
- 資本金の額にかかわらず、常時使用従業員数が2,000人超

## 【中堅企業：第2項の税制を適用する企業】

常時使用従業員数が2,000人以下の企業が該当する。

このうち、以下の条件に該当する企業には、適用要件が追加される。

- 資本金の額が10億円以上、かつ常時使用従業員数が1,000人以上

## 【中小企業者等：第3項の税制を適用する企業】

資本金の額が1億円以下の企業が該当する。

---

3 または出資金の額。特に断りのない限り、以下本書において同様とする。

以上をふまえ、3種類の税制の適用関係を整理すると下図のようになる。

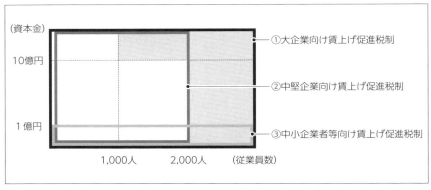

（出典：経済産業省「賃上げ促進税制」特設ページ[4]を元に一部著者修正）

## 3 大企業向けの賃上げ促進税制

　青色申告法人が適用年度[5]（令和4年4月1日から令和9年3月31日までの間に開始する各事業年度）中に国内雇用者に対して給与等を支給する場合において、一定の適用要件を満たすときは、その給与等支給額の10％～35％相当額を法人税額から控除するという制度である（措法42の12の5①）。
　平たく言えば、「国内雇用者に対する給与の支払を前年度から増やすこと（＝賃上げ）によって受けられる税額控除」ということである。

---

4　https://www.meti.go.jp/policy/economy/jinzai/syotokukakudaisokushin/syotokukakudai.html（最終閲覧日：令和6年5月26日）
5　設立事業年度、解散（合併による解散を除く）の日を含む事業年度および清算中の各事業年度を除く。
　また「設立事業年度」とは、設立の日を含む事業年度をいうが、「設立の日」には以下の日も含まれる（措法42の12の5⑤一）。
　・外国法人：恒久的施設を有することとなった日
　・公益法人等および人格のない社団等：新たに収益事業を開始した日
　・公益法人等（収益事業を行っていないものに限る）に該当していた普通法人または協同組合等：その普通法人または協同組合等に該当することとなった日

本税制は令和6年度の税制改正によって従前の「賃上げ促進税制」が強化されたものである。国際情勢の緊迫化、労働者人口の減少、円安状況の長期化等に端を発する物価上昇の中、実質賃金の下振れ圧力が強くなっているという状況下にあって、「物価上昇を上回る賃金上昇の実現」が最優先課題として設定されたことに伴う改正である。

## ４　中堅企業向けの賃上げ促進税制

　中堅企業が適用年度（令和6年4月1日～令和9年3月31日までの間に開始する各事業年度）中に国内雇用者に対して給与等を支給する場合において、一定の適用要件を満たすときは、前年度からの給与等支給増加額の10％～35％相当額を法人税額から控除するという制度である（措法42の12の5②）。

　中堅企業向けの制度は、適用要件および上乗せ控除の要件項目は大企業向けの制度と同様であるものの、充足すべき要件が若干緩和されている。

## ５　中小企業者等向けの賃上げ促進税制

　中小企業者等が適用年度（平成30年4月1日～令和9年3月31日までの間に開始する各事業年度）中に国内雇用者に対して給与等を支給する場合において、一定の適用要件を満たすときは、前年度からの給与等支給増加額の15％～45％相当額を法人税額から控除するという制度である（措法42の12の5③）。

　さらに、税額控除限度額のうち控除しきれない金額（税額控除限度超過額）が生じた場合には、これを5年間繰り越して将来の法人税額から控除することができる（措法42の12の5④）。

　中小企業者等向けの制度は、適用要件および上乗せ控除の要件が大企

業および中堅企業向けの制度と異なるほか、繰越控除制度が認められるという違いがある。

【税額控除限度額の計算】

| 制　度 | 控除限度額 | 控除上限 |
|---|---|---|
| 大企業向け賃上げ促進税制 | 【原則控除】<br>控除対象雇用者給与等支給増加額の10％<br><br>【上乗せ控除】<br>①継続雇用者支給額の増加要件を満たせば5％〜15％上乗せ<br>②教育訓練費の額の増加要件を満たせば5％上乗せ<br>③「プラチナくるみん認定」または「プラチナえるぼし認定」を受けていれば5％上乗せ<br>⇒控除率は最大35％になる | 適用年度の調整前法人税額の20％相当額 |
| 中堅企業向け賃上げ促進税制 | 【原則控除】<br>控除対象雇用者給与等支給増加額の10％<br><br>【上乗せ控除】<br>①継続雇用者支給額の増加要件を満たせば15％上乗せ<br>②教育訓練費の額の増加要件を満たせば5％上乗せ<br>③「プラチナくるみん認定」、「プラチナえるぼし認定」または「えるぼし認定（3段階目）」を受けていれば5％上乗せ<br>⇒控除率は最大35％になる | 適用年度の調整前法人税額の20％相当額 |

| 制　度 | 控除限度額 | 控除上限 |
|---|---|---|
| 中小企業者等向け賃上げ促進税制 | 【原則控除】<br>控除対象雇用者給与等支給増加額の15％<br><br>【上乗せ控除】<br>①雇用者給与等支給額の増加要件を満たせば15％上乗せ<br>②教育訓練費の額の増加要件を満たせば10％上乗せ<br>③「プラチナくるみん認定」、「くるみん認定」、「プラチナえるぼし認定」または「えるぼし認定（2段階目以上）」を受けていれば5％上乗せ<br>⇒控除率は最大45％になる | 適用年度の調整前法人税額の20％相当額 |

## 6 グループ通算制度における取扱い

　令和4年4月1日以後開始事業年度より適用することのできるグループ通算制度は、「法人格を有する各法人を納税単位として課税所得計算および法人税額の計算並びに申告は各法人がそれぞれ行うこととし、同時に企業グループの一体性にも着目し、課税所得金額および法人税額の計算上、企業グループをあたかも一つの法人であるかのように捉え、損益通算等の調整を行う仕組み」[6]であり、単体納税における特例的な取扱いとして位置付けられるものである。

　しかしながら、グループ通算制度における本税制の適用については、

---

6　財務省「令和2年度　税制改正の解説」p.825

特に固有の取扱いが定められていないことから、本税制は各通算法人においてそれぞれ適用されることとなる。

　ただし、通算法人が中小企業者向けの税額控除制度を適用するためには、通算グループに属するすべての通算法人が中小企業者等に該当しなければならない（第5章12参照）。

# 第2章

# 大企業向けの賃上げ促進税制

# 第1節 制度の概要

　青色申告書を提出する法人が、適用年度（令和4年4月1日から令和9年3月31日までの間に開始する各事業年度）中に国内雇用者に対して給与等を支給する場合において、一定の適用要件（次節**1**参照）を満たすときは、その給与等支給額の10％相当額（税額控除限度額）を法人税額（当該法人の当該事業年度の所得に対する調整前法人税額）から控除する（措法42の12の5①）。

　さらに上乗せ控除のための要件（次節**3**参照）が定められており、それらの要件の充足度合いに応じて控除率は5％〜25％上乗せされる（税額控除限度額は最大35％相当額まで拡大する）。

　ただし控除上限は調整前法人税額の20％相当額である。

# 第2節 適用要件

## 1 税額控除の適用要件

大企業向けの制度における適用要件は下表の通りである（措法42の12の5①）。

| 摘　要 | 内　容 |
| --- | --- |
| 適用要件①<br>（賃上げの要件） | 継続雇用者給与等支給増加割合[1]が3％以上であること。 |
| 適用要件②<br>（マルチステークホルダー方針公表・届出要件） | 一定規模以上の法人にあっては「マルチステークホルダー方針」を公表し、所定の届出を行っていること。 |

## 2 マルチステークホルダー方針公表・届出要件

「新しい資本主義」の実現に向けた取組みの一環として、一定規模以上の法人については、多様なステークホルダー（利害関係者）に配慮した経営への取組みを行うことが社会的責任として求められるとの認識のもと、そうした取組みを行っている法人に限り賃上げ促進税制の適用を行うこととされている。

---

[1] 継続雇用者給与等支給額から継続雇用者比較給与等支給額を控除した金額の当該継続雇用者比較給与等支給額に対する割合をいう（措法42の12の5①）。

具体的には、一定の「マルチステークホルダー方針」を自社のホームページに公表するとともに、公表した旨を経済産業大臣に届け出ることが必要である。さらに、公表届出後に経済産業大臣から発行される「受理通知書」の写しを確定申告書に添付することが必要である（措法42の12の5①、措令27の12の5①②）。

このための具体的な手続については、「事業上の関係者との関係の構築の方針の公表および届出に係る手続を定める告示」（令和4年3月31日経済産業省告示第88号）が公表されていることから、以下その内容について紹介する。

### (1) 対象法人

以下のいずれかに該当する法人（措法42の12の5①）。

- 適用年度終了の時における資本金の額が10億円以上であり、かつ、常時使用従業員数[2]が1,000人以上である法人
- 適用年度終了時における資本金の額にかかわらず、常時使用従業員数が2,000人を超える法人[3]

---

2 常時使用する従業員の数は、常用であると日々雇い入れるものであるとを問わず、事務所または事業所に常時就労している職員、工員等（役員を除く）の総数によって判定する。この場合において、法人が繁忙期に数か月程度の期間その労務に従事する者を使用するときは、当該従事する者の数を「常時使用する従業員の数」に含めるものとする（措通42の12の5-1）。また、資本金の額が10億円以上である公益法人等について「常時使用従業員数」の判定を行う場合には、収益事業に従事する従業員数だけでなく、その全部の従業員数によって行うものとする（措通42の12の5-1の2）。

## (2) マルチステークホルダー方針の内容

マルチステークホルダー方針に含まれる内容としては、給与等の支給額の引き上げの方針、下請事業者（下請中小企業振興法2④）その他の取引先との適切な関係の構築の方針その他の事業上の関係者との関係の構築の方針に関する事項として厚生労働大臣、経済産業大臣および国土交通大臣が定める事項とされ（措法42の12の5①、措令27の12の5①）、厚生労働大臣、経済産業大臣および国土交通大臣は、これに係る事項を定めたときは、これを告示することとされている（措令27の12の5㉗）。

具体的には、「事業上の関係者との関係の構築の方針に記載する事項を定める告示」（厚生労働省・経済産業省・国土交通省告示第1号　令和4年3月31日）において、以下のように定められている。

- 給与等の支給額の引上げおよび教育訓練等の実施の方針
- 下請事業者その他の取引先との適切な関係の構築の方針
- その他の事業上の関係者との関係の構築の方針を定めているときは、その内容

このうち「下請事業者その他の取引先との適切な関係の構築の方針」については、別途、「パートナーシップ構築宣言」[4]の作成と公表も求め

---

3　令和6年度の税制改正によって常時使用従業員数が2,000人以下の法人があらたに「中堅企業」として位置付けられたことに伴い（次章参照）、資本金の額にかかわらず常時使用従業員数が2,000人を超える法人を新たに「大企業」として位置付けることとし、マルチステークホルダー方針公表・届出要件の対象に追加された。

4　経団連会長、日商会頭、連合会長および関係大臣（内閣府、経済産業省、厚生労働省、農林水産省、国土交通省）をメンバーとする「未来を拓くパートナーシップ構築推進会議」において「パートナーシップ構築宣言」の仕組みを創設することとされ、サプライチェーンの取引先や価値創造を図る事業者との連携・共存共栄を進めることで、新たなパートナーシップを構築することを、「発注者」の立場から企業の代表者の名前で宣言するものである。

られている点に留意が必要である。

　具体的には、以下の「様式第一」（最終改正：令和6年3月28日）の内容および記載要領に従い作成することとなる。様式が変更されているため、令和6年3月31日以前に開始する適用年度に係るマルチステークホルダー方針を既に公表している場合であっても、令和6年4月1日以降に開始する事業年度について本税制の適用を受ける場合には、あらためて新様式を用いてマルチステークホルダー方針を公表し直す必要があるため留意が必要である。ただし、令和6年4月1日以降に開始する適用年度について、既に新様式によるマルチステークホルダー方針を公表している場合には、2回目以降の税制の適用に当たりマルチステークホルダー方針の公表をし直す必要はない。

　また、経済産業省が公表する『「賃上げ促進税制」御利用ガイドブック』（令和6年8月5日公表版）にも、各様式の記載要領が追加的に示されている。

　以下では「様式第一」のひな形について、両者の記載要領と合わせて示す[5]。

---

　具体的には、「パートナーシップ構築宣言」ポータルサイトからひな形をダウンロードし、「パートナーシップ構築宣言」を作成したうえで、これを登録することによって「登録企業リスト」に追加される。https://www.biz-partnership.jp/outline.html（最終閲覧日：令和6年8月28日）

5　経済産業省公表の「ガイドブック」の記載要領は「ですます調」で記載されているところ、本書では「である調」に表現を修正している。

(様式第一)

| 内　容 | 記載要領 |
|---|---|
| 「マルチステークホルダー方針」<br><br>　当社は、企業経営において、株主にとどまらず、<u>従業員</u>、<u>取引先</u>、顧客、債権者、地域社会をはじめとする多様なステークホルダーとの価値協創が重要となっていることを踏まえ、<u>マルチステークホルダーとの適切な協働</u>に取り組んでまいります。その上で、価値協創や生産性向上によって生み出された収益・成果について、<u>マルチステークホルダーへの適切な分配</u>を行うことが、賃金引上げのモメンタムの維持や経済の持続的発展につながるという観点から、<u>従業員への還元</u>や<u>取引先への配慮</u>が重要であることを踏まえ、以下の取組を進めてまいります。<br><br>　　　　　　　　　　　記<br><br>\|1．従業員への還元（必須記載）\|<br>　当社は、経営資源の成長分野への重点的な投入、従業員の能力開発やスキル向上等を通じて、<u>持続的な成長</u>と<u>生産性向上</u>に取り組み、<u>付加価値の最大化</u>に注力します。その上で、生み出した収益・成果に基づいて、「賃金決定の大原則」に則り、自社の状況を踏まえた適切な方法による<u>賃金の引上げ</u>を行うとともに、それ以外の総合的な処遇改善としても、従業員のエンゲージメント向上や更なる生産性の向上に資するよう、<u>教育訓練等</u>を中心に積極的に取り組むことを通じて、<u>従業員への持続的な還元</u>を目指します。<br><u>(個別項目)</u><br>　具体的には、<u>賃金の引上げについて</u>○○○○○○○○○○○○○○に取り組むとともに、<u>教育訓練等について</u>○○○○○○○○○○○○○○○○に取り組んでまいります。 | ①<br>②<br>③<br><br><br><br><br><br><br><br><br>④<br>⑤ |

第2章　大企業向けの賃上げ促進税制

| 内　容 | 記載要領 |
|---|---|
| 2．取引先への配慮（必須記載）<br>　当社はパートナーシップ構築宣言の内容遵守に、引き続き、取り組んでまいります。<br>　なお、パートナーシップ構築宣言の掲載が取りやめとなった場合、マルチステークホルダー方針の公表を自主的に取り下げます。<br>・パートナーシップ構築宣言のURL<br>【https://www.biz-partnership.jp/declaration/○○○○.pdf】 | ⑥ |
| 　また、消費税の免税事業者との取引関係についても、政府が公表する免税事業者及びその取引先のインボイス制度への対応に関する考え方等を参照し、適切な関係の構築に取り組んでまいります。 | ⑦ |
| 3．その他のステークホルダーに関する取組（任意記載）<br>　当社は、○○○○○○○○○○○○○○○○○○○○○○○○○○○○○○○○○○○○○○○に取り組んでまいります。<br><br>これらの項目について、取組状況の確認を行いつつ、着実な取組を進めてまいります。<br><br><br>　　　　　　　　　　　　　　　　　　　　　　　　　　以上<br>　　　　　　　　　　　　　　　　　　年　　月　　日 | ⑧<br><br><br><br><br><br>⑨⑩ |
| ＿＿＿＿＿＿＿＿＿＿　　　　＿＿＿＿＿＿＿＿＿＿＿＿＿＿＿<br>　　　　法人名　　　　　　　　代表者の役職および氏名 | ⑪ |

（記載要領／強調：筆者）

| 番号 | 記載要領 |
|---|---|
| ① | 「マルチステークホルダー方針」という件名は変えずに使用すること。 |

| 番号 | 記載要領 |
|---|---|
| ② | 様式中の下線を付した用語は必ず盛り込むこと。**ただし、公表時には下線は削除すること。**<br>▶ 用語の意味が変わっていなければ、必ずしも下線を付した用語、一字一句そのままの記載である必要はない。例えば以下のものは問題ないものと整理される。<br>・「従業員」の代わりに「社員」「雇用者」等、同意の表現を使用すること。<br>・間に助詞や用語が追加されている場合。<br>　例：「生産性の向上」「取引先様への配慮」「マルチステークホルダーや関連企業との適切な協働」<br>▶ 用語の使用の順番は、様式のとおりである必要はないが、1つでも含まれていない用語がある場合には、届出に不備があると判断され、受理できない。 |
| ③ | 「柱書」は、記載の文章を参考にしつつ、統合報告書や企業行動指針等における記載を引用・活用することで、可能な限り、新たに文章を追加するなど自社の方針・取組に応じた記載とすること。 |
| ④ | 「1．従業員への還元」「2．取引先への配慮」「3．その他のステークホルダーに関する取組」という項目名の記載は変えずに使用すること。ただし、公表時には「(必須記載)」「(任意記載)」という記載は削除すること。 |
| ⑤ | 「1．従業員への還元（必須記載）」は、前段については、記載の文章を参考にしつつ、統合報告書や企業行動指針等における記載を引用・活用することで、可能な限り、自社の方針・取組に応じた記載とすること。「個別項目」については、「賃金の引上げ」および「教育訓練等」の項目について、必ず、自社の取組内容を具体的に記載した文章を追加すること。 |
| ⑥ | 「2．取引先への配慮（必須記載）」は、パートナーシップ構築宣言のURL以外は様式に記載の文言をそのまま使用すること。URLは、パートナーシップ構築宣言ポータルサイトに掲載のURLを文字列で記載すること。 |
| ⑦ | 令和6年度の税制改正により追加。インボイス制度の導入に伴い、取引先への配慮の中でも特に配慮すべき事項としてマルチステークホルダー方針の様式に盛り込まれることとなった。 |

| 番号 | 記載要領 |
|---|---|
| ⑧ | 「3．その他のステークホルダー方針に関する取組（任意記載）」は、その他のステークホルダーに関する取組などがあれば、統合報告書や企業行動指針等における記載を引用・活用することで、可能な限り、自社の取組内容を具体的に記載した文章を記載すること。ただし、「3．その他のステークホルダーに関する取組（任意記載）」自体を記載しない場合には、公表時には項目ごと削除してすること。 |
| ⑨ | 「　年　月　日」は、令和6年度税制改正による新様式のマルチステークホルダー方針を自社ホームページに公表した日付を記載する。マルチステークホルダー方針に記載の内容について更新を行った際は、新様式による公表日の記載は残した上で、以下の通り、公表日の下部に更新日および更新内容を記載する。<br><br>※マルチステークホルダー方針（様式第一）末尾<br>以上<br>令和6年4月30日<br>（令和7年2月8日　○○変更による更新）<br>（令和7年8月20日　○○変更による更新）<br><br>初めて公表した公表日は残す。<br>変更内容の記載例<br>・社名変更<br>・代表者変更<br>・内容変更　等<br>2回目以降の更新となる場合は、順次追記。<br><br>ただし、届出を提出後、経済産業省からの指示で修正を行った場合は、公表日及び公表内容の更新の記載は不要である。 |
| ⑩ | 令和6年度税制改正によりマルチステークホルダー方針の様式が変更となったため、令和5年度以前から旧様式（令和4年度税制改正による様式）でマルチステークホルダー方針を公表しており、令和6年度以降の事業年度においても引き続き税制の適用を受けようとする事業者は、**更新日を追記するのではなく、公表日自体を令和6年度改正による新様式のマルチステークホルダー方針を自社ホームページに初めて公表した日に変更する必要がある**（下図参照）。<br><br>〈図：令和5年度以前から引き続き税制を利用する場合の公表日の考え方〉<br><br>令和4年度税制改正により　　　　令和6年度税制改正により<br>マルチステークホルダー方針が導入　マルチステークホルダー方針の様式が変更<br>★　　　　　　　　　　　　　★<br>令和4年度　令和5年度　令和6年度　令和7年度　令和8年度<br><br>令和4年度税制改正による様式の公表日を記載。適宜更新日を記載。<br>公表日の記載はリセット。令和6年度税制改正による様式の公表日を記載。<br>引き続き税制を利用する場合は更新日を記載。 |
| ⑪ | 「法人の名称」は、登記簿上の名称を記載すること。 |

## (3) 公表および届出の手続

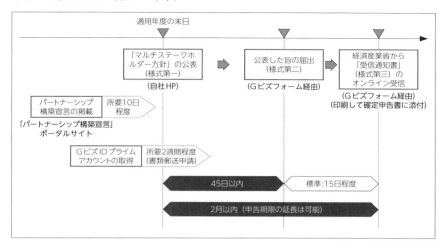

### 【ステップ1：パートナーシップ構築宣言の掲載】

マルチステークホルダー方針には「パートナーシップ構築宣言」を掲載している旨の記載が必要となることから、まずはこれに対応する必要がある。具体的には、「パートナーシップ構築宣言」ポータルサイト[6]を参照し、ここに自社の「パートナーシップ構築宣言」を掲載する必要がある（所要10日程度）。

### 【ステップ2：マルチステークホルダー方針の作成・公表】

<u>適用事業年度終了の日までに</u>、「様式第一」を用いてマルチステークホルダー方針を作成し、自社のホームページに公表する必要がある。この点、公表先としての自社ホームページが整備されておらず、自社を含む企業グループ共通のホームページしかない場合には、当該企業グループ全体のホームページへの掲載で足りる（公表要件を満たす）。ただし、

---

6　https://www.biz-partnership.jp/　（最終閲覧日：令和6年8月29日）

マルチステークホルダー方針自体は個別の法人ごとに整備が要求される点には留意されたい。

マルチステークホルダー方針の公表期間は、以下のいずれか遅い日までとされている。

- 適用事業年度終了の日の翌日から45日を経過する日
- 公表日から起算して１年を経過する日

【ステップ３：「ＧビズＩＤプライム」アカウントの取得】

マルチステークホルダー方針をホームページ経由で公表した旨の届出は、デジタル庁により整備された「Ｇビズフォーム」と呼ばれる法人・個人事業主向けの情報提供プラットフォーム[7]を通じて行われるため、これを利用するためのアカウント（具体的には「ＧビズＩＤプライム」という種類のアカウント[8]）を取得する。

書類郵送申請の場合には２週間程度、オンライン申請の場合には最短で即日発行される。

【ステップ４：マルチステークホルダー方針を公表した旨の届出】

適用年度終了の日の翌日から45日を経過する日までに、「様式第二」（最終改正：令和６年３月28日）を用いてマルチステークホルダー方針を公表した旨を「Ｇビズフォーム」経由で経済産業大臣に届け出る必要がある。

**「様式第二」による届出は適用年度ごとに必要となる**ため、マルチステークホルダー方針の内容に変更がない場合であっても、毎年の届出が

---

7　https://form.gbiz.go.jp/ApplicationList/comappl/（最終閲覧日：令和６年８月29日）

8　ＧビズＩＤには、ＧビズＩＤプライム、ＧビズＩＤメンバー、ＧビズＩＤエントリーという３種類のアカウントがあるが、本税制の適用に当たり所定の手続を進めるうえでは「ＧビズＩＤプライム」アカウントの開設が必要である。

必要となる点に留意が必要である。

## 【ステップ5：受理通知書の取得・印刷と確定申告書への添付】

　届出内容については、所定の審査（方針および届出内容の確認。標準所要期間は15日程度）を経て届出が受理されると、経済産業省より受理通知（様式第三）が発行される（Gビズフォームを活用したオンライン送付により取得する）。

　本税制の適用を受けるためには、確定申告書にこの受理通知の写しを添付する必要がある（措令27の12の5②）。受理通知書の原本はGビズフォーム上にアップロードされたファイルになることから、確定申告の際は、この原本の電子媒体を印刷して「写し」として添付することとなる。

　このように、マルチステークホルダー方針の公表・届出要件の充足については、経済産業省における確認を経る必要があるから、法定申告期限をにらみつつ早期の対応が必要になると考えられる。届出（事業年度終了後45日以内）から所定の審査（提出後15日程度）を受けるというプロセスを経るだけで法定申告期限（事業年度終了日の翌日から2月経過日）を迎える可能性が高まるため、特に前者の届出は速やかに行うことが望まれる。

(様式第二)

様式第二

## 「マルチステークホルダー方針」の公表に係る事項の届出書

経済産業大臣　殿

年　月　日

　令和4年経済産業省告示第88号第1条に基づき、「マルチステークホルダー方針」の公表に係る事項について、下記のとおり届け出ます。

届出者　法人の名称並びに代表者の役職及び氏名

_____

住所　　　　　　　　　　　　　　　　　所

_____

【令和4年経済産業省告示第88号第3条第1項に規定する事項】

1. 届出者に係る情報

| 法人の名称 | 代表者の役職及び氏名 | 住所 |
|---|---|---|
|  |  |  |

2. 税制の適用を受けようとする事業年度に係る情報

| 適用事業年度開始日 | 適用事業年度終了日 |
|---|---|
| 年　月　日 | 年　月　日 |

3.「マルチステークホルダー方針」の公表に係る情報

| 公表日 | 公表URL |
|---|---|
| 年　月　日 |  |

【受理通知書の送付に係る情報】

| 受理通知書の受取方法 | Gビズフォームにおけるオンライン受取　／　紙媒体の郵送 |
|---|---|
| 郵送の場合の送付先 | 宛名<br>住所　（〒　－　　） |

(様式第三)

経 済 産 業 省

文 書 番 号
令和　年　月　日

_____

_____ 殿

経済産業大臣

「マルチステークホルダー方針」の公表に係る事項の届出書／変更届出書の受理（通知）

　令和　年　月　日付をもって届出がありました上記の件については、令和四年経済産業省告示第八十八号第四条第一項／第五条第二項に基づき、下記のとおり届出書／変更届出書を受理したので、通知します。

1．届出者に係る情報

| 法人名 |  |
|---|---|
| 代表者氏名 |  |
| 住所 |  |

2．税制の適用に係る情報

| 税制の適用を受けようとする事業年度 | 令和　年　月　日から令和　年　月　日までの事業年度 |
|---|---|

備考（全て削除して使用のこと）
1. この用紙の大きさは、日本産業規格Ａ４とすること。
2. 文字はかい書で、インキ、タイプによる印字等により明確に記入すること。

## （4）　届出事項の変更

　マルチステークホルダー方針の公表期間中において以下の事項に変更があった場合には、すみやかに「様式第四」（変更届出書）を経済産業大臣に届け出る必要がある。

変更届出書の提出後、あらためて受理通知（様式第三）が発行される。

（変更があった場合に届出が必要な事項）

| 書類の種類 | 変更のあった事項（要届出） |
| --- | --- |
| 様式第一<br>「マルチステークホルダー方針」 | マルチステークホルダー方針の内容 |
| | パートナーシップ構築宣言のURL[9] |
| | 法人の名称 |
| | 代表者の役職及び氏名 |
| 様式第二<br>「マルチステークホルダー方針」の公表に係る事項の届出書 | 法人の名称 |
| | 代表者の役職及び氏名 |
| | 住所 |
| | 適用事業年度 |
| | マルチステークホルダー方針の公表日 |
| | マルチステークホルダー方針の公表URL |

　公表期間中かつ確定申告書提出期限前に変更があった場合には、確定申告の際には、変更届出に対する受理通知書の写しを提出する必要がある（変更前の届出に対する受理通知書の写しは不要）。

---

9　パートナーシップ構築宣言は、令和6年3月25日付けでひな形が改正されているが、改正前後のひな形のいずれも有効である。ただし、改正されたひな形への移行に伴い、パートナーシップ構築宣言のURLが変更になった場合には、マルチステークホルダー方針中に記載されている「パートナーシップ構築宣言」のURLについても修正しなければならない。

(様式第四)

様式第四

## 「マルチステークホルダー方針」の公表に係る事項の変更届出書

経済産業大臣　殿

　　　　　　　　　　　　　　　　　　　　　　　　　　　　年　月　日

　令和4年経済産業省告示第88号第5条第1項に基づき、「マルチステークホルダー方針」の公表に係る事項について、下記のとおり変更したため、届け出ます。

　　　　　　　　　　　　　　　届出者　法人の名称並びに代表者の役職及び氏名

　　　　　　　　　　　　　　　　　　　住　　　　　　　　　　　　　　　所

【変更のあった事項】

| | |
|---|---|
| マルチステークホルダー方針 | |
| 法人の名称並びに代表者の役職、氏名及び住所 | |
| 適用事業年度 | |
| マルチステークホルダー方針の公表日及び公表URL | |

【令和4年経済産業省告示第88号第3条第1項に規定する事項に係る変更の情報】

1. 届出者に係る情報

| | 法人の名称 | 代表者の役職及び氏名 | 住所 |
|---|---|---|---|
| 変更前 | | | |
| 変更後 | | | |

2. 税制の適用を受けようとする事業年度に係る情報

| | 適用事業年度開始日 | 適用事業年度終了日 |
|---|---|---|
| 変更前 | 年　月　日 | 年　月　日 |
| 変更後 | 年　月　日 | 年　月　日 |

3. 「マルチステークホルダー方針」の公表に係る情報

| | 公表日 | 公表URL |
|---|---|---|
| 変更前 | 年　月　日 | |
| 変更後 | 年　月　日 | |

| 【受理済みの受理通知書に係る情報】 | |
|---|---|
| 文書の番号 | 20○○○○○○○経第○号 |
| 文書の日付 | 年　月　日 |

| 【受理通知書の送付に係る情報】 | |
|---|---|
| 受理通知書の受取方法 | Gビズフォームにおけるオンライン受取　／　紙媒体の郵送 |
| 郵送の場合の送付先 | 宛名<br>住所　（〒　-　） |

記載要領（全て削除して使用のこと）

1. 「【変更のあった事項】」は、変更があった全ての事項の右欄に「○」を記載すること。
2. 「【令和4年経済産業省告示第88号第3条第1項に規定する事項に係る変更の情報】」は、1～3の全ての事項について、変更前の情報を記載の上、変更があった事項についてのみ、変更後欄に変更後の情報を記載すること。
3. マルチステークホルダー方針（様式第一）に変更があった場合は、本変更届出書と併せて変更前のマルチステークホルダー方針のファイル（ファイル名は「20XXXX（公表日）_【旧】マルチステークホルダー方針（社名）」）、変更後のマルチステークホルダー方針のファイル（ファイル名は「20XXXX（更新日）_【新】マルチステークホルダー方針（社名）」）を添付して提出すること。その際、両ファイルにおいて、変更箇所に黄色ハイライトを付すこと。
4. 「【受理済みの受理通知書に係る情報】」は、既に経済産業大臣より受理済みの直近の受理通知書（変更届出が1回目である場合は届出に対する受理通知書、2回目以降である場合は直近の変更届出に対する受理通知書）の右上に記載の文書の番号及び文書の日付を記載すること。
5. 「【受理通知書の送付に係る情報】」のうち、「受理通知書の受取方法」は、希望する方法を四角囲みで囲むこと。受理通知書送付の迅速化の観点から「Gビズフォームにおけるオンライン受取」を推奨。
6. 「【受理通知書の送付に係る情報】」のうち、「郵送の場合の送付先」は、「紙媒体の郵送」を選択された場合に記載のこと（実際に受理通知書を受領されたい者の宛名（会社名、部署、役職、氏名）、住所を記載すること。必ずしも「届出者に係る情報」と一致している必要はない。）。

備考（全て削除して使用のこと）

1. この用紙の大きさは、日本産業規格A4とすること。
2. 文字はかい書で、インキ、タイプによる印字等により明確に記入すること。

# 3 上乗せ控除のための要件

　上乗せ控除（税額控除率の上乗せ）措置としては「継続雇用者給与等支給額の増加に伴う上乗せ措置」、「教育訓練費の増加に伴う上乗せ措置」および「厚生労働省の認定制度の適用による上乗せ措置」の3つがあり、それぞれに応じて上乗せ控除率が詳細に定められている（措法42の12の

5①一〜三）。

## 【継続雇用者給与等支給額の増加に伴う上乗せ措置】

| 要　件 | | 上乗せ控除率 |
|---|---|---|
| 継続雇用者給与等支給増加割合 | 4％以上 | ＋5％ |
| | 5％以上 | ＋10％ |
| | 7％以上 | ＋15％ |

## 【教育訓練費の増加に伴う上乗せ措置】

| 要　件 | 上乗せ控除率 |
|---|---|
| 以下のいずれも満たす場合[10]<br>1．教育訓練費の比較教育訓練費に対する増加割合が10％以上であること<br>2．教育訓練費の額が雇用者給与等支給額の0.05％以上であること | ＋5％ |

---

[10] 令和6年度の税制改正前は、この要件は「増加割合」のみで判定され「増加額」は考慮外とされていたことから、わずかな教育訓練費の増加でも上乗せ措置の適用を受けることができる状況が許容されていた。
今般の改正により、一定程度の教育訓練費を確保するための措置として、教育訓練費の額が雇用者給与等支給額に占める割合についても適用要件として考慮されることとなった。そのかわり増加割合要件が緩和されている（改正前：20％以上 ⇒ 改正後：10％以上）。

**【厚生労働省の認定制度の適用による上乗せ措置】**

　子育てと仕事の両立支援や女性活躍の推進の取組みを後押しする観点から、こうした取組みに積極的な企業に対する厚生労働省による認定制度（「くるみん」「えるぼし」）の適用対象企業に対し、税額控除率の上乗せ措置が講じられた。

| 要　件 | 上乗せ控除率 |
| --- | --- |
| <u>適用事業年度終了の時において、</u>以下のいずれかの認定を受けている場合<br>・「プラチナくるみん認定」[11]<br>・「プラチナえるぼし認定」[12] | ＋5％ |

● 補足①

**くるみん認定**

　「子育てサポート企業」として厚生労働大臣の認定を受けた証であり、その取組みの程度に応じて「トライくるみん認定」「くるみん認定」および「プラチナくるみん認定」の3種類が用意されている。

　具体的には、次世代育成支援対策推進法に基づき行動計画を策定した企業のうち、その計画期間における取組みを通じて所定の目標を達成し、一定の要件を満たした企業は、申請を行うことによって「子育てサポート企業」として厚生労働大臣の認定（「くるみん認定」または「トライくるみん認定」）を受けることができる。

　さらに、「くるみん認定」または「トライくるみん認定」を受けた企

---

11　次世代育成支援対策推進法第15条の3第1項に規定する特例認定一般事業主
12　女性の職業生活における活躍の推進に関する法律第13条第1項に規定する特例認定一般事業主

業のうち、より高い水準の取組みを行った企業は、一定の要件を満たした場合に特例認定（プラチナくるみん認定）を受けることができる。

主な認定基準をまとめると下表の通りとなる[13]。

| | | トライくるみん認定 | くるみん認定 | プラチナくるみん認定 |
|---|---|---|---|---|
| 女性の育児休業取得率 | | 75％以上 | 75％以上 | 75％以上 |
| 男性の育児休業取得率 | | 7％以上 | 10％以上 | 30％以上 |
| 労働時間数：計画期間の属する事業年度において右のいずれも満たしていること | フルタイム労働者の月平均時間外・休日労働時間 | 45時間未満 | 45時間未満 | 45時間未満 |
| | 全労働者の月平均時間外労働時間 | 60時間未満 | 60時間未満 | 60時間未満 |
| その他 | | / | 男女の育児休業取得率を厚生労働省のサイト（「両立支援のひろば」）で公表していること | / |

また、くるみん等の認定を受けた企業のうち、「不妊治療と仕事との両立」に取り組む企業が一定の認定基準を満たした場合には、プラス認定（トライくるみんプラス認定、くるみんプラス認定、プラチナくるみんプ

---

[13] https://shokuba.mhlw.go.jp/published/special_01.htm （最終閲覧日：令和6年10月2日）

ラス認定)を受けることができる。

## ● 補足②

### えるぼし認定

「えるぼし認定」は、「女性の職業生活における活躍の推進に関する法律(女性活躍推進法)」に基づき、女性の活躍推進に関する状況や取組み等が優良な企業が申請を行うことにより、これを厚生労働大臣が認定する制度である。

えるぼし認定を受けるための評価基準は5つ[14]あり、その充足状況に応じて3段階の認定が用意されている。

| えるぼし認定の段階 | 要　件 |
|---|---|
| 1段階目 | 5つの基準のうち1つまたは2つの基準を満たし、その実績を「女性の活躍推進企業データベース」に毎年公表していること等[15] |
| 2段階目 | 5つの基準のうち3つまたは4つの基準を満たし、その実績を「女性の活躍推進企業データベース」に毎年公表していること等[16] |
| 3段階目 | 5つの基準のすべてを満たし、その実績を「女性の活躍推進企業データベース」に毎年公表していること |

---

14　「採用」「継続就業」「労働時間等の働き方」「管理職比率」「多様なキャリアコース」の5つの評価項目について、それぞれ詳細な数値基準が定められている。

15　満たさない基準については、事業主行動計画策定指針に定められた取組の中から当該基準に関連するものを実施し、その取組の実施状況について「女性の活躍推進企業データベース」に公表するとともに、2年以上連続してその実績が改善していることが求められる。

16　同上

令和2年6月1日より、えるぼし認定企業のうち、一般事業主行動計画の目標達成や女性の活躍推進に関する取組みの実施状況が特に優良である等の一定の要件を満たした企業について、新たに「プラチナえるぼし認定」が創設された。

# 第3章

# 中堅企業向けの賃上げ促進税制

## 第1節 制度の概要

　青色申告書を提出する法人が、適用年度[1]（令和6年4月1日から令和9年3月31日までの間に開始する各事業年度）中に国内雇用者に対して給与等を支給する場合で、かつ、当該事業年度終了の時において特定法人に該当する場合において、一定の適用要件（次節**1**参照）を満たすときは、その給与等支給額の10％相当額（特定税額控除限度額）を法人税額（当該法人の当該事業年度の所得に対する調整前法人税額）から控除する（措法42の12の5②）。

　ここで「特定法人」とは、常時使用従業員数が2,000人以下の法人（その法人による支配関係のある他の法人の常時使用従業員数との合計が1万人を超える場合を除く）をいい、いわゆる「中堅企業」として整理されるものである（措法42の12の5⑤十。詳細は本章第3節を参照）。

　さらに上乗せ控除のための要件（次節**2**参照）が定められており、それらの要件の充足度合いに応じて控除率は5％～25％上乗せされる（税額控除限度額は最大35％相当額まで拡大する）。

　ただし控除上限は調整前法人税額の20％相当額である。

---

1　第2章（大企業向けの賃上げ促進税制）の適用を受ける事業年度を除く。

## 1 税額控除の適用要件

中堅企業向けの制度における適用要件は下表の通りである（措法42の12の5②）。

| 摘要 | 内容 |
| --- | --- |
| 適用要件①<br>（賃上げの要件） | 継続雇用者給与等支給増加割合が3％以上であること。 |
| 適用要件②<br>（マルチステークホルダー方針公表・届出要件） | 適用年度終了の時における資本金の額が10億円以上であり、かつ、常時使用従業員数が1,000人以上である法人については「マルチステークホルダー方針」を公表し、所定の届出を行っていること。<br><br>この要件の詳細については、前章第2節 2 を参照されたい。 |

## 2 上乗せ控除のための要件

　上乗せ控除（税額控除率の上乗せ）措置としては「継続雇用者給与等支給額の増加に伴う上乗せ措置」、「教育訓練費の増加に伴う上乗せ措置」および「厚生労働省の認定制度の適用による上乗せ措置」の3つがあり、それぞれに応じて上乗せ控除率が詳細に定められている（措法42の12の5②一～三、措規20の10①）。

**【継続雇用者給与等支給額の増加に伴う上乗せ措置】**

| 要　件 | 上乗せ控除率 |
| --- | --- |
| 継続雇用者給与等支給増加割合が4％以上であること | ＋15％ |

**【教育訓練費の増加に伴う上乗せ措置】**

| 要　件 | 上乗せ控除率 |
| --- | --- |
| 以下のいずれも満たす場合<br>1．教育訓練費の比較教育訓練費に対する増加割合が10％以上であること<br>2．教育訓練費の額が雇用者給与等支給額の0.05％以上であること | ＋5％ |

**【厚生労働省の認定制度の適用による上乗せ措置】**

| 要　件 | 上乗せ控除率 |
| --- | --- |
| 適用事業年度終了の時において、以下のいずれかの認定を受けている場合<br>・「プラチナくるみん認定」<br>・「プラチナえるぼし認定」<br><br>適用事業年度において、以下の認定を受けた場合<br>・「えるぼし認定（３段階目)」<br>　※適用年度終了の日までに当該認定が取り消された場合を除く。 | ＋５％ |

　「プラチナくるみん認定」または「プラチナえるぼし認定」については、適用事業年度終了日において認定を取得していればよいため、適用事業年度前に認定を取得していた場合であっても、適用事業年度における要件を満たすこととなる（次ページ図参照）。

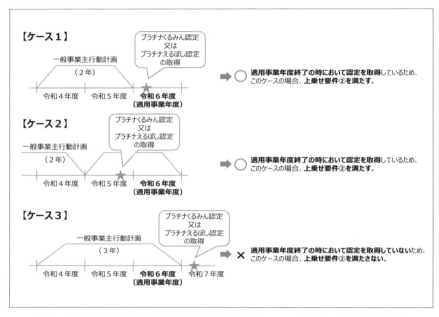

出典：経済産業省『「賃上げ促進税制」御利用ガイドブック（令和6年8月5日公表版）』p.40

　これに対して「えるぼし認定（3段階目）」については、適用事業年度中に認定を取得した場合に限り、上乗せ控除の要件を満たすこととなるので留意が必要である（下図参照）。

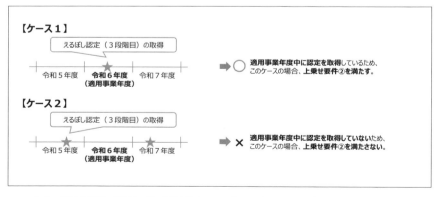

出典：経済産業省『「賃上げ促進税制」御利用ガイドブック（令和6年8月5日公表版）』p.40

# 第3節 特定法人（各論）

　第1節において述べた通り、「中堅企業」というのは法律上定義された用語ではない。対応する法律用語は「特定法人」である。

　特定法人に該当するかどうかは、原則として、適用事業年度末における当該法人の常時使用従業員数が2,000人以下であるかどうかで判定することとなるが、<u>当該法人と支配関係にある法人がある場合</u>には、その支配関係にある他の法人の常時使用従業員数との合計数による追加判定が必要となり、その合計数が10,000人を超えると特定法人に該当しないこととされる（措法42の12の5⑤十）。なお、支配関係のある法人に海外子法人（外国法人）がある場合も、当該海外子法人の常時使用従業員数も含めたうえで常時使用従業員数の合計数を算出することとなる。

　支配関係のある他の法人の常時使用従業員数を合計する必要があるのは、<u>当該法人を頂点とした縦の支配関係（いわゆる「親子関係[2]」）に限られ</u>、いわゆる「兄弟関係[3]」にある法人は合算対象にならない点に留意が必要である（次ページ図参照）。

---

2　一の者が法人の発行済株式等の総数等の50%超の株式等を直接又は間接に保有する関係（法法2十二の七の五）

3　一の者との間に当事者間の支配の関係がある法人相互の関係（法法2十二の七の五）

(特定法人判定フローチャート)

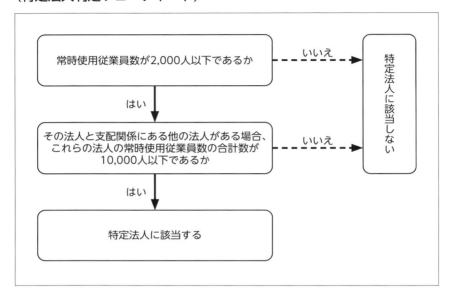

　ここで、特定法人の具体的な判定プロセスについて、下図のような法人グループを前提に整理してみよう。

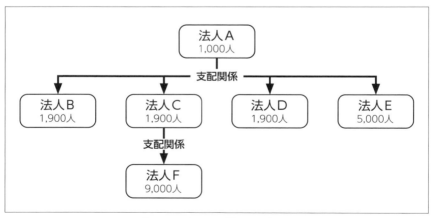

出典：経済産業省『「賃上げ促進税制」御利用ガイドブック（令和６年８月５日公表版）』p.4

最初に、それぞれの法人の常時使用従業者数が2,000人以下であるかどうかを判定する（一次判定）。この結果、法人E（常時使用従業員数5,000人）および法人F（常時使用従業員数9,000人）はこの時点で特定法人に該当しないこととなり、その他の法人（A、B、C、D）は、それぞれの常時使用従業員数は2,000人以下であるから、いったんは特定法人の定義を満たしうる状況である。

　次に、支配関係のある他の法人の常時使用従業員数を合算した数が10,000人以下であるかどうかの判定を行う（最終判定）。前図の法人グループでは、以下の2つの「縦の支配関係」を観念することができる。

---

① 　法人Aを頂点とする縦の支配関係
② 　法人Cを頂点とする縦の支配関係

---

　これより、法人Aおよび法人Cにあっては、支配関係にある他の法人の常時使用従業者数を合算したところで特定法人に該当するかどうかを判定することとなり、その他の法人（BおよびD）については、単独の常時使用従業者数で判定することとなる。

　以上2段階の判定をふまえ、特定法人となるのは法人Bおよび法人Dの2社である（次ページ表参照）。

| 法人名 | 一次判定<br>(2,000人以下) | 支配関係に<br>ある法人<br>(合算対象) | 常時使用<br>従業員数の<br>合計 | 最終判定 |
|---|---|---|---|---|
| A | 該当 | B, C, D,<br>E, F | 20,700人[4]<br>(＞10,000人) | 非該当 |
| B | 該当 | なし | → | 該当 |
| C | 該当 | F | 10,900人<br>(＞10,000人) | 非該当 |
| D | 該当 | なし | → | 該当 |
| E | 非該当 | → | → | 非該当 |
| F | 非該当 | → | → | 非該当 |

4　法人A 1,000人＋法人B 1,900人＋法人C 1,900人＋法人D 1,900人＋法人E 5,000人＋法人F 9,000人

# 第4章

# 中小企業者等向けの賃上げ促進税制

# 第1節 制度の概要

　中小企業者等が、適用年度[1]（平成30年4月1日から令和9年3月31日までの間に開始する各事業年度）中に国内雇用者に対して給与等を支給する場合において、一定の適用要件（次節1参照）を満たすときは、その給与等支給額の15%相当額（中小企業者等税額控除限度額）を法人税額（当該法人の当該事業年度の所得に対する調整前法人税額）から控除する（措法42の12の5③）。

　さらに上乗せ控除のための要件（次節2参照）が定められており、それらの要件の充足度合いに応じて控除率は5%〜30%上乗せされる（税額控除限度額は最大45%相当額まで拡大する）。

　ただし控除上限は調整前法人税額の20%相当額である。

　また、税額控除限度額超過額が生じた場合には最長5年間の繰越しが認められている（措法42の12の5④）。

---

1 第2章（大企業向けの賃上げ促進税制）または第3章（中堅企業向けの賃上げ促進税制）の適用を受ける事業年度を除く。

## 第2節 適用要件

### 1 税額控除の適用要件

　中小企業者等向けの制度における適用要件は「賃上げの要件」のみであり、具体的には「雇用者給与等支給増加割合[2]が1.5％以上であること」である（措法42の12の5③）。大企業または中堅企業向けの税制とは異なり、賃上げの要件は（継続雇用者給与等支給額ではなく）雇用者給与等支給額を用いて判定する。

### 2 上乗せ控除のための要件

　上乗せ控除（税額控除率の上乗せ）措置としては「雇用者給与等支給額の増加に伴う上乗せ措置」、「教育訓練費の増加に伴う上乗せ措置」および「厚生労働省の認定制度の適用による上乗せ措置」の3つがあり、それぞれに応じて上乗せ控除率が詳細に定められている（措法42の12の5③一～三、措規20の10②③）。

**【雇用者給与等支給額の増加に伴う上乗せ措置】**

| 要　件 | 上乗せ控除率 |
| --- | --- |
| 雇用者給与等支給増加割合が2.5％以上であること | ＋15％ |

---

[2] 雇用者給与等支給額から比較雇用者給与等支給額を控除した金額の当該比較雇用者給与等支給額に対する割合をいう（措法42の12の5③）。

## 【教育訓練費の増加に伴う上乗せ措置】

| 要件 | 上乗せ控除率 |
|---|---|
| 以下のいずれも満たす場合<br>1．教育訓練費の比較教育訓練費に対する増加割合が5％以上であること<br>2．教育訓練費の額が雇用者給与等支給額の0.05％以上であること | ＋10％ |

## 【厚生労働省の認定制度の適用による上乗せ措置】

| 要件 | 上乗せ控除率 |
|---|---|
| <u>適用事業年度終了の時において、以下のいずれかの認定を受けている場合</u><br>・「プラチナくるみん認定」<br>・「プラチナえるぼし認定」<br><br><u>適用事業年度において、以下の認定を受けた場合</u><br>・「くるみん認定」<br>・「くるみんプラス認定」<br>・「えるぼし認定（2段階目・3段階目）」<br>　※適用年度終了の日までに当該認定が取り消された場合を除く。 | ＋5％ |

「プラチナくるみん認定」または「プラチナえるぼし認定」については、適用事業年度終了日において認定を取得していればよいため、適用事業年度前に認定を取得していた場合であっても、適用事業年度における要件を満たすこととなる。

それ以外の認定（「くるみん認定」「くるみんプラス認定」「えるぼし認定」）

については、適用事業年度中に認定を取得した場合に限り、上乗せ控除の要件を満たすこととなる。

さらに、「くるみん認定」および「くるみんプラス認定」については、令和4年4月1日から適用される改正後の基準を満たした認定を取得した場合に限り適用できることとされているので留意が必要である（下図参照）。

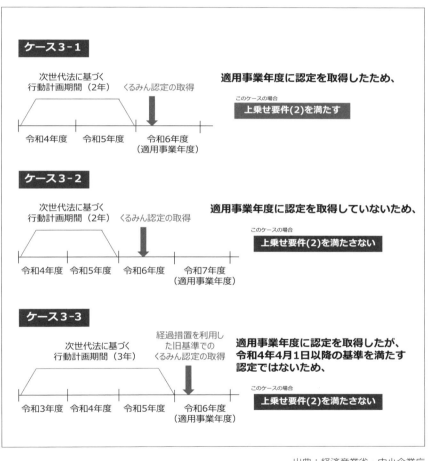

出典：経済産業省・中小企業庁
『中小企業向け賃上げ促進税制ご利用ガイドブック（令和6年9月20日更新版）』p.17

以下の認定は本税制の対象外である。

> ① 「トライくるみん認定」
> ② 「トライくるみんプラス認定」
> ③ 経過措置を利用して取得した令和4年3月31日以前の基準（以下「旧基準」という）による「くるみん認定」および「くるみんプラス認定」
> 　ただし、令和4年3月31日以前に開始した計画で、令和4年4月1日以降に申請を行う際、令和4年4月1日から当初の計画期間の終期までを計画期間とみなし、その期間について改正後の基準を満たして取得した場合は適用可能。

# 第3節 税額控除限度超過額の繰越し

　中小企業者等に限り、ある適用年度における税額控除限度額がその年度の控除上限を超える場合、その超過額を最長5年間繰り越して翌年度以降の税額控除に使用することができる措置が講じられている[3]。具体的には、青色申告書を提出する法人の適用年度に「賃上げの要件」（前節1参照）を満たしている場合において「繰越税額控除限度超過額」を有するとき、これをその適用年度の法人税額から控除するというものである（措法42の12の5④）。

　ここで「繰越税額控除限度超過額」とは、法人の適用年度開始の日前5年以内に開始した各事業年度（当該適用年度まで連続して青色申告書の提出をしている場合の各事業年度に限る）における中小企業者等税額控除限度額のうち控除上限を超える額（控除しきれない金額。既に繰越控除された金額があれば、これを控除した残額）の合計額をいう（措法42の12の5⑤十二）。

　繰越控除が可能なのは、その適用年度における税額控除限度額が控除上限額を下回る場合（控除余裕額が生じている場合）に限られ、さらに

---

[3] 令和6年度税制改正大綱（令和5年12月14日　自由民主党・公明党）において、「中小企業においては、未だその6割が欠損法人となっており、税制措置のインセンティブが必ずしも効かない構造となっている。しかし、わが国の雇用の7割は中小企業が担っており、広く国民の構造的・持続的な賃上げを果たしていくためには、こうした企業に賃上げの裾野を拡大していくことは極めて重要な課題である。こうした観点から、本税制をより使いやすいものとしていくため、従来の賃上げ要件・控除率を維持しつつ、新たに繰越控除制度を創設し、これまで本税制を活用できなかった赤字企業に対しても賃上げにチャレンジしていただく後押しをする。」と、繰越控除制度創設の趣旨に触れられている。

はその適用年度における控除上限（調整前法人税額の20%相当額）に達するまでの額となる。

　繰越税額控除限度超過額は中小企業者等向けの賃上げ促進税制を適用することで生じるものであるが、第1章第1節で述べた通り、中小企業者等はすべての賃上げ促進税制（大企業向け・中堅企業向け・中小企業者等向け）を適用することができる関係上、**いずれの税制を適用した場合にも使用（充当）することができる**点に留意したい。

　繰越控除の適用を受けるためには、税額控除の適用を受けた事業年度以後の各事業年度の確定申告書[4]に繰越税額控除限度超過額の明細書（別表6（24）付表一）の添付がある場合で、かつ、繰越控除の適用を受けようとする事業年度の確定申告書等に、繰越控除に関する計算明細書（別表6（24））を添付することが必要である（措法42の12の5⑧）。

　ここで重要なのは、繰越税額控除限度超過額の明細書（別表6（24）付表一）は、繰越税額控除限度超過額が生じた事業年度以降、繰越可能期間内のすべての事業年度の「確定申告書」に添付しなければならないという点である。確定申告書への明細書の添付を失念した時点で繰越控除の適用要件を満たさなくなるため、仮に法人税額が発生しない事業年度（税額控除の適用を受けれられない事業年度）であっても、繰越税額控除限度超過額の明細書を作成し添付しなければならない（次ページ図参照）。

---

4　当該申告書に係る期限後申告書を含む（法法2三十一）。

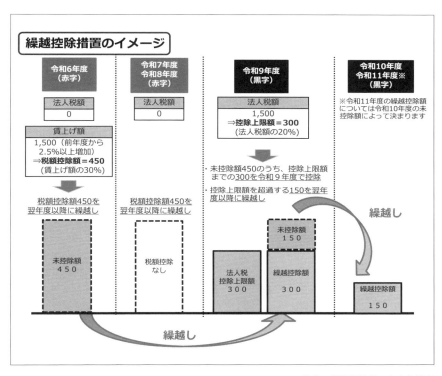

出典:経済産業省・中小企業庁
『中小企業向け賃上げ促進税制ご利用ガイドブック(令和6年9月20日更新版)』p.21

# 第5章

# 用語の定義

# 1 国内雇用者

　法人の使用人（法人の役員、その役員の特殊関係者および使用人兼務役員を除く）のうち、その法人の有する国内の事業所に勤務する一定の雇用者をいう（措法42の12の5⑤二）。

　ここで、使用人から除かれる役員の特殊関係者の範囲は以下の通りである（措令27の12の5⑤）。

---
① 　役員（法人税法第2条第15号に定める役員をいう）の親族[1]
② 　役員と婚姻の届出をしていないが事実上婚姻関係と同様の事情にある者
③ 　①②以外の者で役員から生計の支援を受けているもの
④ 　①②と生計を一にするこれらの者の親族
---

　ここで「国内の事業所に勤務する一定の雇用者」とは、その法人の国内に所在する事業所につき作成された労働基準法第108条に規定する賃金台帳に記載された者をいう（措令27の12の5⑥）。

　労働基準法第108条では、「使用者は、各事業場ごとに賃金台帳を調製し、賃金計算の基礎となる事項及び賃金の額その他厚生労働省令で定める事項を賃金支払の都度遅滞なく記入しなければならない」と定めていることから、賃金台帳は国内事業所に勤務して賃金の支払を受けるすべての労働者について作成されることとなる。

　さらに「労働者」とは、職業の種類を問わず、事業または事務所に使用される者で、賃金を支払われる者をいうから（労基法9）、「雇用者給与等支給額」の対象となる「一定の雇用者」の範囲は、正社員のみならず、嘱託社員、パートタイマー、アルバイト、日雇い労働者など、雇用

---
1 　6親等内の血族、配偶者、3親等内の姻族までが該当する。

形態とは無関係に幅広く捉えることとなる。

## 2 給与等

　本税制における給与等とは、所得税法第28条第1項（給与所得）に規定する給与等をいい（措法42の12の5⑤三）、具体的には、俸給、給料、賃金、歳費および賞与並びにこれらの性質を有する給与をいう。したがって、名義や支給形態のいかんを問わず、給与の性質を有するものは広く含まれることとなる。なお、退職金は給与所得課税の対象とはならないことから、給与等には含まれない。

　詳細な定義は後述するが、本税制の適用に当たり用いられる給与等の支給額は、本税制を適用する事業年度（適用年度）の所得の金額の計算上損金の額に算入されるものに限られる。すなわち、未払給与は計上時に損金算入されるものであるから適用年度の給与等支給額に含めることとなり、前払給与は計上時に損金算入されないものであるから適用年度の給与等支給額には含まれないこととなる。

　以上より「給与等」は、原則として①給与課税されるものであること、および②損金算入されるものであること、という2つの要件を満たすことが必要であるが、事務負担に配慮して、継続適用を要件として以下のような取扱いも認められている。

### 〈例外①〉 給与課税されないもの

　賃金台帳に記載された支給額に含まれている非課税通勤手当の金額については、所得税法上給与所得とはならない（所法9①五）ことから、原則的な取扱いによれば給与等の支給額の計算上除外しなければならないが、例えば、「賃金台帳に記載された支給額（非課税通勤手当を含む）のみを対象として国内雇用者に対する給与等の支給額を計算する」など、

合理的な方法により継続して国内雇用者に対する給与等の支給額を計算している場合には、これを認めることとされている（措通42の12の5－1の4）。

### 〈例外②〉損金算入されないもの

自己の製造等に係る棚卸資産の取得価額に算入された給与等の額や、自己の製作に係るソフトウェアの取得価額に算入された給与等の額については、その支払の生じた事業年度において当該法人の所得の金額の計算上損金の額に算入されていないことから、原則的な取扱いによれば給与等の支給額の計算上除外しなければならないが、法人が継続してその給与等を支給した日の属する事業年度の国内雇用者に対する給与等の支給額に含めることとしている場合には、その計算を認めることとされている（措通42の12の5－4）。

### ケーススタディー

以下の諸手当は、「給与等」の範囲に含まれるか。

〈ケース1〉
　業務上の怪我により休職している社員に対して支給される「休業手当」

〈ケース2〉
　業績悪化に伴い自宅待機させた社員に対して支給される「休業手当」

〈ケース3〉
　就業規則に定められている「産休・育休制度」を利用して休職している社員に対して支給される「休業手当」

〈ケース4〉
　やむを得ない事情で従業員を解雇せざるを得ないこととなり、労働基準法の規定に従い支払われる「解雇予告手当」

〈ケース5〉
　いわゆる「年収の壁」への対策として、事業者がパート従業員の保険負担を軽減するために支給する「社会保険適用促進手当」

〈ケース6〉
　企業が、社員が学生時代に受けていた貸与型奨学金の返還を社員の代わりに担う際に充てる経費（奨学金返還支援制度）

【回答】
　ケース1：該当しない
　ケース2：該当する
　ケース3：該当する
　ケース4：該当しない
　ケース5：該当する
　ケース6：該当する

【解説】
〈ケース1〉
　業務上の怪我により休職している社員に対して支払われる「休業手当」は、労働基準法第76条に定める「休業補償」に該当する。

(労働基準法)
第75条
1．労働者が業務上負傷し、又は疾病にかかった場合においては、使用者は、その費用で必要な療養を行い、又は必要な療養の費用を負担しなければならない。
2．(省略)

第76条

> 1．労働者が前条の規定による療養のため、労働することができないために賃金を受けない場合においては、使用者は、労働者の療養中平均賃金の100分の60の休業補償を行わなければならない。
> 2．（省略）
> 3．（省略）

　同条に定める「休業補償」はまさに「補償」であって、業務疾病等に起因して労働不能状況に陥ったことに対する「償い（賠償）」としての性質を有するものである。このように、労働基準法第76条の規定に基づく「休業補償」は、所得税法上は非課税所得とされている（所法9①三イ、所令20①二）。

　なお、労働基準法では平均賃金の60％の休業補償を定めているが、企業独自の判断として、60％を超える休業補償を行うケースも考えられる（付加給付金）。この場合にあっても、その本質は「補償」である以上、付加給付金も含めた総支給額が通常支給されるべき賃金の範囲内であることなど、補償額として相当なものであれば非課税所得となる。

　したがって、本ケースにおける「休業手当」は、「給与等」には該当しない。

〈ケース2〉

　業績悪化に伴い自宅待機を余儀なくされる場合等、使用者責任により労働者環境を奪われ休業に至る場合には、労働基準法第26条の定めに従い「休業手当」を支払わなければならない。

> （労働基準法）
> 第26条
> 　使用者の責に帰すべき事由による休業の場合においては、使用者は、休業期間中当該労働者に、その平均賃金の100分の60以上の手当を支払

わなければならない。

　同条に定める「休業手当」は、〈ケース１〉の「休業補償」とは異なり、本来であれば労働力の提供対価として受け取るべき賃金について、使用者側の都合で休業することとなった労働者の生活保障を図るため使用者側に支払が義務づけられたものであり、「賃金」の性質を有するものである。このため、労働基準法第26条に定める「休業手当」は給与所得として課税されることとなる。

　したがって、本ケースにおける「休業手当」は、「給与等」に該当する[2]。

　なお、景気変動等の理由により一時的な雇用調整を行った事業者については、従業員の雇用を維持する場合には雇用調整助成金の支給を受けることができる。

　本税制の適用上、雇用調整助成金は「雇用安定助成金額」に該当し、調整雇用者給与等支給増加額（➡本章[9]）の計算上はこれを控除する必要がある点に留意が必要である（措通42の12の5-2の2(1)）。

〈ケース３〉

　会社の福利厚生制度の一環として「産休・育休制度」が定められ、これに基づき支払を受ける休業手当など、労働基準法第26条および第76条のいずれにも該当しない休業手当は、一般的な取扱いにより給与所得として課税されることとなる。

　したがって、本ケースにおける「休業手当」は、「給与等」に該当する。

---

2　労働基準法の休業手当等の課税関係（所得税）については、国税庁 タックスアンサー「No.1905 労働基準法の休業手当等の課税関係」にも掲載されている。

〈ケース4〉

使用者が労働基準法第20条（解雇の予告）の規定による予告をしないで使用人を解雇する場合に、その使用者から支払われる「解雇予告手当」は、退職所得とされる。

> （労働基準法）
> 第20条
> 1．使用者は、労働者を解雇しようとする場合においては、少くとも30日前にその予告をしなければならない。30日前に予告をしない使用者は、30日分以上の平均賃金を支払わなければならない。但し、天災事変その他やむを得ない事由のために事業の継続が不可能となった場合又は労働者の責に帰すべき事由に基いて解雇する場合においては、この限りでない。
> 2．（省略）
> 3．（省略）

このように「解雇予告手当」は給与所得ではなく退職所得として取り扱われることから、「給与等」には該当しない。

〈ケース5〉

いわゆる「年収の壁[3]」問題への対策として、パートやアルバイトが社会保険（厚生年金および健康保険）に加入することとなったとしても、手取り収入を減らさない取組みとして支給する「社会保険適用促進手当」は、給与課税の対象となることから「給与等」に該当する。

なお、社会保険適用促進手当を支給する事業者に対しては、キャリアアップ助成金（社会保険適用時処遇改善コース）の支給を受けることがで

---

3　一定の年収を超えると社会保険への加入が義務づけられることを念頭に、これを回避するために就業調整を行う現象

きる[4]。当該助成金は、本税制の適用上、「他の者から支払を受ける金額」に該当するものとして、給与等支給額から除くこととなる。

〈ケース6〉

　奨学金返還支援制度とは、日本学生支援機構（JASSO）の貸与型奨学金を受けていた社員の奨学金残返還額について、企業がJASSOへ直接送金する制度であり、令和6年5月末時点で、全国で2,023社が利用している[5]。

　この制度を活用して企業が肩代わりした貸与型奨学金の返還額は、当該社員に対する経済的利益の供与に該当するものであるから「給与等」に該当する。

## 3 給与等の支給額

　この用語は、文理を素直に捉えただけでは判断を誤る可能性があるため注意しなければならない。「給与等の支給額」からは「補填額」（4参照）を除くこととされているからである（措法42の12の5⑤四）。

　この取扱いは、同号において「以下この項において同じ」とされているように、次号（第5号）以下で規定される用語の中で「給与等の支給額」なる用語が出てくる場合には、別段の定めがある場合を除き「補填額」を除くことを前提とするものである。

---

4　厚生労働省ホームページ「年収の壁・支援強化パッケージ」
　https://www.mhlw.go.jp/stf/taiou_001_00002.html（最終閲覧日：令和6年5月30日）
5　独立行政法人日本学生支援機構ホームページ　https://dairihenkan.jasso.go.jp/
　（最終閲覧日：令和6年8月29日）

## 4 「他の者から支払を受ける金額」と「補填額」

　給与等の支給額（3参照）からは、「その給与等に充てるため他の者から支払を受ける金額」を除くこととされている。これは、本税制が給与等の支給額を基礎として一定額の税額控除を行う制度であることから、課税の公平を確保するためにはその法人の実質的な負担にならない部分を除く必要があるからである。

　しかし「他の者から支払を受ける金額」のうち、「雇用安定助成金額」（5参照）および「役務の提供の対価として支払を受ける金額」については、給与等の支給額から控除しないこととされた（詳細は後述する）。

　以上の整理をふまえ、「他の者から支払を受ける金額」から「雇用安定助成金額」および「役務の提供の対価として支払を受ける金額」の2つを除いたものについて、「補填額」という別の用語として整理されることとなった（措法42の12の5⑤四〜六、九、十一）。

　給与等の支給額から控除する「補填額」には、補助金等（補助金、助成金、給付金または負担金その他これらに類する性質を有するもの）のうち、次に掲げるものの交付額が該当する（措通42の12の5-2）。

---

① 補助金等の要綱、要領または契約において、その補助金等の交付の趣旨または目的がその交付を受ける法人の給与等の支給額に係る負担を軽減させることであることが明らかにされているもの

② ①に掲げるもののほか、補助金等の交付額の算定方法が給与等の支給実績または支給単価（雇用契約において時間、日、月、年ごとにあらかじめ決められている給与等の支給額をいう）を基礎として定められているもの

さらに、法人の使用人が他の法人に出向した場合において、その出向者に対する給与を出向元法人が支給することとしているときに、出向元法人が出向先法人から支払を受けた給与負担金の額[6]も「補填額」に該当するものとされる（同通達（注）2（1））。

　経済産業省より公表されている『「賃上げ促進税制」御利用ガイドブック』（令和6年8月5日公表版）において、「補填額」に該当する上記①および②に掲げる国の補助金等の例示として、以下のものが示されている（いずれも給与等の支給額に対応する交付額に限る）。

| 補助金等名 | コース・種類等 | |
|---|---|---|
| 労働移動支援助成金 | 再就職支援コース（休暇付与支援） | |
| | 早期雇入れ支援コース | 早期雇入れ支援 |
| | | 人材育成支援（Off-JT（賃金助成）） |
| | | 人材育成支援（OJT（実施助成）） |
| 特定求職者雇用開発助成金 | 特定就職困難者コース | |
| | 発達障害者・難治性疾患患者雇用開発コース | |
| | 就職氷河期世代安定雇用実現コース | |
| | 生活保護受給者等雇用開発コース | |
| | 成長分野等人材確保・育成コース | |

---

[6] 出向先法人が出向元法人への出向者に係る給与負担金を支出する場合において、当該出向先法人の国内事業所につき作成された賃金台帳に当該出向者を記載しているときは、当該給与負担金の額は「給与等の支給額」に含まれる（措通42の12の5－3）。

| 補助金等名 | コース・種類等 | |
|---|---|---|
| トライアル雇用助成金 | 一般トライアルコース | |
| | 障害者トライアルコース | |
| | 障害者短時間トライアルコース | |
| | 若年・女性建設労働者トライアルコース | |
| 地域雇用開発助成金 | 沖縄若年者雇用促進コース | |
| 人材確保等支援助成金 | 中小企業団体助成コース | |
| | 建設キャリアアップシステム等普及促進コース | |
| | 若年者及び女性に魅力ある職場づくり事業コース(建設分野) | 事業主経費等助成 |
| 通年雇用助成金 | 事業所内就業、事業所外就業、休業、業務転換、季節トライアル雇用 | |
| キャリアアップ助成金 | 正社員化コース | |
| | 障害者正社員化コース | |
| | 賃金規定等改定コース | |
| 両立支援等助成金 | 育児休業等支援コース | 職場復帰後支援(子の看護休暇制度(制度利用時)) |
| | 新型コロナウイルス感染症小学校休業等対応コース | |

| 補助金等名 | コース・種類等 | |
|---|---|---|
| 人材開発支援助成金 | 人材育成支援コース | Off-JT（賃金助成） |
| | | OJT（実施助成） |
| | 教育訓練休暇等付与コース | 教育訓練休暇制度 |
| | 建設労働者認定訓練コース | 賃金助成 |
| | 建設労働者技能実習コース | 賃金助成 |
| | 障害者職業能力開発コース | 運営費 |
| | 人への投資促進コース | 高度デジタル人材訓練（賃金助成） |
| | | 成長分野等人材訓練（賃金助成） |
| | | 情報技術分野認定実習併用職業訓練（Off-JT（賃金助成）） |
| | | 情報技術分野認定実習併用職業訓練（OJT（賃金助成）） |

　これらは限定列挙ではないから、これ以外にも同様の性質の補助金等は広く該当することとなる。助成金の制度は時宜に即して頻繁に設定廃止が繰り返されるものであるから、本税制の適用上考慮すべき助成金に該当するかどうかは、その助成金の交付要領等をふまえて慎重に検討することが求められる。

● 補　足
「役務の提供の対価として支払を受ける金額」の意義
　「給与等に充てるため他の者から支払を受ける金額」のうち「補填額」

に含まれないこととされた「役務の提供の対価として支払を受ける金額」は、令和6年度の税制改正によって明確化されたものである。補助金等は対価性のない一方的な補填であるのに対し、役務の提供の対価は当然受領すべきものであり、給与等の支給額から減額調整すべきものではないということである。

令和6年度の税制改正前の「給与等に充てるため他の者から支払を受ける金額」には、診療報酬における処遇改善加算などの、その給付の目的が給与等の支給額に係る負担を軽減させる目的であることが明らかである一方で、こうした目的とともに「役務の提供の対価」としての性質を有するもの（報酬上の加算措置）が含まれるかどうか法令上明確ではなかった。また、令和6年度診療報酬・介護報酬・障害福祉サービス等報酬改定に向けた議論が進められる中、「令和6年度診療報酬改定の基本方針」（令和5年12月11日）において「医療従事者の賃上げに向けた取組の推進」が明記されるなど、令和6年度報酬改定において、賃上げに資する措置を講ずることの重要性が強調された。このような方針の下、本税制における令和6年度診療報酬・介護報酬・障害福祉サービス等報酬改定を受けた報酬上の加算措置の取扱いについて検討が行われる中で、給与等の支給額から控除する「給与等に充てるため他の者から支払を受ける金額」について、報酬上の加算措置を含め幅広く役務の提供の対価としての性質のあるものを除くこととされたものである[7]。

このような経緯をふまえ、たとえば、看護職員処遇改善評価料[8]の額

---

7 財務省「令和6年度税制改正の解説」p.439より一部表現修正のうえ引用
8 地域でコロナ医療など一定の役割を担う医療機関に勤務する看護職員を対象に、令和4年10月以降収入を3％程度（月額平均12,000円相当）引き上げるための処遇改善の仕組み。

および介護職員処遇改善加算[9]の額のように、以下に掲げる報酬の額その他これらに類する公定価格[10]が設定されている取引における取引金額に含まれる額は補填額に該当しないこととされた（措通42の12の5－2（注）2（2））。

イ) 健康保険法その他法令の規定に基づく診療報酬の額
ロ) 介護保険法その他法令の規定に基づく介護報酬の額
ハ) 障害者の日常生活及び社会生活を総合的に支援するための法律その他法令の規定に基づく障害福祉サービス等報酬の額

なお、この「役務の提供の対価として支払を受ける金額」の取扱いは、令和6年4月1日前に開始し、かつ、同日以後に終了する法人税について適用することも差し支えないこととされている[11]。

## 5 雇用安定助成金額

雇用安定助成金額とは、国または地方公共団体から受ける雇用保険法第62条第1項第1号に掲げる事業として支給が行われる助成金その他これに類するものの額をいう（措法42の12の5③六イ）。

雇用保険法第62条第1項第1号には「景気の変動、産業構造の変化その他の経済上の理由により事業活動の縮小を余儀なくされた場合において、労働者を休業させる事業主その他労働者の雇用の安定を図るために

---

9 全5区分からなる、区分ごとに設定された要件を満たした介護事業所で働く介護職員の賃金改善を行うための加算措置。加算Ⅰ（介護職員1人当たり月額37,000円相当）から加算Ⅴ（同月額12,000円相当）までの5区分が存する。
10 法令または法令に基づく行政庁の命令、許可、認可その他の処分に基づく価格
11 経済産業省『「賃上げ促進税制」御利用ガイドブック』（令和6年8月5日公表版）p.14

必要な措置を講ずる事業主に対して、必要な助成及び援助を行うこと」と規定されており、これに係る助成金としては以下のものが含まれる（措通42の12の5－2の2）。

> ① 雇用調整助成金、産業雇用安定助成金または緊急雇用安定助成金の額
> ② ①に上乗せして支給される助成金の額
> ③ ①に準じて地方公共団体から支給される助成金の額

なお、新型コロナウイルス感染症対応休業支援金・給付金は、新型コロナウイルス感染症およびそのまん延防止の措置の影響により休業させられた労働者のうち、休業手当の支払を受けることができなかった者に対し、その労働者の申請により勤務先を通さずに給付されるものであり、法人が支給する給与等に充てるものに該当しないことから、考慮する必要はない。

平成25年度の制度創設当初から、雇用調整助成金をはじめとする「雇用安定助成金額」が「他の者から支払を受ける金額」に含まれることは通達上で明らかにされていたが、令和3年度の税制改正によって雇用安定助成金額の範囲が法律上明確化された。

そのうえで、本税制の適用要件の判断指標となる継続雇用者給与等支給額、継続雇用者比較給与等支給額（➡本章10）、雇用者給与等支給額（➡本章6）および比較雇用者給与等支給額（➡本章7）の算定上は、雇用安定助成金額を控除しないこととされた。これは雇用安定助成金額が「補填額」に含まれないことの現れでもある。

雇用安定助成金額をこれらの給与等の支給額から控除しないこととされるのは、従業員の支給を受ける給与等が助成金を原資とするものから法人の自己負担に変わっただけで、その額が増加していない場合にまで

増加したとして要件判定することが本制度の目的の一つである従業員の所得の拡大という目的にそぐわないことによる[12]。

これに対して、控除税額の計算基礎となる調整雇用者給与等支給増加額（➡本章[9]）の算定に当たっては、雇用安定助成金額を控除することとされている（措法42の12の5⑤六）。

このように計算要素によって雇用安定助成金額の控除要否が異なるため、計算を誤らないように注意が必要な項目と思われる（下図参照）。

【雇用安定助成金額の取扱い】

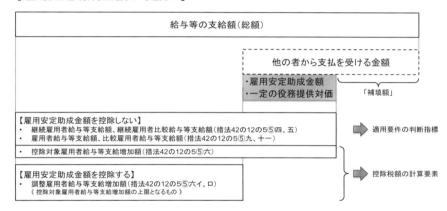

## 6 雇用者給与等支給額

法人の適用年度の所得の金額の計算上損金の額に算入される国内雇用者に対する給与等の支給額をいう（措法42の12の5⑤九）。なお、[3]参照。

---

12　財務省「令和3年度税制改正の解説」p.514

# 7 比較雇用者給与等支給額

　法人の適用年度開始の日の前日を含む事業年度（前事業年度）の所得の金額の計算上損金の額に算入される国内雇用者に対する給与等の支給額をいう（措法42の12の5⑤十一、措令27の12の5㉑一）。なお、3参照。

　ここで、前事業年度の月数と適用年度の月数が異なる場合、その月数の大小関係に応じて以下のように算定する（措令27の12の5⑱）。

① 前事業年度の月数が適用年度の月数を超える場合
【調整計算】

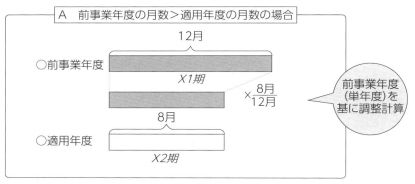

財務省「平成30年度 税制改正の解説」p.417を一部変更して引用。

　当該前事業年度における雇用者給与等支給額に当該適用年度の月数を乗じ、これを当該前事業年度の月数で除して算定する。

② 前事業年度の月数が適用年度の月数に満たない場合

（ア）当該前事業年度の月数が6月に満たない場合

【調整計算】

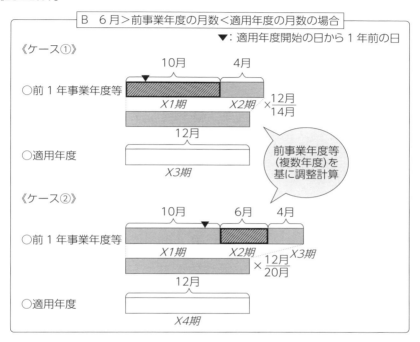

財務省「平成30年度 税制改正の解説」p.417を一部変更して引用。

　当該適用年度開始の日前1年以内に終了した各事業年度（「前1年事業年度等」という）に係る雇用者給与等支給額に当該適用年度の月数を乗じて、これを当該前1年事業年度等の月数の合計数で除して算定する。

第5章　用語の定義　75

（イ）当該前事業年度の月数が6月以上である場合

【調整計算】

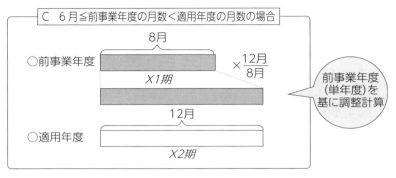

財務省「平成30年度 税制改正の解説」p.417を一部変更して引用。

　当該前事業年度における雇用者給与等支給額に当該適用年度の月数を乗じ、これを当該前事業年度の月数で除して算定する。

③　**前事業年度がない場合**

　特別の規定はなく、比較雇用者給与等支給額はゼロとして取り扱われることとなる。

　この場合には、賃上げ促進税制の適用要件を満たさない（措令27の12の5㉓㉔）。

## 8 控除対象雇用者給与等支給増加額

　雇用者給与等支給額から比較雇用者給与等支給額を控除した金額をいい、その金額が適用年度の調整雇用者給与等支給増加額（➡本章9）を超える場合には、その調整雇用者給与等支給増加額を限度とする（措法42の12の5⑤六）。

　前段の雇用者給与等支給額および比較雇用者給与等支給額の算定上は、それらから控除される「他の者から支払を受ける金額」の範囲から雇用安定助成金額を除くこととされている（補填額。同項九、十一）のに対し、調整雇用者給与等支給増加額の計算基礎となる雇用者給与等支給額および比較雇用者給与等支給額の算定上は、さらに雇用安定助成金額を控除して算定される（同項六）。詳細は本章5の図を参照されたい。

## 9 調整雇用者給与等支給増加額

　調整雇用者給与等支給増加額とは、調整雇用者給与等支給額から調整比較雇用者給与等支給額を控除した金額をいう（措法42の12の5⑤六）。

　この金額は、本制度による控除税額の計算基礎となる控除対象雇用者給与等支給増加額（➡本章8）の上限値として機能するものである。すなわち、控除税額の最大は調整雇用者給与等支給増加額の15％（上乗せ控除の適用を受ける場合には、制度によって20％～45％）相当額まで、ということになる。したがって、調整雇用者給与等支給額が前年度から増加していない限り、本税制による税額控除の適用は受けられないということになるから、両税制に共通の潜在的な適用要件として考えることもできる。

　ここで調整雇用者等給与支給額とは、雇用者給与等支給額（➡本章6）からさらに雇用安定助成金額（➡本章5）を控除した金額をいい（措

法42の12の5⑤六イ)、調整比較雇用者給与等支給額とは、比較雇用者給与等支給額(➡本章7)からさらに雇用安定助成金額を控除した金額をいう(措法42の12の5⑤六ロ)[13]。

## 10 継続雇用者給与等支給額・継続雇用者比較給与等支給額

① 「継続雇用者給与等支給額」および「継続雇用者比較給与等支給額」の意義

継続雇用者給与等支給額とは、雇用者給与等支給額のうち継続雇用者に対する給与等の支給額をいい(措法42の12の5⑤四)、継続雇用者比較給与等支給額とは、当該継続雇用者に対する前事業年度等の給与等の支給額として計算された一定の金額をいう(措法42の12の5⑤五)。なお、3参照。

② 「継続雇用者」の意義

継続雇用者とは、適用年度およびその前事業年度の期間内の各月において当該法人の給与等の支給を受けた国内雇用者のうち雇用保険の一般被保険者に該当するものに限り、継続雇用制度適用対象者を除くものをいう(措法42の12の5⑤四、措令27の12の5⑦)。このことから、以下の

---

[13] 「調整雇用者給与等支給額」および「調整比較雇用者給与等支給額」という単語は法人税申告書別表上で用いられているもので、条文上の用語ではない。条文(措法42の12の5⑤六)では単に「雇用者給与等支給額」および「比較雇用者給与等支給額」とされ、ここに「……雇用安定助成金額がある場合には、当該雇用安定助成金額を控除した金額」というカッコ書きが追加されているのである。

同一の用語でもカッコ書きの有無によって異なる内容を示すこととなるから、申告書では別の用語を設けたものと考えられるが、これは制度を理解する上では必要な配慮であるから、本書でも「調整雇用者給与等支給額」および「調整比較雇用者給与等支給額」という単語を用いることとした。

ようなケースに該当する雇用者は継続雇用者に該当しない。

- 事業年度の中途で入社または退職した者
- 事業年度の中途に休職等により給与等の支給を受けない月があった者
- 事業年度の中途で雇用保険の一般被保険者の資格を得た者
- 事業年度の中途で雇用保険の一般被保険者以外の資格（高年齢被保険者等）に移行した者
- 事業年度の中途で継続雇用制度の適用を受けることとなった者

(図) 継続雇用者のイメージ[14]

| 例 | 前事業年度（令和5年度）<br>4月 5月 6月 7月 8月 9月 10月 11月 12月 1月 2月 3月 | 適用事業年度（令和6年度）<br>4月 5月 6月 7月 8月 9月 10月 11月 12月 1月 2月 3月 | 判定 |
|---|---|---|---|
| **継続雇用者に該当する基本的な者の例** | | | |
| 二事業年度ともに一般被保険者として給与を受け取る | 一般被保険者<br>※長期出張等で一時的に海外で働いている者であっても要件を全て満たす場合には該当。 | | ○ |
| **継続雇用者に該当しない者の例（前事業年度又は適用事業年度中のいずれかの月において以下に該当する者）** | | | |
| ○ 雇用保険の一般被保険者でなかった者 | | | |
| 週10時間勤務 | 一般被保険者でない | | × |
| ○ 高年齢者雇用安定法に定める継続雇用制度の対象となった者 | | | |
| 定年を迎え、令和6年度から継続雇用制度の対象 | 一般被保険者 | 高年齢者雇用安定法に定める継続雇用制度の対象者 | × |
| ○ 年度の途中で、新たに採用された者又は退職した者 | | | |
| 令和5年9月に入社 | 入社前 | 一般被保険者 | × |
| 令和6年10月に退社 | 一般被保険者 | 退職後 | × |
| ○ 休職（産休・育休等）期間があり、その間給与等の支給がない月があった者 | | | |
| 令和5年10月から令和6年2月まで休職 その間手当支給なし | 一般被保険者 ／ 休職※手当支給なし | 一般被保険者 | × |
| ○ 役員、使用人兼務役員及び役員の特殊関係者になった者 | | | |
| 令和6年7月より役員 | 一般被保険者 | 役員 | × |
| **その他過去にお問合せのあった継続雇用者に該当する者の例** | | | |
| ○ 月の途中で雇用保険法の一般被保険者となった者<br>又は月の途中で雇用保険法の一般被保険者でなくなった者のうち、その途中の月分の給与等が支給されている者 | | | |
| 令和5年4月中旬に入社 令和7年3月下旬に退職 | 入社前 ／ 一般被保険者 | 一般被保険者 ／ 退職後 | ○ |
| 令和6年7月上旬から8月下旬まで休職 その間手当支給なし | 一般被保険者 | 一般被保険者 ／ ※手当支給なし 休職 ／ 一般被保険者 | ○ |
| ○ 休職期間があるものの、その間「産休・育休手当」等、給与等が支給されている者 | | | |
| 令和5年10月から令和6年4月まで育休を取得 その間手当支給あり | 一般被保険者 ／ 休職※手当支給あり | 一般被保険者 | ○ |

---

14 経済産業省『大企業向け「賃上げ促進税制」御利用ガイドブック』（令和6年8月5日公表版）p.8

③ 「期間内の各月」の意義と継続雇用者給与等支給額の集計範囲

適用年度およびその前事業年度等の「期間内の各月において」とは、原則として「2事業年度のすべてにおいて」と読み替えることができるが、適用年度の月数と前事業年度等の月数が異なる場合には、以下のように異なる取扱いが定められている。

(1) 適用期間の月数と前事業年度等の月数が同じ場合

（措令27の12の5⑦一）

適用年度の期間およびその前事業年度等の期間内の各月にわたり給与等の支給を受けた者が継続雇用者に該当する。

【下図では12か月＋12か月＝24か月】

(2) 前事業年度等の月数が適用年度の月数に満たない場合

（措令27の12の5⑦二イ）

適用年度の期間およびその適用年度開始の日前1年以内に終了した各事業年度（前1年事業年度等）の期間内の各月にわたり給与等の支給を受けた者が継続雇用者に該当する。

ここで「前1年事業年度等」は、設立の日以後に終了した事業年度に限られ、適用年度開始の日から起算して1年前の日または設立の日を含む前1年事業年度等にあっては、その1年前の日またはその設立の日のいずれか遅い日から当該前1年事業年度終了の日までの期間（前1年事業年度等特定期間）が対象となる。

第5章　用語の定義

【下図では4か月＋8か月＋12か月＝24か月】

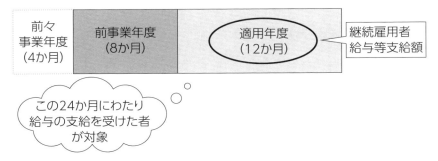

※前1年事業年度等特定期間＝上図の前々事業年度（4か月）＋前事業年度（8か月）
※最長でも、適用年度開始の日から起算して1年前の日以降の期間が集計対象となる。

(3) 前事業年度等の月数が適用年度の月数を超える場合

（措令27の12の5⑦二ロ）

　適用年度の期間およびその前事業年度等の期間のうちその適用年度の期間に相当する期間でその前事業年度等の終了の日に終了する期間（前事業年度等特定期間）内の各月にわたり給与等の支給を受けた者が継続雇用者に該当する。

【下図では8か月＋8か月＝16か月】

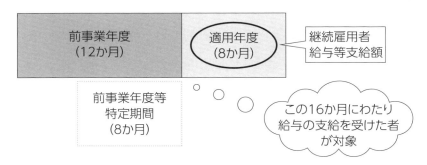

④ 継続雇用者比較給与等支給額の集計範囲

③により継続雇用者給与等支給額が定められれば、それと対応する形で継続雇用者比較給与等支給額も集計することができる。適用年度の月数と前事業年度等の月数が異なる場合には、それぞれ以下のように取り扱われる。

(1) 適用期間の月数と前事業年度等の月数が同じ場合
（措令27の12の5⑨一）

継続雇用者比較給与等支給額は、継続雇用者に対する前事業年度等に係る給与等支給額とされる。

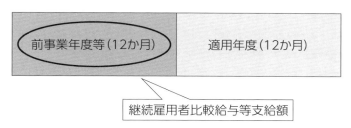

(2) 前事業年度等の月数が適用年度の月数に満たない場合
（措令27の12の5⑨二）

継続雇用者比較給与等支給額は、以下の算式で求められる。

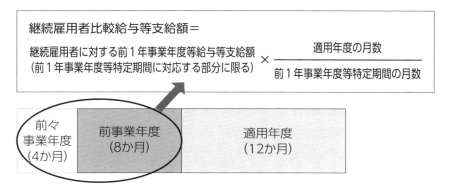

このような按分計算が求められているのは、前1年事業年度等特定期間に設立事業年度が含まれている場合には、その期間が必ずしも適用年度の月数（前ページ図では12か月）と一致するわけではなく、月数補正が必要になる可能性があるためである。

(3)　前事業年度等の月数が適用年度の月数を超える場合
（措令27の12の5⑨三）

　継続雇用者比較給与等支給額は、継続雇用者に対する前事業年度等特定期間に係る給与等支給額とされる。

⑤　**継続雇用者比較給与等支給額がゼロの場合**

　継続雇用者比較給与等支給額がゼロの場合、継続雇用者給与等支給額の増加割合を計算することができない（分母がゼロのため計算不能）。

　このときは「継続雇用者給与等増加割合が3％以上であるとき」に該当しないものとされ（措令27の12の5㉓）、適用要件を満たさないことから、本税制の適用を受けることができない。

● **補足①**

**雇用保険一般被保険者**

　わが国の雇用保険制度のもとでは、雇用保険（失業者給付のうち求職者給付に係る制度）の被保険者は4種類あり（次ページ表参照）、新規雇用者給与等支給額の集計上は、このうち「一般被保険者」に該当する者

に対する支給額が集計対象となる。

「一般被保険者に該当する者」という表現から、実際の加入有無を問わず、加入資格を有している者は広く集計対象に含めることとなる。

ここで、雇用保険の被保険者となるのは、1週間の所定労働時間が20時間以上であり、かつ同一の事業主の適用事業に継続して31日以上雇用されることが見込まれる者である（雇保法6）。

**【雇用保険被保険者の種類】**

| 種　類 | 内　容 |
| --- | --- |
| 一般被保険者<br>（雇保法60の2） | 被保険者のうち、高年齢被保険者、短期雇用特例被保険者および日雇労働被保険者に該当しない者 |
| 高年齢被保険者<br>（雇保法37の2） | 65歳以上の被保険者のうち、短期雇用特例被保険者および日雇労働被保険者に該当しない者 |
| 短期雇用特例被保険者<br>（雇保法38） | 被保険者であって季節的に雇用される者のうち以下のいずれにも該当しない者<br><br>● 4か月以内の期間を定めて雇用される者<br>● 1週間の所定労働時間が30時間未満である者 |
| 日雇労働被保険者<br>（雇保法43） | 日々雇用される者または30日以内の期間を定めて雇用される者 |

● 補足②

**継続雇用制度**

継続雇用制度とは、定年を65歳未満に定めている事業主に対して、そ

の雇用する高年齢者（55歳以上）の65歳までの安定した雇用を確保するための各種措置（高年齢者雇用確保措置[15]）の一つであり、現に雇用している高年齢者が希望するときは、その高年齢者をその定年後も引き続いて雇用する制度をいう（高年齢者雇用安定法9①二）。

　本税制において計算上考慮される継続雇用制度の適用対象者は、法人の就業規則において「継続雇用制度」を導入している旨の記載があり、かつ、雇用契約書または賃金台帳において継続雇用制度に基づき雇用されている者である旨の記載がある者に限られる（措規20の10④）。

## 11 教育訓練費の額・比較教育訓練費の額

### (1) 「教育訓練費」の意義

　本税制における教育訓練費とは、法人がその国内雇用者の職務に必要な技術または知識を習得させ、または向上させるために支出する一定の費用をいい（措法42の12の5⑤七）、具体的には次ページ表に掲げる費用が該当する（措令27の12の5⑩、措規20の10⑤〜⑦）。

---

15　継続雇用制度以外の高年齢者雇用確保措置としては、「当該定年の引上げ」または「当該定年の定めの廃止」の2つが挙げられている。

| 摘　要 | 教育訓練費の具体的内容 |
|---|---|
| 自社で教育訓練等を行う場合の費用 | ● 講師等（当該法人の役員または使用人を除く）に対する報酬等、旅費のうち当該法人が負担するもの<br>● 研修プログラムや研修資料等の作成について専門家（当該法人の役員または使用人を除く）に委託している場合の委託費等<br>● 教育訓練等のための施設、設備等に係る賃借料<br>● 教育訓練等に用いるコンテンツの使用料 |
| 他者[16]に委託して教育訓練等を行わせる場合の費用 | ● 教育訓練等の委託費 |
| 他者の行う教育訓練等に参加させる場合の費用 | ● 授業料、受講料、受験手数料その他の費用（教育訓練等の対価として支払うもの） |

　また、教育訓練費とならない費用についても、経済産業省から公表されているガイドブックの中で、以下のように明示されている。

- 自社の役員や社員を講師にした場合に支払った人件費や講師料
- 法人等がその使用人または役員に支払う教育訓練中の人件費、報奨金等
- 教育訓練等に関連する旅費、交通費、食費、宿泊費、居住費（研修の参加に必要な交通費やホテル代、海外留学時の居住費等）
- 福利厚生目的など教育訓練以外を目的として実施する場合の費用
- 法人等が所有する施設等の使用に要する費用（光熱費、維持管理費等）

---

16　その法人が外国法人である場合の本店等を含む。

> - 法人等の施設等の取得等に要する費用（当該施設等に係る減価償却費等を含む）
> - 教材の購入・製作に要する費用（教材となるソフトウェアやコンテンツの開発費を含む）[17]
> - 教育訓練の直接費用でない大学等への寄附金、保険料等

経済産業省『大企業向け「賃上げ促進税制」御利用ガイドブック』（令和6年8月5日公表版）p.34より。

　上で示された教育訓練費の範囲は、平成17年4月1日から平成20年3月31日まで（中小企業者等については平成24年3月31日まで）の間に開始する事業年度において適用されていた「人材投資促進税制」（教育訓練費が増加した場合の法人税額の特別控除）における教育訓練費の範囲とほぼ同じであるが、当時の制度で含まれていた「教科書その他の教材費」（H17措令27の12③四）は除外されている。

　なお、対象となる教育訓練等は「国内雇用者」に対するものに限られるから、受講者の範囲についても留意が必要である。

### (2) 「比較教育訓練費」の意義

　比較教育訓練費とは、法人の適用年度開始の日前1年以内に開始した各事業年度の所得の金額の計算上損金の額に算入される教育訓練費の額の合計額を、当該1年以内に開始した各事業年度の数で除して計算した金額をいう（措法42の12の5⑤八）。

　この点に関し、当該1年以内に開始した各事業年度の月数と適用年度

---

[17] ただし、他者に委託して教育訓練等を行わせる場合の費用（研修委託費）の中で、委託費の内数として教材の購入・製作に要する費用が含まれている場合には、教育訓練費の額の対象になる。

の月数が異なる場合には、これらの教育訓練費の額に当該適用年度の月数を乗じてこれを当該各事業年度の月数で除して計算した金額に補正される（月数補正）。

なお、比較教育訓練費の額がゼロである場合には、適用年度の教育訓練費の状況に応じて以下のように取り扱われる（措令27の12の5㉖）。

> ① 適用年度の教育訓練費の額がゼロである場合
> 　比較教育訓練費に関する要件を満たさないものとする。
>
> ② 適用年度の教育訓練費の額が発生している場合
> 　比較教育訓練費に関する要件を満たすものとする。

したがって、過去において教育訓練費の支出がなく、当事業年度（適用年度）に初めて教育訓練費を支出する場合には、比較教育訓練費に係る要件を満たすものとして、上乗せ控除の適用を受けることができる。

## (3) 書類の保存

法人が、比較教育訓練費の要件を満たすものとして上乗せ控除制度の適用を受けようとする場合には、これらの規定の適用を受ける事業年度の確定申告書等に教育訓練費の明細を記載した書類を保存しなければならない[18]（措令27の12の5⑪）。

当該明細書には、以下の事項を記載することが必要である（措規20の10⑧）。

---

[18] 令和4年度の税制改正により、添付義務から保存義務に変更された。

- 教育訓練費に係る教育訓練等の実施時期
- 当該教育訓練等の内容
- 当該教育訓練等の対象となる国内雇用者の氏名
- その費用を支出した年月日、内容および金額並びに相手先の氏名または名称

　経済産業省から公表されているガイドブックには、以下の記載例が示されている。

| No. | 実施時期 | 内容及び実施期間 | 受講者・対象者 | 支払証明 | 支払い額（税込） |
|---|---|---|---|---|---|
| 1 | 令和6年5月 | AI技能研修（5日） | 名簿（別添1） | 領収書（別添1） | ￥200,000 |
| 2 | 令和6年6月 | 生産システム研修（1週間） | 名簿（別添2） | 領収書（別添2） | ￥400,000 |
| 3 | 令和6年8月 | 管理職マネジメント研修（1日） | 名簿（別添3） | 領収書（別添3） | ￥100,000 |
| 4 | 令和6年8月 | IoTシステム研修（1ヶ月） | 名簿（別添4） | 領収書（別添4） | ￥600,000 |
| 5 | 令和6年9月 | 留学受講費補助（半年間） | 名簿（別添5） | 領収書（別添5） | ￥10,000,000 |
| 合計 | | | | | ￥11,300,000 |

## 12 中小企業者等

　中小企業者等向けの賃上げ促進税制の適用を受けることができる中小企業者等とは、中小企業者（適用除外事業者または通算適用除外事業者に該当するものを除く）および農業協同組合等で青色申告書を提出するものをいう（措法42の4④）[19]。

　ここで中小企業者とは、以下のいずれかの法人をいう（措法42の4⑲七、措令27の4⑰）。

- 資本金の額（または出資金の額）が1億円以下の法人のうち、いわゆる「**みなし大企業**」以外の法人
- 資本（または出資）を有しない法人のうち、常時使用する従業員の数が1,000人以下の法人

### ① みなし大企業

　中小企業者から除外される「みなし大企業」とは、以下のいずれかに該当する法人をいう（措令27の4⑰一、二）。

- その発行済株式総数（または出資の総額）[20]の2分の1以上が同一の**大規模法人**の所有に属している法人
- その発行済株式総数（または出資の総額）の3分の2以上が（複数の）**大規模法人**の所有に属している法人

　ここで「大規模法人」とは、以下のいずれかに該当する法人をいい、中小企業投資育成会社を除く（措令27の4⑰一）。

---

19　農業協同組合等の詳細については省略する。

20　自己株式または自己出資を除く。

- 資本金の額(または出資金の額)が１億円を超える法人
- 資本(または出資)を有しない法人のうち、常時使用する従業員の数が1,000人を超える法人
- **大法人**との間に完全支配関係がある普通法人
- 100％グループ内の複数の**大法人**に発行済株式(または出資)の全部を保有されている普通法人

さらに「大法人」とは、以下のいずれかに該当する法人をいう(措令27の4⑰一イ)。

- 資本金の額(または出資金の額)が５億円を超える法人
- 相互会社(保険業法に規定する外国相互会社を含む)
- 受託法人(法人課税信託の受託者である一定の法人。法法４の３)

このように「みなし大企業」の定義が複雑なのは、法人税法における「みなし大企業」の範囲(法法66⑤二、三)との整合性を図るため[21]である。

以上より、租税特別措置法における「中小企業者」および「みなし大企業」の判定フローをまとめると、次ページ図の通りとなる。

---

21 令和元年度の税制改正以前は、法人税法と租税特別措置法における「みなし大企業」の範囲に不整合があり、特に100％グループの孫会社以下の法人について一方では「みなし大企業」とされるが他方では「中小企業者(または中小法人)」とされることがあった。

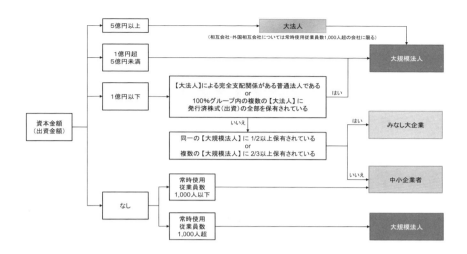

② グループ通算制度における中小企業者

グループ通算制度の適用を受ける法人（通算法人）にあっては、通算グループ内の法人のうちいずれかの法人が中小企業者に該当しない場合には、その通算グループ内の法人のすべてが中小企業者に該当しないものとされている（措令27の4⑰三）。

③ 適用除外事業者、通算適用除外事業者

形式的には中小企業者に該当するものの、平均所得金額（適用年度の前3年以内に終了した各事業年度（基準年度）の所得金額を各基準年度の月数の合計数で除し、これに12を乗じて計算した金額）が15億円を超える法人をいう（措法42の4⑲八）。

この措置は平成29年度の税制改正によって創設されたものであり、「中小企業向けの租税特別措置については、特定の政策目的を推進する観点から、財務状況が脆弱な中小企業に対して、特別に支援を行うものであるという点に鑑み、大法人並みの所得を超えて得ている中小企業を適用

の対象外とする」[22]こととされたものである。

　また、グループ通算制度においては、通算グループ内の法人のうちいずれかの法人が適用除外事業者に該当する場合には、その通算グループ内の法人のすべてが適用除外事業者として取り扱われることとなる（通算適用除外事業者。措法42の4⑲八の二）。

## 13 調整前法人税額

　本税制の控除上限額の計算基礎となる「調整前法人税額」とは、他の規定による税額控除の適用を受ける前の法人税額のことを指し、具体的には、以下の規定を適用しないで計算した法人税額（附帯税の額を除く）をいう（措法42の4⑲二、措令27の4⑨）。

　このような調整計算が必要なのは、控除上限額の計算上、他の規定による税額控除の影響を排除しなければ適切な控除を受けられなくなるためである。

【調整前法人税額の算定に際し適用しないこととされる規定】

| 条項番号 | 制度の名称 |
| --- | --- |
| 措法42の4 | 試験研究を行った場合の法人税額の特別控除（研究開発税制） |
| 措法42の6②③ | 中小企業者等が機械等を取得した場合の法人税額の特別控除 |
| 措法42の9 | 沖縄の特定地域において工業用機械等を取得した場合の法人税額の特別控除 |

---

22　財務省「平成29年度　税制改正の解説」p.533

| 条項番号 | 制度の名称 |
|---|---|
| 措法42の10② | 国家戦略特別区域において機械等を取得した場合の法人税額の特別控除 |
| 措法42の11② | 国際戦略総合特別区域において機械等を取得した場合の法人税額の特別控除 |
| 措法42の11の2② | 地域経済牽引事業の促進区域内において特定事業用機械等を取得した場合の法人税額の特別控除（**地域未来投資促進税制**） |
| 措法42の11の3② | 地方活力向上地域等において特定建物等を取得した場合の法人税額の特別控除（**地方拠点強化税制：オフィス減税**） |
| 措法42の12 | 地方活力向上地域等において雇用者の数が増加した場合の法人税額の特別控除（**地方拠点強化税制：雇用促進税制の特例**） |
| 措法42の12の2 | 認定地方公共団体の寄附活用事業に関連する寄附をした場合の法人税額の特別控除（**企業版ふるさと納税**） |
| 措法42の12の4②③ | 中小企業者等が特定経営力向上設備等を取得した場合の法人税額の特別控除（**中小企業等投資促進税制**） |
| 措法42の12の5 | 給与等の支給額が増加した場合の法人税額の特別控除（**賃上げ促進税制**） |
| 措法42の12の6② | 認定特定高度情報通信技術活用設備を取得した場合の法人税額の特別控除（**５Ｇ投資促進税制**） |

第5章　用語の定義

| 条項番号 | 制度の名称 |
|---|---|
| 措法42の12の7④～⑥ | 事業適応設備を取得した場合等の法人税額の特別控除（DX投資促進税制、カーボンニュートラル投資促進税制） |
| 措法42の14① | 通算法人の仮装経理に基づく過大申告の場合等の法人税額の調整 |
| 措法66の7④ | 課税対象金額または部分課税対象金額に係る外国法人税額の特別控除（タックスヘイブン対策税制） |
| 措法66の9の3③ | 課税対象金額に係る外国法人税額の特別控除（コーポレート・インバージョン対策税制） |
| 措法62① | 使途秘匿金の支出がある場合の課税の特例 |
| 措法62の3①⑨ | 土地の譲渡等がある場合の特別税率（土地重課：現在適用停止中） |
| 措法63① | 短期所有に係る土地の譲渡等がある場合の特別税率（土地重課：現在適用停止中） |
| 法法67～70の2 | 同族会社の特別税率、所得税額控除、外国税額控除、仮装経理に基づく過大申告の場合の更正に伴う法人税額の控除 |
| 法法144～144の2の3 | 外国法人に係る所得税額控除、外国法人に係る外国税額控除、分配時調整外国税相当額の控除、税額控除の順序 |

## ● 補　足

**調整前法人税額から控除しない金額（調整前法人税額超過額）**

　法人が複数の税額控除制度の適用を受けようとする場合において、各制度の税額控除可能額の合計額が当該法人の事業年度の所得に対する調整前法人税額の90％相当額を超えるときは、その超える部分の金額（調整前法人税額超過額）は、その調整前法人税額から控除されない、すなわち税額控除できないということである（措法42の13①）。

　これは、複数の税額控除制度を適用する結果、各制度の税額控除可能額を単純に合計するとその事業年度の法人税額を超過し結果的に法人税額がゼロとなってしまうような状況も考えられることから、複数の税額控除制度を適用する場合であっても、調整前法人税額の10％相当額を税額控除制度全体の控除上限額とするための調整規定である。

　税額控除の制度によっては控除可能期間が複数年度にわたるものもあることから、その調整前法人税額超過額は、控除可能期間が最も長いものから順次構成される。控除可能期間が長いものは、その事業年度で調整前法人税額から控除できないとしても、翌年度以降再び控除する機会を得られると考えられるためである。

　ここで「控除可能期間」とは、この規定の適用を受けた事業年度終了の日の翌日から、各税制の繰越税額控除に関する規定を適用した場合に各事業年度の所得に対する調整前法人税額から控除することができる最終の事業年度終了の日までの期間をいう（措法42の13②）。

　なお、控除可能期間が同じ複数の税額控除制度がある場合には、法人が選択した順に控除可能期間が長いものとして取り扱われる（措法42の13⑨、措令27の13①）。

　したがって実務的には、調整前法人税額超過額を別表６(6)において計算した上で、それぞれの税額控除制度における当期税額控除可能額のうち、法人の選択により調整前法人税額超過額を構成するものを選択する

こととなる。

**【調整前法人税額超過額の対象となる税額控除の制度（別表6⑹の記載対象）】**

| 区　分[22] | 対応する条項番号 | 別　表 | 制度の名称 |
|---|---|---|---|
| 第1号 | 措法42の4① | 6⑼ | 一般試験研究費に係る法人税額の特別控除 |
| 第2号 | 措法42の4④ | 6⑽ | 中小企業者等の試験研究費に係る法人税額の特別控除 |
| 第3号 | 措法42の4⑦ | 6⑿ | 特別試験研究費に係る法人税額の特別控除 |
| 第5号 | 措法42の6②③ | 6⒂ | 中小企業者等が機械等を取得した場合の法人税額の特別控除 |
| 第6号 | 措法42の9①② | 6⒃ | 沖縄の特定地域において工業用機械等を取得した場合の法人税額の特別控除 |
| 第7号 | 措法42の10② | 6⒄ | 国家戦略特別区域において機械等を取得した場合の法人税額の特別控除 |
| 第8号 | 措法42の11② | 6⒅ | 国際戦略総合特別区域において機械等を取得した場合の法人税額の特別控除 |

23　措法42の13①各号

| 区　分 | 対応する条項番号 | 別　表 | 制度の名称 |
|---|---|---|---|
| 第9号 | 措法42の11の2② | 6(19) | 地域経済牽引事業の促進区域内において特定事業用機械等を取得した場合の法人税額の特別控除 |
| 第10号 | 措法42の11の3② | 6(20) | 地方活力向上地域等において特定建物等を取得した場合の法人税額の特別控除 |
| 第11号 | 措法42の12①② | 6(21) | 地方活力向上地域等において雇用者の数が増加した場合の法人税額の特別控除 |
| 第12号 | 措法42の12の2① | 6(22) | 認定地方公共団体の寄附活用事業に関連する寄附をした場合の法人税額の特別控除 |
| 第13号 | 措法42の12の4②③ | 6(23) | 中小企業者等が特定経営力向上設備等を取得した場合の法人税額の特別控除 |
| 第14号 | 措法42の12の5①～④ | 6(24) | 給与等の支給額が増加した場合の法人税額の特別控除 |
| 第15号 | 措法42の12の6② | 6(25) | 認定特定高度情報通信技術活用設備を取得した場合の法人税額の特別控除 |
| 第16号 | 措法42の12の7④～⑥ | 6(26) | 事業適応設備を取得した場合等の法人税額の特別控除 |

| 区　分 | 対応する条項番号 | 別　表 | 制度の名称 |
|---|---|---|---|
| 第16号の２ | 措法42の12の７<br>⑦⑧⑩⑪ | 6⑳ | 産業競争力基盤強化商品生産用資産を取得した場合の法人税額の特別控除 |
| ──── | 震災特例法<br>● 17の２②③<br>● 17の２の２②③<br>● 17の２の３②③ | 6㉘ | 特定復興産業集積区域等において機械等を取得した場合の法人税額の特別控除 |
| ──── | 震災特例法<br>● 17の３①<br>● 17の３の２①<br>● 17の３の３① | 6㉙ | 特定復興産業集積区域等において被災雇用者等を雇用した場合の法人税額の特別控除 |

# 第6章

# 地方税の取扱い

本税制は租税特別措置法において法人税法に対する特例として定められているのであるが、地方税法（法人住民税および法人事業税）においても本税制をふまえた取扱いが定められている。

　そこで本章では、これら地方税における取扱いについて説明する。

## 第1節 法人住民税の取扱い

　法人住民税（道府県民税および市町村民税）の法人税割の課税標準となる「法人税額」は、本税制その他の租税特別措置の適用を受ける前の法人税額をいう（地法23①四、292①四）。

　したがって、本税制による税額控除を受けた場合であっても、住民税の法人税割の課税標準となる「法人税額」としては、税額控除前の法人税額を用いることとなる。

　ただし中小企業者等については、一定の期間内に開始する各事業年度の法人住民税に限り、税額控除後の法人税額を用いることとなる（地法附則8⑨）。

　したがって中小企業者等については、本税制による税額控除の効果が法人住民税にも及ぶこととなる。

### ● 補足①

**法人税割の課税標準となる「法人税額」**

　地方税法では、法人住民税（道府県民税および市町村民税）の法人税割の課税標準となる「法人税額」について固有の定義を定めている。

　すなわち「法人税額」とは、法人税法その他の法人税に関する法令の規定により計算した法人税額[1]で、一定の税額控除の規定の適用を受ける前のものをいい、法人税に係る延滞税、利子税、過少申告加算税、無申告加算税および重加算税の額を含まない（地法23①四、292①四）。

　内国法人に対する法人税割の課税標準となる「法人税額」の算定上、

---

1　各対象会計年度の国際最低課税額に対する法人税の額を除く。

第6章　地方税の取扱い

適用しないこととされる規定は下表の通りである（地法23①四イ、292①四イ）。

| 法　律 | 条　文 | 制度の名称 |
|---|---|---|
| 法人税法 | 第68条 | 所得税額控除 |
| | 第69条 | 外国税額控除 |
| | 第69条の2 | 分配時調整外国税相当額の控除 |
| | 第70条 | 仮装経理に基づく過大申告の場合の更正に伴う税額控除 |
| 租税特別措置法 | 第42条の4 | 試験研究を行った場合の法人税額の特別控除（**研究開発税制**） |
| | 第42条の10<br>（除：①③④⑦） | 国家戦略特区において機械等を取得した場合の法人税額の特別控除 |
| | 第42条の11<br>（除：①、③〜⑤、⑧） | 国際戦略総合特区において機械等を取得した場合の法人税額の特別控除 |
| | 第42条の11の2<br>（除：①③④⑦） | 地域経済牽引事業の促進区域内において特定事業用機械等を取得した場合の法人税額の特別控除（**地域未来投資促進税制**） |
| | 第42条の11の3<br>（除：①③④⑦） | 地方活力向上地域等において特定建物等を取得した場合の法人税額の特別控除（**地方拠点強化税制：オフィス減税**） |

| 法　律 | 条　文 | 制度の名称 |
|---|---|---|
| 租税特別措置法 | 第42条の12 | 地方活力向上地域等において雇用者の数が増加した場合の法人税額の特別控除（地方拠点強化税制：雇用促進税制の特例） |
| | 第42条の12の2 | 認定地方公共団体の寄附活用事業に関連する寄附をした場合の法人税額の特別控除（企業版ふるさと納税） |
| | 第42条の12の5 | 給与等の支給額が増加した場合の法人税額の特別控除<br>（賃上げ促進税制） |
| | 第42条の12の6<br>（除：①③④⑦） | 認定特定高度情報通信技術活用設備を取得した場合の特別償却又は法人税額の特別控除<br>（５Ｇ投資促進税制） |
| | 第42条の12の7<br>（除：①〜③、⑬〜⑮、㉓） | 事業適応設備を取得した場合等の法人税額の特別償却<br>（ＤＸ投資促進税制、カーボンニュートラル投資促進税制、戦略分野国内生産促進税制） |
| | 第66条の7<br>（除：②⑥、⑩〜⑬） | 課税対象金額又は部分課税対象金額に係る外国法人税額の特別控除<br>（タックスヘイブン対策税制） |
| | 第66条の9の3<br>（除：②⑤、⑨〜⑫） | 課税対象金額に係る外国法人税額の特別控除<br>（コーポレート・インバージョン対策税制） |

● **補足②**

## 税額控除の効果が住民税に及ぶもの（中小企業者等）

法人住民税の法人税割の課税標準となる法人税額の算定上、税額控除後の金額を用いることのできる制度は下表の通りである（内国法人の場合）。制度ごとに適用期間が異なるので留意が必要である。

| 制　度 | 附則8条 | 効果が法人住民税に及ぶ事業年度 |
|---|---|---|
| 研究開発税制<br>（中小企業技術基盤強化税制）<br>（措法42の4④） | 1項 | 当分の間 |
| 研究開発税制<br>（中小企業者等によるオープンイノベーション型）<br>（措法42の4⑦⑬） | 2項 | 当分の間 |
| 地域未来投資促進税制<br>（措法42の11の2②） | 5項 | 地域未来投資促進法施行日（平成29年7月31日）から令和7年3月31日までの期間を含む各事業年度 |
| 地方拠点強化税制<br>（オフィス減税）<br>（雇用促進税制の特例）<br>（措法42の11の3②<br>　措法42の12①②） | 6項<br>7項 | 指定期間（改正地域再生法施行日（平成27年8月10日）から令和8年3月31日まで）内に「地方活力向上地域等特定業務施設整備計画」の認定を受けた日からその翌日以後2年を経過する日までの期間を含む各事業年度 |
| 大企業向け賃上げ促進税制<br>（措法42の12の5①） | 8項 | 令和4年4月1日から令和9年3月31日までの間に開始する各事業年度 |

| 制　度 | 附則8条 | 効果が法人住民税に及ぶ事業年度 |
|---|---|---|
| 中堅企業向け賃上げ促進税制<br>（措法42の12の5②） | 9項 | 令和6年4月1日から令和9年3月31日までの間に開始する各事業年度 |
| 中小企業向け賃上げ促進税制<br>（措法42の12の5③） | 10項 | 平成30年4月1日から令和9年3月31日までの間に開始する各事業年度 |
| 賃上げ促進税制の繰越控除<br>（措法42の12の5④） | 11項 | 適用する制度に応じて、上の3種類のいずれかの事業年度による |
| 5G投資促進税制<br>（措法42の12の6②） | 12項 | 「特定高度情報通信技術活用システムの開発供給及び導入の促進に関する法律」施行日（令和2年8月31日）から令和7年3月31日までの期間を含む各事業年度 |
| DX投資促進税制<br>（措法42の12の7④⑤） | 13項 | 改正産業競争力強化法施行日（令和3年8月2日）から令和7年3月31日までの期間を含む各事業年度 |
| カーボンニュートラル投資促進税制<br>（措法42の12の7⑥） | 14項 | 改正産業競争力強化法施行日（令和3年8月2日）から令和8年3月31日までの期間を含む各事業年度 |

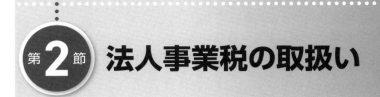
# 法人事業税の取扱い

　平成27年度の税制改正によって、所得拡大促進税制（旧制度）の適用を受ける法人に対し、平成27年4月1日から平成30年3月31日までの間に開始する各事業年度分の事業税に限り、付加価値割の課税標準である付加価値額の計算上、一定の調整を加えた雇用者給与等支給増加額（雇用者給与等支給額から基準雇用者給与等支給額を控除した額）を控除することとされた（H27地法附則9⑬）。

　所得拡大促進税制を適用することによる雇用者給与等支給額の増加は、外形標準課税における付加価値額（報酬給与額）の増加をもたらすことから、法人税では減税メリットがあるが、事業税負担が増加することによって、全体としての減税幅が縮小してしまうという問題が指摘されていたことに対応したものである。

　その後、平成30年度の税制改正による賃上げ・投資促進税制、令和3年度の税制改正による人材確保等促進税制、令和4年度の税制改正による賃上げ促進税制への抜本的改組が行われたものの、上述の取扱いについては引き続き維持された（H30地法附則9⑬、R3地法附則9⑬、R4地法附則19⑬）。

　さらに、令和6年度の税制改正後も、所要の改正を経てこの取扱いが引き続き維持された（地法附則9⑬）。

## 1 適用時期

　令和4年4月1日から令和9年3月31日までの間に開始する各事業年

度[2]について適用される。

## 2 用語の定義

租税特別措置法に規定されている定義をそのまま用いており、事業税固有の定義はない。

## 3 適用要件

賃上げ促進税制の適用要件と同様である。すなわち、「継続雇用者給与等支給額が継続雇用者比較給与等支給額から3％以上増加していること」という要件のほか、一定規模以上の法人にあっては「マルチステークホルダー方針の公表」の要件も満たす必要がある。

## 4 控除額の計算

以下の算式によって計算された金額を、付加価値額の金額から控除する。

> 控除額＝
> 控除対象雇用者給与等支給増加額（➡前章）×雇用安定控除調整率

ここで「雇用安定控除調整率」とは、収益配分額から雇用安定控除額を控除した額を当該収益配分額で除して計算した割合をいう。

---

2 設立事業年度、解散（合併による解散を除く）の日を含む事業年度および清算中の各事業年度を除く。

このような調整が入るのは、控除対象新規雇用者給与等支給額を報酬給与額から直接控除してしまうと、雇用安定控除が縮小し付加価値額がむしろ増加するという計算構造になっているためである（117ページ参照）。

## 5 適用上の留意点

### (1) 課税標準の調整計算であること

　法人税（租税特別措置法）における賃上げ促進税制は「税額控除」の制度であるのに対し、事業税における賃上げ促進税制は「課税標準の減額調整」の制度である。

　そのため、法人税で税額がゼロ等の理由により税額控除が発生しない場合であっても、適用要件を満たしている以上、事業税において本税制の適用が可能である（付加価値額から控除できる）。

### (2) 当初申告要件がないこと

　法人税（租税特別措置法）における賃上げ促進税制では当初申告要件があり、控除税額の計算基礎となる控除対象雇用者給与等支給増加額は、確定申告書等に添付された書類に記載された金額を限度とする（措法42の12の5⑦。224ページ参照）が、事業税における賃上げ促進税制には当初申告要件が付されていない。

　そのため、確定申告時に本税制の適用を失念した場合であっても、事業税については更正の請求が可能である。

● 補　足

**事業税の外形標準課税の概要**

**1　法人事業税の種類と外形標準課税の適用対象法人**

　法人事業税は、法人の行う「事業」に対して複数の担税力を観念して道府県により課される地方税である。

　事業税は、まず法人の営む「事業」の種類による区分を行い、次に「法人」の区分（さらには資本金の額）に従って、課される事業税の種類が決定される（地法72の2①）。

　事業税は所得割、付加価値割、資本割、および収入割の4種類から構成され、このうち「付加価値割」および「資本割」の2つが「外形標準課税」として周知されているところである。

　具体的には次ページ表のように決定される。

　次ページ表の結果、外形標準課税が適用される法人は、以下の3類型に大別できる（地法72の2①一イ、三、四）。

| 類型 | 内　容 |
|---|---|
| Ⅰ | ・電気供給業、ガス供給業および保険業<u>以外の事業</u>を営む法人であって、所得割のみを課税される法人として<u>限定列挙されている法人に該当しない</u>法人のうち<br>・資本金の額が1億円超の法人 |
| Ⅱ | ・<u>**小売電気事業等、発電事業等、特定卸供給事業**</u>を営む法人のうち<br>・資本金の額が1億円超の法人 |
| Ⅲ | ・<u>**特定ガス供給業**</u>を営む法人 |

　そして資本金の額が1億円以下の法人であるかどうかの判定は、各事業年度終了の日の現況によるものとされる（地法72の2②）。

| No. | 事業の区分 | 法人の区分 | 資本金の額 | 収入割 | 所得割 | 付加価値割 | 資本割 |
|---|---|---|---|---|---|---|---|
| 1 | No.12〜No.15以外の事業(地法72の2①一) | 地方税法第72条の4第1項各号に定める法人(国等が行う事業を行う法人) | | | | | |
| 2 | | 地方税法第72条の5第1項各号に定める法人(独立行政法人その他の特殊法人) | | | ○ | | |
| 3 | | 地方税法第72条の24の7第7項各号に定める法人(農業協同組合・その他の「特別法人」) | | | ○ | | |
| 4 | | 人格のない社団等(地法72の4④) | | | ○ | | |
| 5 | | みなし課税法人(地法72の4⑤) | | | ○ | | |
| 6 | | 投資法人 | | | ○ | | |
| 7 | | 特定目的会社 | | | ○ | | |
| 8 | | 一般社団法人(非営利型法人を除く) | | | ○ | | |
| 9 | | 一般財団法人(非営利型法人を除く) | | | ○ | | |
| 10 | | 上記以外の法人 | 1億円以下 | | ○ | | |
| 11 | | | 1億円超 | | ○ | ○ | ○ |
| 12 | 電気供給業(No.13〜No.14に該当するものを除く)、損害保険業、生命保険業、貿易保険業(地法72の2①二) | | | ○ | | | |
| 13 | 小売電気事業等、発電事業等、特定卸供給業(地法72の2①三) | | 1億円以下 | ○ | ○ | | |
| 14 | | | 1億円超 | ○ | ○ | ○ | ○ |
| 15 | 特定ガス供給業(地法72の2①四) | | | ○ | | ○ | ○ |

令和6年度の税制改正により、資本金の額が1億円以下の法人のうち、以下の要件のいずれも満たす法人は、当分の間、判定対象事業年度において外形標準課税の適用対象とされることとなった（地法附則8の3の3）。

> A) 判定対象事業年度の前事業年度[3]において外形標準課税の適用法人（上表の「類型Ⅰ」）であったこと。
> B) 判定事業年度末における資本金および資本剰余金[4]の合計額が10億円を超えていること。

　この取扱いは、令和7年4月1日以後開始する事業年度から適用される。

　また、特定法人（払込資本の額[5]が50億円を超える法人）との間に完全支配関係[6]があり、かつ、払込資本の額が2億円を超える法人についても、その法人の資本金の額が1億円以下であっても外形標準課税の適用対象とされる（地法72の2①一ロ）。

---

3　改正地方税法の公布日の前日（令和6年3月28日）における資本金の額が1億円以下であると判定され、かつ、公布日から改正法の適用初年度開始の日の前日までの間に終了した各事業年度分の事業税について外形標準課税の適用対象法人に該当しない法人については、この措置の適用除外とされる（地法改正附則R6.3.30 7②）。
　これに対して、改正地方税法の公布日における資本金の額が1億円を超える法人については、公布日を含む事業年度<u>開始の日の前日</u>から改正法の適用初年度開始の日の前日までの間に終了したいずれかの事業年度において外形標準課税の適用対象法人となっていれば、適用初年度における「前事業年度」の要件を満たしてしまう制度設計になっており、いわゆる「駆け込み減資」を防止する策が講じられている。

4　資本金減少差益などの「その他資本剰余金」を含む。

5　改正地方税法の公布日（令和6年3月29日）以後に行われた資本配当（その他資本剰余金を原資とする配当）の額は加算調整される。

6　複数の特定法人により発行済株式の全部を保有されている関係も含む。

この取扱いは、令和8年4月1日以後開始する事業年度から適用される。

## 2　付加価値割の課税標準となる付加価値額

　付加価値割の課税標準となる各事業年度の付加価値額は、各事業年度の報酬給与額、純支払利子および純支払賃借料の合計額（以下「収益配分額」という）と各事業年度の単年度損益（繰越欠損金控除前の事業税の課税所得）との合計額による（地法72の14）。なお、付加価値額の合計額がマイナスとなる場合には、ゼロとされる（下図参照）。

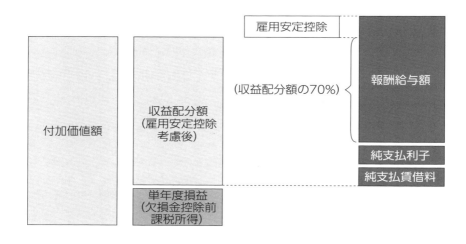

　外形標準課税の導入検討時、政府税制調査会の中間答申（平成12年7月）において、望ましい外形基準として①事業活動価値、②給与総額、③物的基準と人的基準の組み合わせ、④資本等の金額（当時）の4つが提示され、その中でも①事業活動価値は、法人の人的・物的活動量を客観的かつ公平に示すと同時に、各生産手段（労働・資本財・土地等）の選択に関し中立的であることや、課税ベースが広く安定的であること等、「外形基準としては理論的に最も優れた特徴を有している」とされてい

る[7]。この事業活動価値が、現行制度の「付加価値額」の考え方の基礎となっている。

### (1) 報酬給与額
#### ① 原則的取扱い

報酬給与額は、次の（ア）および（イ）の額のうち、原則としてその事業年度の法人税の所得の金額の計算上損金の額に算入されるものの合計額である（地法72の15①）。

> （ア）法人が各事業年度においてその役員または使用人に対する報酬、給料、賃金、賞与、退職手当その他これらの性質を有する給与として支出する金額の合計額
> （イ）法人が各事業年度において、その役員または使用人のために支出する確定給付企業年金等の掛金等の合計額

要するに報酬給与額は、所得税において給与所得または退職所得とされるものであって、原則として各事業年度において法人税の所得金額の計算上損金の額に算入されるものに限られるということである。

#### ② 派遣労働者に対する取扱い

労働者派遣契約に基づき労働者派遣の役務の提供を受けている場合、労働者派遣契約料として労働者派遣をした者に支払う金額の75％を報酬給与額に加算する。一方、労働者派遣の役務を提供している者においては、報酬給与額から労働者派遣の対価として労働者派遣の役務の提供を受けたものから支払を受ける金額の75％を控除する（地法72の15②）。

---

[7] 政府税制調査会「わが国税制の現状と課題－21世紀に向けた国民の参加と選択－」（平成12年7月）p.207

これは、派遣元に支払う金額には、派遣元の利潤相当額が含まれているとの考え方から、原価相当額として支払金額の75％相当額を報酬給与額として取り扱うこととしたものである。

　なお、報酬給与額の算定に関する具体的取扱いについては、「地方税法の施行に関する取扱いについて（道府県税関係）第3章　事業税」（以下「事業税取扱通知」という）［4の2の1］から［4の2の16］に詳細に記載されているので、参考にされたい。

## (2)　純支払利子

　純支払利子は、各事業年度の支払利子の額（当該事業年度の法人税の所得の金額の計算上損金の額に算入されるものに限る）の合計額から、各事業年度の受取利子の額（当該事業年度の法人税の所得の金額の計算上益金の額に算入されるものに限る）の合計額を控除した金額による（地法72の16①）。

　なお、純支払利子の算定に関する具体的取扱いについては、事業税取扱通知の［4の3の1］から［4の3の11］に詳細に記載されているので、参考にされたい。

## (3)　純支払賃借料

　純支払賃借料は、各事業年度の支払賃借料の額（当該事業年度の法人税の所得の金額の計算上損金の額に算入されるものに限る）の合計額から、各事業年度の受取賃借料の額（当該事業年度の法人税の所得の金額の計算上益金の額に算入されるものに限る）の合計額を控除した金額による（地法72の17①）。

　ここで「支払賃借料」とは、法人が各事業年度において土地または家屋（これらと一体となって効用を果たす構築物および附属設備を含む）の賃借権、地上権、永小作権その他の土地または家屋の使用または収益を目

的とする権利で、その存続期間が1月以上であるもの（以下「賃借権等」という）の対価として支払う金額をいう（地法72の17②）。

なお、純支払賃借料の算定に関する具体的取扱いについては、事業税取扱通知の［4の4の1］から［4の4の8］に詳細に記載されているので、参考にされたい。

### (4) 雇用安定控除

報酬給与額が収益配分額の70％を超える場合、その超える部分を付加価値額から控除する（地法72の20①）。これを「雇用安定控除」という。

報酬給与額（を含む収益配分額）と単年度損益との間には、収益配分額を減少させれば単年度損益が増加するという関係がある。つまり、報酬給与額を減少させても単年度損益が増加するだけで、全体としての付加価値額には影響しないのである。

この点、雇用安定控除は、報酬給与額を引き下げるとむしろ付加価値額が増加するという仕組みを整えることによって、安易な報酬給与額の引下げを防止することを目的とするものである。「雇用安定控除」という用語は、この趣旨から導かれるものである。

|  | 当初 |  | 賃金引下げ |
|---|---|---|---|
| 報 酬 給 与 額 | 2,400 | → △400 → | 2,000 |
| 純 支 払 利 子 | 200 |  | 200 |
| 純 支 払 賃 借 料 | 400 |  | 400 |
| 計（収益配分額） | 3,000 | → △400 → | 2,600 |
| 雇 用 安 定 控 除 | (300) | → ＋120 → | (180) |
| 単 年 度 損 益 | 1,500 | → ＋400 → | 1,900 |
| 付加価値額 | 4,200 | → ＋120 → | 4,320 |

報酬給与額を400引き下げると、単年度損益が400増加するが、併せて、雇用安定控除が120縮小するため、むしろ付加価値額としては120増加することとなる。

第**7**章

# 組織再編成が行われた場合

本税制を適用しようとする法人において合併、分割等（分割、現物出資、現物分配）の組織再編成が行われた場合には、企業規模が著しく変動することとなるため、前事業年度の給与等支給額や教育訓練費の額との比較を行う局面で組織再編成前の金額をそのまま用いることは合理的でないことから、比較の対象とされる金額について組織再編成による影響を加味して調整することとしている。

　そこで本章では、組織再編成が行われた場合の各種金額の調整計算について説明する。

　なお、給与等支給額および教育訓練費の額にかかる調整計算の仕組みは共通であるため、本章では、調整計算対象を「給与等支給額等」（月額給与等支給額等、月額移転給与等支給額等）と一括して表記する。

## 第1節 調整計算の全体像

　ある法人が他の法人を吸収合併した場合、合併日をもって被合併法人の従業者が合併法人に引き継がれることにより、合併法人の国内雇用者に対する給与等支給額等が合併前と比較して著しく増加することが考えられる。

　また、ある法人が会社分割によって事業の一部を他の法人に移転した場合、分割日をもって分割法人の従業者の一部が分割承継法人に移転することにより、分割法人の国内雇用者に対する給与等支給額等が分割前と比較して著しく減少することが考えられる。

　このように、合併や分割等の組織再編成が行われる場合には、組織再編成日の前後で給与等支給額等に著しい変動が生じることがある。こうした著しい変動は、自助努力による給与等支給額等の増加とは無関係に生じるものであり、その影響により適用要件の充足に影響を及ぼすことや税額控除限度額が増減することは不合理である。

　そこで、一定の組織再編成が行われた場合には、それによって生じる給与等支給額等の著しい変動による影響を排除するための調整計算規定が設けられている（措法42の12の5⑨）。

　調整計算の対象となる組織再編成は合併、分割等（分割、現物出資、現物分配）であり、分割等については分割法人等と分割承継法人等のそれぞれについて調整計算が規定されている。また、調整計算の対象となるのは比較雇用者給与等支給額[1]および比較教育訓練費の額（給与等支給

---

1　給与等に充てるための雇用調整助成金額があるときは、比較雇用者給与等支給額の調整計算上、その給与等支給額から雇用安定助成金額を控除した金額を用いる（措令27の12の5㉑二）。

額等）であり、申告書には調整計算後の金額を直接記入することとなる。

　調整計算は、その組織再編成がいつ行われたかにより調整方法が異なることから、①適用年度中に組織再編成が行われた場合の調整計算と、②「基準日」[2]から適用年度開始日の前日までに組織再編成が行われた場合の２つの場合に分けて規定されている（基準日については後述）。

　以上をふまえ、調整計算に関する条文をマッピングすると次ページ表のようになる。

---

2　次節でも述べる通り「基準日」には２種類ある。一つは比較雇用者給与等支給額の調整計算に用いられるもの（給与等基準日）、もう一つは比較教育訓練費等の額の調整計算に用いられるもの（教育訓練費基準日）である。
　現行の条文上は、教育訓練費基準日のことを単に「基準日」と称し（措令27の12の5 ⑰）、別途「給与等基準日」の定めが置かれている（同⑲）。これに対して令和３年度までは、給与等基準日のことを単に「基準日」と称し（R３措令27の12の5 ⑫）、別途「教育訓練費基準日」の定めが置かれていた（R３同⑮）。実質的な内容に変更はないものの、用法が変更されているので留意されたい。
　このように条文上の「基準日」の内容が変更されたのは、単に条文配置を入れ替えたことに起因するものと考えられるが、条文通りの表記を行うことはかえって理解を混乱させるおそれがあることから、本書では内容に応じて「給与等基準日」または「教育訓練費基準日」の単語を用いることとする。

| | | 吸収合併 | 分割等<br>(分割、現物出資または現物分配) | |
|---|---|---|---|---|
| | | 合併法人 | 分割法人等 | 分割承継法人等 |
| 比較雇用者給与等支給額 | 適用年度に行われた組織再編成 | 措令27の12の5⑲<br>(第12項第1号を準用) | 措令27の12の5⑳<br>(第14項第1号イを準用) | 措令27の12の5⑳<br>(第14項第2号イを準用) |
| | 給与等基準日から適用年度開始日の前日までの期間内に行われた組織再編成 | 措令27の12の5⑲<br>(第12項第2号を準用) | 措令27の12の5⑳<br>(第14項第1号ロを準用) | 措令27の12の5⑳<br>(第14項第2号ロを準用) |
| 比較教育訓練費の額 | 適用年度に行われた組織再編成 | 措令27の12の5⑫一 | 措令27の12の5⑭一イ | 措令27の12の5⑭二イ |
| | 教育訓練費基準日から適用年度開始日の前日までの期間内に行われた組織再編成 | 措令27の12の5⑫二 | 措令27の12の5⑭一ロ | 措令27の12の5⑭二ロ |

# 第2節 「基準日」の意義

　組織再編成が行われた場合の調整計算規定において、その基礎となる計算期間に関連して「基準日」という概念が設けられている。

　その上で、「基準日」から「適用年度開始の日の前日」までを「調整対象年度」と定め、これに含まれる各事業年度の給与等支給額等を基礎として比較雇用者給与等支給額または比較教育訓練費の額を計算することとされた（詳細は後述）。

　基準日には以下の2種類がある。
- 給与等基準日（措令27の12の5⑲）
- 教育訓練費基準日（措令27の12の5⑰）[3]

## 1 給与等基準日

　給与等基準日は原則として前事業年度等（適用年度開始の日の前日を含む事業年度等）の開始の日とされるが（措令27の12の5⑲二）、前事業年度等の月数と適用年度の月数が異なる場合には、その大小関係に応じてその取扱いが異なる。

　まずは全体像についてフローチャート形式で示すと次ページ図のようになる。

---

[3] 条文上は単に「基準日」と称する。前節脚注2参照。

**【給与等基準日の取扱い】**

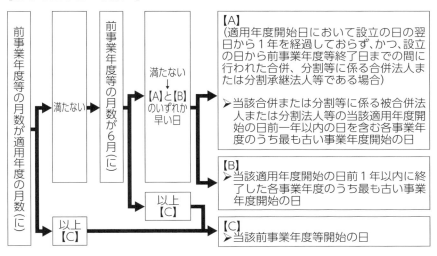

　前事業年度の月数が6月に満たない場合について複雑な取扱いとなっているのは、前事業年度が短すぎるため賞与等を含めた1年間の給与等支給額の月平均額が適用年度における状況と整合せず、それだけでは適切な比較を行うことができないおそれがあるためである。

　そこでこのような場合には、前事業年度の開始日とは別の「給与等基準日」を定めたうえで、「給与等基準日から適用事業年度開始日の前日」までの期間（調整対象年度）を設定することによって、少なくとも1年以上の集計期間を確保して適切な金額比較を可能せしめるという趣旨による。

　なお、給与等基準日の取扱いにはいくつかの制限事項が付されており（脚注4、5参照）、実際の適用に当たっては十分留意する必要がある。

## (1) 前事業年度等の月数が適用年度の月数に満たない場合で、かつ、月数が6月に満たない場合

　給与等基準日は、以下のいずれか早い日とされる（措令27の12の5⑲一）。

【A】 当該適用年度開始の日においてその設立の日の翌日以後1年（当該適用年度が1年に満たない場合には、当該適用年度の期間）を経過していない場合であり、かつ、当該法人が当該設立の日から当該適用年度開始の日の前日までの期間内に行われた合併または分割等（分割、現物出資または現物分配[4]）に係る合併法人または分割承継法人等である場合[5]

⇒ 当該合併または分割等に係る被合併法人または分割法人等の当該適用年度開始の日前1年以内の日を含む各事業年度（当該被合併法人または分割法人等の設立の日以後に終了した事業年度に限る）のうち最も古い事業年度開始の日

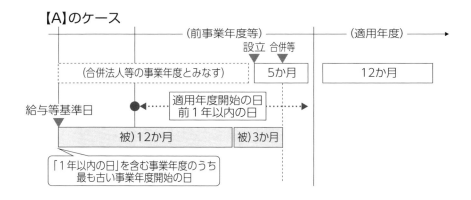

【A】のケース

---

4 法人税法第2条第12号の5の2に規定する現物分配。当該現物分配が残余財産の全部の分配である場合には、当該設立の日から当該前事業年度等の終了の日の前日までの期間内においてその残余財産が確定したものとし、その分割等に係る移転給与等支給額がゼロである場合における当該分割等を除く。

5 当該設立の日から当該合併または分割等の日の前日（当該現物分配が残余財産の全部の分配である場合には、その残余財産の確定の日）までの期間に係る給与等支給額がゼロである場合に限る。

このケースは、設立後間もなく合併等が行われた場合であって、設立事業年度が6月に満たない場合を想定しており、このときの給与等基準日は、適用年度開始の日前1年以内の日を含む被合併法人等の各事業年度のうち、最も古い事業年度の開始の日とされる。

　設立間もない適用対象法人が合併等により給与等を支給することとなる場合には、被合併法人等の事業年度のうち合併法人等の設立前の期間に対応する事業年度を合併法人等の事業年度等とみなして比較雇用者給与等支給額の計算を行うこととなる（詳細は後述）。

【B】　当該適用年度開始の日前1年以内に終了した各事業年度（設立の日以後に終了した事業年度に限る）のうち最も古い事業年度の開始の日

【B】のケース

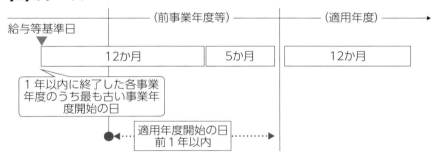

　このケースは、決算日変更等の理由で事業年度の特例（みなし事業年度）が設定された影響などにより、前事業年度の月数が6月に満たない場合を想定している。

　このときの給与等基準日は、適用年度開始の日前1年以内に終了した各事業年度のうち、最も古い事業年度の開始の日となる。

　なお、「適用年度開始の日前1年以内に終了した各事業年度」という表現は、比較雇用者給与等支給額の月数調整規定（措令27の12の5⑱二イ）における「前1年事業年度」と全く同じ期間を指すこととなる。

## (2) (1)以外の場合

【C】 給与等基準日は、前事業年度等の開始の日とされる（措令27の12の5⑲二）。

【C】のケース

このケースは、【A】【B】以外の一般的な場合を想定しており、このときの基準日は前事業年度の開始の日となる。

# 2 教育訓練費基準日

　教育訓練費基準日は、給与等基準日と異なり前事業年度等の月数による取扱いの差異がない。

　全体像についてフローチャート形式で図示すると次ページ図のようになる。

**【教育訓練費基準日の取扱い】**

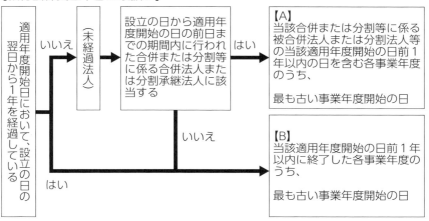

教育訓練費基準日は以下のいずれか早い日とされる（措令27の12の5⑰）。

【A】 本税制の適用を受けようとする法人（適用法人）が「未経過法人」（適用年度開始の日においてその設立の日の翌日以後1年を経過していない法人）に該当し、かつ、当該適用法人が設立の日から適用年度開始の日の前日までの期間内に行われた合併または一定の[6]分割等（分割、現物出資または現物分配）に係る合併法人または一定の[7]分割承継法人等（分割承継法人、被現物出資法人または被現物分配法人）に該当する場合

⇒ 当該合併または分割等に係る被合併法人または分割法人等（分

---

6 残余財産の全部の分配に該当する現物分配にあっては、当該設立の日から当該適用年度開始の日の前日を含む事業年度終了の日の前日までの期間内においてその残余財産が確定したものとし、その分割等に係る移転給与等支給額がゼロである場合の当該分割等を除く。

7 当該設立の日から当該合併または分割等の日の前日（当該現物分配が残余財産の全部の分配である場合には、その残余財産の確定の日）までの期間に係る給与等支給額がゼロである場合に限る。

第7章 組織再編成が行われた場合

割法人、現物出資法人または現物分配法人）の当該適用年度開始の日前1年以内の日を含む各事業年度のうち最も古い事業年度開始の日（措令27の12の5⑰一）

【A】のケース

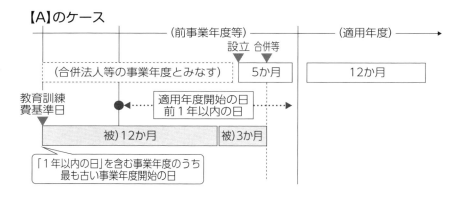

【B】【A】以外の場合
　⇒　当該適用年度開始の日前1年以内に終了した各事業年度のうち最も古い事業年度開始の日（措令27の12の5⑰二）

【B】のケース

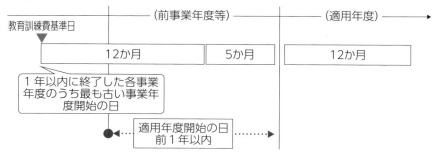

# 第3節 合併が行われた場合の調整計算

## 1 適用年度において合併が行われた場合

　適用年度に合併が行われた場合、合併日の属する月以後、被合併法人から引き継いだ国内雇用者に対する給与等支給額等が加味され、雇用者給与等支給額または教育訓練費の額が大きく増加することとなる。

　このとき、合併法人の比較雇用者給与等支給額または比較教育訓練費の額については、調整対象年度（後述）ごとに、被合併法人の各調整対象年度に係る給与等支給額等のうち合併日の属する月から適用年度末までの月数に対応する金額を加算調整した金額に基づき計算することとされた（下図参照）[8]。

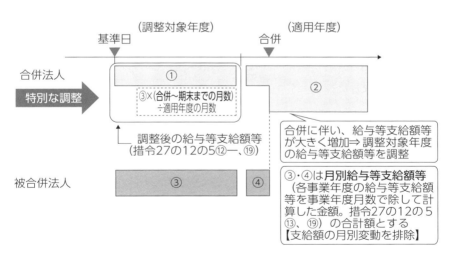

---

8　現行法では、教育訓練費の取扱いを給与等支給額の取扱いに準用している（措令27の12の5⑲）。

第7章　組織再編成が行われた場合

このような調整計算を加味することによって、調整対象年度においても合併が行われた適用年度における給与等支給額等（前図の②）と同等の状態を擬制することができ、適切な大小比較を可能とする。

**【比較雇用者給与等支給額または比較教育訓練費の額の調整】**
　以下の金額を合計した額となる（措令27の12の5⑫一、⑲）。
● 合併法人の各調整対象年度（※１）に係る給与等支給額等（前図①）
● 被合併法人の各調整対象年度に含まれる月に係る月別給与等支給額等（※２）を合計した金額（前図③）に、当該合併の日から当該適用年度終了の日までの期間の月数を乗じてこれを当該適用年度の月数で除して計算した金額

（※１）　調整対象年度
● 調整対象期間（基準日から適用年度開始の日の前日までの期間）に含まれる各事業年度をいう。
● 当該合併法人が「未経過法人」（当該適用年度開始の日においてその設立の日の翌日以後１年を経過していない法人）に該当する場合には、基準日から当該合併法人の設立の日の前日までの期間を当該合併法人の事業年度とみなした場合における当該事業年度を含む。

（※２）月別給与等支給額等
● その合併に係る被合併法人の各事業年度に係る給与等支給額等をそれぞれ当該各事業年度等の月数で除して計算した金額を、当該各事業年度等に含まれる月に係るものとみなしたものをいう（措令27の12の5⑬）。

● いわば「月平均額」を各月の給与等支給額等とみなすものであり、月ごとの支給額等の変動を平準化する意味がある。

## ２ 基準日から適用年度開始の日の前日までの期間に合併が行われた場合

　基準日から適用年度開始の日の前日までの期間に合併が行われた場合の比較雇用者給与等支給額または比較教育訓練費の額については、合併法人の調整対象年度ごとに、被合併法人の各調整対象年度に係る給与等支給額等を加算調整することで、適切な大小比較を可能とする。

　適用年度はその開始日から合併後の規模で給与等の支給等が生じていることから、調整対象年度については基準日から合併日の前日までの期間に対応する被合併法人等の月別給与等支給額等を加算調整することで、比較の前提が整うことになると考えられる（下図参照）[9]。

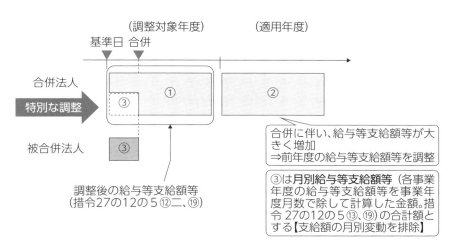

---

9　現行法では、教育訓練費の取扱いを給与等支給額の取扱いに準用している（措令27の12の5⑲）。

**【比較雇用者給与等支給額または比較教育訓練費の額の調整】**

以下の金額を合計した額となる（措令27の12の5⑫二、⑲）。
- 合併法人の各調整対象年度に係る給与等支給額等（前ページ図①）
- 被合併法人の各調整対象年度に含まれる月に係る月別給与等支給額等を合計した金額（前ページ図③）

# 第4節 分割等が行われた場合の調整計算（分割法人等）

## 1 適用年度において分割等が行われた場合

　適用年度に分割等（分割、現物出資、現物分配）が行われた場合、分割等の日の属する月以後、分割承継法人等に引き継いだ国内雇用者に対する給与等支給額等が発生しなくなることから、給与等支給額等が大きく減少することとなる。

　このとき、分割法人等の比較雇用者給与等支給額（または比較教育訓練費の額）については、調整対象年度ごとに、分割承継法人等に移転したと考えられる金額として、各調整対象年度に係る分割法人の移転給与等支給額等のうち、分割等の日から適用年度終了日までの期間の月数に対応する金額を減算調整した金額に基づき計算することとされた（次ページ図参照）[10]。

---

10　現行法では、教育訓練費の取扱いを給与等支給額の取扱いに準用している（措令27の12の5⑲）。

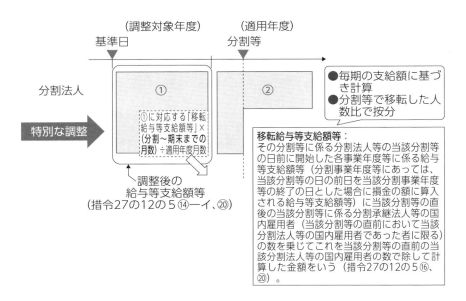

　このような調整計算を加味することによって、調整対象年度においても分割等が行われた適用年度における給与等支給額等（前図の②）と同等の状態を擬制することができ、適切な大小比較を可能とする。

**【比較雇用者給与等支給額または比較教育訓練費の額の調整】**

　分割法人等の各調整対象年度に係る給与等支給額等から、以下の算式によって計算した金額を控除する（措令27の12の5⑭一イ、⑳）。

$$\text{分割法人等の各調整対象年度に係る移転給与等支給額等} \times \frac{\text{分割等の日～適用年度終了の日までの月数}}{\text{適用年度の月数}}$$

　ここで「移転給与等支給額等」とは、その分割等に係る分割法人等の当該分割等の日前に開始した各事業年度等に係る給与等支給額等（分割事業年度等にあっては、当該分割等の日の前日を当該分割事業年度等の終了の日とした場合に損金の額に算入される給与等支給額等）に当該分割等の直後の当該分割等に係る分割承継法人等の国内雇用者（当該分割等の直前において当該分割法人等の国内雇用者であった者に限る）の数を乗じて、これを当該分割等の直前の当該分割法人等の国内雇用者の数で除して計算した金額をいう（措令27の12の5⑯、⑳）。

　計算式で表現すると以下のようになる。

$$\text{移転給与等支給額等} = \text{分割法人等の各事業年度の給与等支給額等} \times \frac{\text{分割等により分割承継法人に移転した分割法人等の国内雇用者の数}}{\text{分割等の直前における分割法人等の国内雇用者の数}}$$

　このように、分割等によって分割承継法人等に移転した分割法人等の国内雇用者の数に対応する給与等支給額等を「移転給与等支給額等」として計算し、これに月数補正を加味したものを、調整対象年度における分割法人等の給与等支給額等から控除するという調整を行っているということである。

## 2 基準日から適用年度開始の日の前日までの期間に分割等が行われた場合

適用年度は年度を通じてすべて分割等実施後の規模で給与等支給額等が発生することとなるが、引き続き、調整対象年度の給与等支給額等について調整が必要となる（下図参照）。

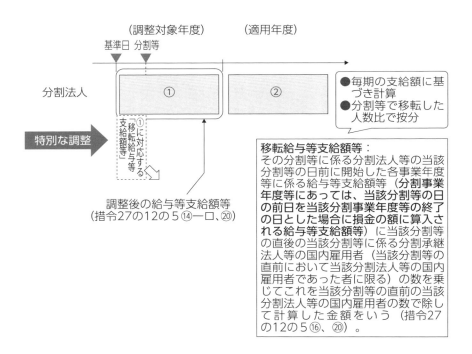

**【比較雇用者給与等支給額または比較教育訓練費の額の調整】**

　基準日から適用年度開始の日の前日までの期間内において分割等が行われている場合、分割法人等の調整対象年度に係る給与等支給額等から、当該分割法人等の当該調整対象年度に係る移転給与等支給額等を控除する（措令27の12の5⑭一ロ、⑳）。

　この点に関し、移転給与等支給額等の計算基礎となる分割法人等の各事業年度の給与等支給額等の算定に当たり、その事業年度が分割等の日を含む事業年度（分割事業年度等）である場合には、「当該分割等の日の前日を当該分割事業年度等の終了の日とした場合に損金の額に算入される給与等支給額等」とされている点に留意が必要である。これは、移転給与等支給額等の按分計算が必要なのは、あくまでも分割前の企業規模を前提に支給された給与等の額のみであって、分割後の給与等支給額等を按分計算に含めるのは適切でないという考え方によるものである。また、合併時の調整計算における「月別給与等支給額等」のような月平均額への補正も行われない。あくまでも実際支給額に基づき算定される点にも留意しておきたい。

　したがって、調整対象年度に分割等の日が含まれている場合における移転給与等支給額等の計算は、基準日から分割等の日の前日を1つの事業年度とみなして、その事業年度中に損金の額に算入される給与等支給額等を基礎として計算することとなる。

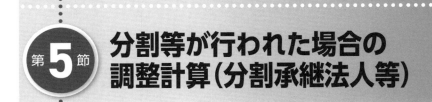

# 第5節 分割等が行われた場合の調整計算（分割承継法人等）

分割承継法人等の取扱いは、合併法人の取扱いと基本的に同じである。

## 1 適用年度において分割等が行われた場合

適用年度に分割等が行われた場合、分割等の日の属する月以後、分割法人等から引き継いだ国内雇用者に対する給与等支給額等が加味され、雇用者給与等支給額または教育訓練費の額が大きく増加することとなる。

このとき、分割承継法人等の比較雇用者給与等支給額または比較教育訓練費の額については、調整対象年度ごとに、分割法人等の各調整対象年度に係る移転給与等支給額等のうち分割等の日の属する月から適用年度末までの月数に対応する金額を加算調整した金額に基づき計算することとされた。これにより適切な大小比較を可能とする（下図参照）。

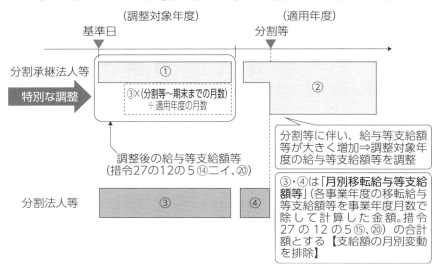

**【比較雇用者給与等支給額または比較教育訓練費の額の調整】**

以下の金額を合計した額となる（措令27の12の5⑭二イ、⑳）。
- 分割承継法人等の各調整対象年度に係る給与等支給額等（前図①）
- 分割法人等の各調整対象年度に含まれる月に係る月別移転給与等支給額等を合計した金額（前図③）に、当該分割等の日から当該適用年度終了の日までの期間の月数を乗じてこれを当該適用年度の月数で除して計算した金額

ここで「月別移転給与等支給額等」とは、その分割等に係る分割法人等の当該分割等の日前に開始した各事業年度等に係る移転給与等支給額等をそれぞれ当該各事業年度等の月数（分割等の日を含む事業年度等にあっては、当該分割事業年度等の開始の日から当該分割等の日の前日までの期間の月数）で除して計算した金額を、当該各事業年度等に含まれる月（分割事業年度等にあっては、当該分割事業年度等の開始の日から当該分割等の日の前日までの期間に含まれる月）に係るものとみなしたものをいう（措令27の12の5⑮、⑳）。

すなわち月別移転給与等支給額等は、分割法人等において算定された「移転給与等支給額等」に基づくものであるが、その月別変動を平準化させるために、月平均額を算定しているものである（合併における月別給与等支給額等と同趣旨）。

## 2 基準日から適用年度開始日の前日までの期間において分割等が行われた場合

適用年度は年度を通じてすべて分割等実施後の規模で給与等支給額等が発生することとなるが、引き続き、前年度の給与等支給額等について調整が必要となる（次ページ図参照）。

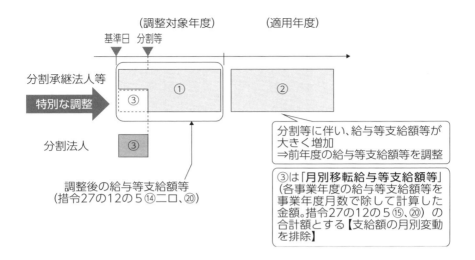

## 【比較雇用者給与等支給額または比較教育訓練費の額の調整】

以下の金額を合計した額となる（措令27の12の5⑭二ロ、⑳）。

- 分割承継法人等の各調整対象年度に係る給与等支給額等（上図①）
- 分割法人等の各調整対象年度に含まれる月に係る月別移転給与等支給額等を合計した金額（上図③）

## 第6節 ケーススタディー

【ケーススタディー（1）】
適用年度に行われた合併（前事業年度が6月以上の場合）

　A社（3月決算法人）は2024年9月1日付で、B社（12月決算法人）を吸収合併した。なお、A社の前事業年度は8か月決算であった（2023年8月1日～2024年3月31日）。
　各社の給与等支給額は以下の通りである。

【A社】
- 2023年8月1日～2024年3月31日　　81,293,695円
- 2024年4月1日～2025年3月31日　　162,099,611円

【B社】
- 2023年1月1日～2023年12月31日　　58,603,290円
- 2024年1月1日～2024年8月31日　　38,716,888円

　このとき、A社が未経過法人に該当しないという前提で、A社の適用年度における比較雇用者給与等支給額に関する調整計算は以下のように行う。

(1)　基準日および調整対象年度の把握
　前事業年度の月数（8月）は適用年度の月数（12月）に満たないが、前事業年度の月数は6月以上であることから、基準日は当該前事業年度開始の日とされる（措令27の12の5⑲二）。

本件では、基準日は2023年8月1日ということになり、調整対象年度は基準日（2023年8月1日）から適用年度開始の日の前日（2024年3月31日）までの期間内の日を含む各事業年度ということになる。

　具体的には、A社における調整対象年度は2023年8月1日から2024年3月31日までの単一の事業年度である。

### (2) 被合併法人における「調整対象年度に含まれる各事業年度」の把握

　次に、B社における「調整対象年度に含まれる各事業年度」について確認すると、以下の2事業年度が該当する。

- 2023年1月1日～2023年12月31日
- 2024年1月1日～2024年8月31日　（合併直前の事業年度の特例）

### (3) 被合併法人の月別給与等支給額の算定

　比較雇用者給与等支給額の調整に用いる「月別給与等支給額」は、(2)で把握した調整対象年度に含まれる事業年度ごとに、B社の給与等支給額をそれぞれ当該各事業年度の月数で除して計算する（措令27の12の5⑬、⑳）。

| 事業年度 | 計算式 | 月別給与等支給額 |
| --- | --- | --- |
| 2023/01/01～2023/12/31 | 58,603,290円÷12月 | 4,883,607円 |
| 2024/01/01～2024/08/31 | 38,716,888円÷8月 | 4,839,611円 |

　その上で、A社の調整対象年度に含まれる月（2023年8月から2024年3月）のB社の月別給与等支給額を合計する。

| 年　月 | 月別給与等支給額 |
|---|---|
| 2023年 8 月 | 4,883,607円 |
| 2023年 9 月 | 4,883,607円 |
| 2023年10月 | 4,883,607円 |
| 2023年11月 | 4,883,607円 |
| 2023年12月 | 4,883,607円 |
| 2024年 1 月 | 4,839,611円 |
| 2024年 2 月 | 4,839,611円 |
| 2024年 3 月 | 4,839,611円 |
| 合　計 | 38,936,868円 |

### (4) 比較雇用者給与等支給額の調整計算

　A社の比較雇用者給与等支給額に、(3)で算定したB社の「月別給与等支給額の合計額」に当該合併の日から当該適用年度終了の日までの期間の月数（2024年9月～2025年3月までの7か月）を乗じて、これを当該適用年度の月数（12か月）で除して計算した金額を加算する（措令27の12の5⑫一、⑳）。

（加算すべき金額）

$$38,936,868円 \times 7月 \div 12月 = 22,713,173円$$

（調整後のA社の比較雇用者給与等支給額）

$$81,293,695円 + 22,713,173円 = 104,006,868円$$

## (5) 前事業年度の月数と適用年度の月数が異なる場合における給与等支給額の調整計算（前事業年度の月数が6月以上である場合）

　上記の調整後の金額に当該適用年度の月数（12月）を乗じて、これを当該前事業年度の月数（8月）で除して計算する（措令27の12の5⑱二ロ）。

（月数補正後の金額）

```
104,006,868円 × 12月 ÷ 8月 = 156,010,302円
```

　以上より、A社の調整後の比較雇用者給与等支給額は156,010,302円と算定された。
　補正計算のイメージを図示すると下図の通りである。

**【適用年度において行われた合併に係る合併法人に該当する場合の調整計算[11]】**

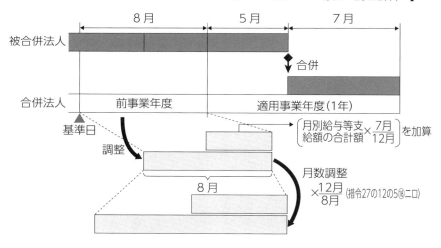

---

11　本章の ケーススタディー (1) および (3) で用いた図は、いずれも財務省「平成30年度 税制改正の解説」より一部修正して引用。

## 【ケーススタディー（2）】
## ケーススタディー（1）の翌事業年度の取扱い

【ケーススタディー（1）】を前提として、A社の合併翌事業年度（2025年4月1日～2026年3月31日）における、A社の給与等支給額の調整計算を考えてみよう。

【ケーススタディー（1）】において掲げた各社の給与等支給額の情報を再掲しておく。

【A社】
- 2023年8月1日～2024年3月31日　　　81,293,695円
- 2024年4月1日～2025年3月31日　　　162,099,611円

【B社】
- 2023年1月1日～2023年12月31日　　　58,603,290円
- 2024年1月1日～2024年8月31日　　　38,716,888円

このとき、A社の適用年度における比較雇用者給与等支給額に関する調整計算は以下のように行う。

### (1) 基準日および調整対象年度の把握

前事業年度の月数（12月）は適用年度の月数（12月）と同じであるため、基準日は当該前事業年度開始の日とされる（措令27の12の5⑲二）。

本件では、基準日は2024年4月1日ということになり、調整対象年度は基準日（2024年4月1日）から適用年度開始の日の前日（2025年3月31日）までの期間内の日を含む各事業年度ということになる。

具体的には、A社における調整対象年度は2024年4月1日から2025年

3月31日までの単一の事業年度である。

## (2) 被合併法人における「調整対象年度に含まれる各事業年度」の把握

次に、B社における「調整対象年度に含まれる各事業年度」について確認すると、以下の事業年度のみが該当する。

---
2024年1月1日～2024年8月31日　（合併直前の事業年度の特例）
---

## (3) 被合併法人の月別給与等支給額の算定

比較雇用者給与等支給額の調整に用いる「月別給与等支給額」は、(2)で把握した調整対象年度に含まれる事業年度ごとに、B社の給与等支給額をそれぞれ当該各事業年度の月数で除して計算する（措令27の12の5⑬、⑳）。

| 事業年度 | 計算式 | 月別給与等支給額 |
| --- | --- | --- |
| 2024/01/01～2024/08/31 | 38,716,888円÷8月 | 4,839,611円 |

その上で、A社の調整対象年度に含まれる月（2024年4月から2025年3月）のB社の月別給与等支給額を合計する。

| 年　月 | 月別給与等支給額 |
|---|---|
| 2024年4月 | 4,839,611円 |
| 2024年5月 | 4,839,611円 |
| 2024年6月 | 4,839,611円 |
| 2024年7月 | 4,839,611円 |
| 2024年8月 | 4,839,611円 |
| 合　計 | 24,198,055円 |

(4) 比較雇用者給与等支給額の調整計算

　A社の比較雇用者給与等支給額に、(3)で算定したB社の「月別給与等支給額の合計額」を加算する（措令27の12の5⑫二、⑳）。

(加算すべき金額)

24,198,055円

(調整後のA社の比較雇用者給与等支給額)

162,099,611円　＋　24,198,055円　＝　186,297,666円

　以上より、A社の調整後の比較雇用者給与等支給額は186,297,666円と算定された。

### 【ケーススタディー（３）】
### 適用年度に行われた合併（前事業年度が６月未満の場合）

　Ｃ社（３月決算法人）は2024年７月１日付で、Ｄ社（６月決算法人）を吸収合併した。なお、Ｃ社の前事業年度は４か月決算（2023年12月１日～2024年３月31日）、前々事業年度は９か月決算（2023年３月１日～2023年11月30日）であった。

　各社の給与等支給額は以下の通りである。

【Ｃ社】
- 2023年３月１日～2023年11月30日　　　229,184,613円
- 2023年12月１日～2024年３月31日　　　107,532,149円
- 2024年４月１日～2025年３月31日　　　322,596,447円

【Ｄ社】
- 2022年７月１日～2023年６月30日　　　63,311,582円
- 2023年７月１日～2024年６月30日　　　66,708,940円

　このとき、Ｃ社が未経過法人に該当しないという前提で、Ｃ社の適用年度における給与等支給額に関する調整計算は以下のように行う。

### (1)　基準日および調整対象年度の把握

　前事業年度の月数（４月）は適用年度の月数（12月）に満たず、かつ前事業年度の月数が６月未満であることから、基準日は当該適用年度開始の日前１年以内に終了した各事業年度のうち最も古い事業年度開始の日とされる（措令27の12の５⑲一ロ）。

　本件では、「当該適用年度開始の前１年以内（2023年４月１日～2024年３月31日）に終了した各事業年度」として以下の２つが該当する。

- 2023年3月1日～2023年11月30日（前々事業年度）
- 2023年12月1日～2024年3月31日（前事業年度）

　基準日は、このうち最も古い事業年度（前々事業年度）開始の日である2023年3月1日ということになり、調整対象年度は基準日（2023年3月1日）から適用年度開始の日の前日（2024年3月31日）までの期間内の日を含む各事業年度ということになるから、結局のところ、上の2事業年度がそのままC社の調整対象年度となる。

(2)　被合併法人における「調整対象年度に含まれる各事業年度」の把握

　次に、D社における「調整対象年度に含まれる各事業年度」について確認すると、以下の2事業年度が該当する。

- 2022年7月1日～2023年6月30日
- 2023年7月1日～2024年6月30日

(3)　被合併法人の月別給与等支給額の算定

　比較雇用者給与等支給額の調整に用いる「月別給与等支給額」は、(2)で把握した調整対象年度に含まれる事業年度ごとに、D社の給与等支給額をそれぞれ当該各事業年度の月数で除して計算する（措令27の12の5⑬、⑳）。

| 事業年度 | 計算式 | 月別給与等支給額 |
| --- | --- | --- |
| 2022/07/01～2023/06/30 | 63,311,582円÷12月 | 5,275,965円 |
| 2023/07/01～2024/06/30 | 66,708,940円÷12月 | 5,559,078円 |

その上で、C社の各調整対象年度に含まれる月（2023年3月～2023年11月、2023年12月～2024年3月）のD社の月別給与等支給額を合計する。

**【調整対象年度その1（2023年3月1日～2023年11月30日）】**

| 年　月 | 月別給与等支給額 |
|---|---|
| 2023年3月 | 5,275,965円 |
| 2023年4月 | 5,275,965円 |
| 2023年5月 | 5,275,965円 |
| 2023年6月 | 5,275,965円 |
| 2023年7月 | 5,559,078円 |
| 2023年8月 | 5,559,078円 |
| 2023年9月 | 5,559,078円 |
| 2023年10月 | 5,559,078円 |
| 2023年11月 | 5,559,078円 |
| 合　計 | 48,899,250円 |

【調整対象年度その2 (2023年12月1日～2024年3月31日)】

| 年　月 | 月別給与等支給額 |
|---|---|
| 2023年12月 | 5,559,078円 |
| 2024年1月 | 5,559,078円 |
| 2024年2月 | 5,559,078円 |
| 2024年3月 | 5,559,078円 |
| 合　計 | 22,236,312円 |

(4) 比較雇用者給与等支給額の調整計算

　C社の調整対象年度ごとに行う調整計算として、(3)で算定したD社の「月別給与等支給額の合計額」に、当該合併の日から当該適用年度終了の日までの期間の月数（2024年7月～2025年3月までの9か月）を乗じてこれを当該適用年度の月数（12か月）で除して計算した金額を、C社の比較雇用者給与等支給額に加算する（措令27の12の5⑫一、⑳）。

【調整対象年度その1 (2023年3月1日～2023年11月30日)】

（加算すべき金額）

```
48,899,250円 × 9月 ÷ 12月 = 36,674,437円
```

（調整後のC社の比較雇用者給与等支給額）

```
229,184,613円 + 36,674,437円 = 265,859,050円
```

【調整対象年度その2 (2023年12月1日～2024年3月31日)】
(加算すべき金額)

```
22,236,312円 × 9月 ÷ 12月 = 16,677,234円
```

(調整後のC社の比較雇用者給与等支給額)

```
107,532,149円 + 16,677,234円 = 124,209,383円
```

以上の結果、調整後の比較雇用者給与等支給額は、

```
265,859,050円 + 124,209,383円 = 390,068,433円
```

となる。

### (5) 前事業年度の月数と適用年度の月数が異なる場合における比較雇用者給与等支給額の調整計算(前事業年度の月数が6月未満である場合)

当該適用年度開始の日前1年以内に終了した各事業年度(前1年事業年度)に係る給与等支給額の合計額に当該適用年度の月数を乗じて、これを当該前1年事業年度の月数の合計数で除して計算することとなる(措令27の12の5⑱二イ)。

本件における「前1年事業年度」は以下の2事業年度である。

```
● 2023年3月1日～2023年11月30日 (前々事業年度)
● 2023年12月1日～2024年3月31日 (前事業年度)
```

これは(1)で把握した調整対象年度と同じである。

最終的な比較雇用者給与等支給額は、(4)で算定した前1年事業年度に係る給与等支給額390,068,433円に当該適用年度の月数（12月）を乗じて、これを当該前1年事業年度の月数（13月）で除して計算する（措令27の12の5⑱ニイ）。

（月数補正後の金額）

| 390,068,433円　×　12月　÷　13月　＝　360,063,168円 |
| --- |

　以上より、C社の調整後の比較雇用者給与等支給額は360,063,168円と算定された。

　補正計算のイメージを図示すると以下の通りである。

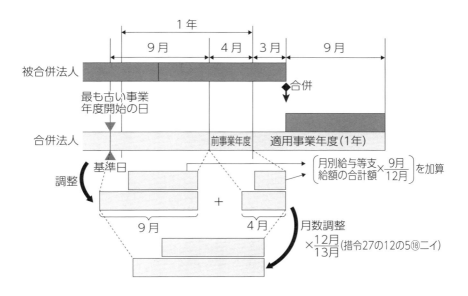

## 【ケーススタディー（4）】
### ケーススタディー（3）の翌事業年度の取扱い

【ケーススタディー（3）】を前提として、C社の合併翌事業年度（2025年4月1日～2026年3月31日）における、C社の給与等支給額の調整計算を考えてみよう。

【ケーススタディー（3）】において掲げた給与等支給額の情報を再掲しておく。

【C社】
- 2023年3月1日～2023年11月30日　　229,184,613円
- 2023年12月1日～2024年3月31日　　107,532,149円
- 2024年4月1日～2025年3月31日　　322,596,447円

【D社】
- 2022年7月1日～2023年6月30日　　63,311,582円
- 2023年7月1日～2024年6月30日　　66,708,940円

このとき、C社の適用年度における比較雇用者給与等支給額に関する調整計算は以下のように行う。

### （1）　基準日および調整対象年度の把握

前事業年度の月数（12月）は適用年度の月数（12月）と同じであるため、基準日は当該前事業年度開始の日とされる（措令27の12の5⑲二）。

本件では、基準日は2024年4月1日ということになり、調整対象年度は基準日（2024年4月1日）から適用年度開始の日の前日（2025年3月31日）までの期間内の日を含む各事業年度ということになる。

具体的には、C社における調整対象年度は2024年4月1日から2025年3月31日までの単一の事業年度である。

## (2) 被合併法人における「調整対象年度に含まれる各事業年度」の把握

次に、D社における「調整対象年度に含まれる各事業年度」について確認すると、以下の事業年度のみが該当する。

```
2023年7月1日～2024年6月30日
```

## (3) 被合併法人の月別給与等支給額の算定

比較雇用者給与等支給額の調整に用いる「月別給与等支給額」は、(2)で把握した調整対象年度に含まれる事業年度ごとに、D社の給与等支給額をそれぞれ当該各事業年度の月数で除して計算する(措令27の12の5⑬、⑳)。

| 事業年度 | 計算式 | 月別給与等支給額 |
| --- | --- | --- |
| 2023/07/01～2024/06/30 | 66,708,940円÷12月 | 5,559,078円 |

その上で、C社の調整対象年度に含まれる月(2024年4月から2025年3月)のD社の月別給与等支給額を合計する。

| 年　月 | 月別給与等支給額 |
|---|---|
| 2024年4月 | 5,559,078円 |
| 2024年5月 | 5,559,078円 |
| 2024年6月 | 5,559,078円 |
| 合　計 | 16,677,234円 |

#### (4) 比較雇用者給与等支給額の調整計算

　Ｃ社の比較雇用者給与等支給額に、(3)で算定したＤ社の「月別給与等支給額の合計額」を加算する（措令27の12の5⑫二、⑳）。

(加算すべき金額)

16,677,234円

(調整後のＣ社の比較雇用者給与等支給額)

322,596,447円　＋　16,677,234円　＝　339,273,681円

　以上より、Ｃ社の調整後の比較雇用者給与等支給額は339,273,681円と算定された。

## 【ケーススタディー（5）】
## 適用年度に行われた分割等（前事業年度が6月以上の場合）

　E社（3月決算法人）は2024年7月1日付で、その事業の一部をF社（12月決算法人）に吸収分割により移転した。なお、E社の前事業年度は12か月決算であった（2023年4月1日～2024年3月31日）。

　E社の給与等支給額は以下の通りである。
- 2023年4月1日～2024年3月31日　　137,298,512円（前事業年度）
- 2024年4月1日～2024年6月30日　　 32,259,942円（分割日の前日まで）
- 2024年7月1日～2025年3月31日　　 66,152,157円（分割日以後）

　E社の会社分割直前の国内雇用者数は26名であり、このうち11名が会社分割によりF社に移転した。

　このとき、E社の適用年度における比較雇用者給与等支給額に関する調整計算は以下のように行う。

### （1）　基準日および調整対象年度の把握

　前事業年度の月数（12月）は適用年度の月数（12月）と等しいため、基準日は当該前事業年度開始の日とされる（措令27の12の5⑲二）。

　本件では、基準日は2023年4月1日ということになり、調整対象年度は基準日（2023年4月1日）から適用年度開始の日の前日（2024年3月31日）までの期間内の日を含む各事業年度ということになる。

　具体的には、E社における調整対象年度は2023年4月1日から2024年3月31日までの単一の事業年度である。

## (2) 分割法人における「調整対象年度に係る移転給与等支給額」の把握

次に、E社における「調整対象年度に係る移転給与等支給額」を計算すると、下表のようになる。

| 項　目 | | 金　額 |
|---|---|---|
| 調整対象年度における給与等支給額 | (a) | 137,298,512円 |
| 分割等の直前における分割法人等の「雇用者の数」 | (b) | 26人 |
| 分割により分割承継法人に移転した分割法人等の「雇用者の数」 | (c) | 11人 |
| 調整対象年度における移転給与等支給額 | (a)÷(b)×(c) | 58,087,832円 |

## (3) 比較雇用者給与等支給額の調整計算

E社の比較雇用者給与等支給額から、(2)で算定した「調整対象年度に係る移転給与等支給額」に、当該分割等の日から当該適用年度終了の日までの期間の月数（2024年7月～2025年3月までの9か月）を乗じて、これを当該適用年度の月数（12か月）で除して計算した金額を控除する（措令27の12の5⑭一イ、⑳）。

(控除すべき金額)

$$58,087,832円 \times 9月 \div 12月 = 43,565,874円$$

(調整後のE社の比較雇用者給与等支給額)

| 137,298,512円 − 43,565,874円 ＝ 93,732,638円 |

　以上より、E社の調整後の比較雇用者給与等支給額は93,732,638円と算定された。

## 【ケーススタディー（６）】
### ケーススタディー（５）の翌事業年度の取扱い

【ケーススタディー（５）】を前提として、E社の分割翌事業年度（2025年4月1日〜2026年3月31日）における、E社の給与等支給額の調整計算を考えてみよう。

【ケーススタディー（５）】において掲げた給与等支給額の情報を再掲しておく。
- 2023年4月1日〜2024年3月31日　137,298,512円（前々事業年度）
- 2024年4月1日〜2024年6月30日　　32,259,942円（分割日の前日まで）
- 2024年7月1日〜2025年3月31日　　66,152,157円（分割日以後）

このとき、E社の適用年度における比較雇用者給与等支給額に関する調整計算は以下のように行う。

### (1) 基準日および調整対象年度の把握

前事業年度の月数（12月）は適用年度の月数（12月）と等しいため、基準日は当該前事業年度開始の日とされる（措令27の12の5⑲二）。

本件では、基準日は2024年4月1日ということになり、調整対象年度は基準日（2024年4月1日）から適用年度開始の日の前日（2025年3月31日）までの期間内の日を含む各事業年度ということになる。

具体的には、E社における調整対象年度は2024年4月1日から2025年3月31日までの単一の事業年度である。

### (2) 分割法人における「調整対象年度に係る移転給与等支給額」の把握

次に、E社における「調整対象年度に係る移転給与等支給額」を計算するが、調整対象年度が分割等の日を含む事業年度等（分割事業年度等）

である場合には、「当該分割等の前日を当該分割事業年度等の終了の日とした場合に損金の額に算入される給与等支給額」に基づき計算することとなる（措令27の12の5⑯、⑳）。

| 項　目 | | 金　額 |
|---|---|---|
| 調整対象年度における給与等支給額 | (a) | 32,259,942円 |
| 分割等の直前における分割法人等の「雇用者の数」 | (b) | 26人 |
| 分割により分割承継法人に移転した分割法人等の「雇用者の数」 | (c) | 11人 |
| 調整対象年度における移転給与等支給額 | (a) ÷ (b) × (c) | 13,648,437円 |

### (3) 比較雇用者給与等支給額の調整計算

E社の比較雇用者給与等支給額から、(2)で算定した「調整対象年度に係る移転給与等支給額」を控除する（措令27の12の5⑭一ロ、⑳）。

(控除すべき金額)

13,648,437円

(調整後のE社の比較雇用者給与等支給額)

(32,259,942円 ＋ 66,152,157円) － 13,648,437円 ＝ 84,763,662円

以上より、E社の調整後の比較雇用者給与等支給額は84,763,662円と算定された。

# 第8章
# 雇用促進税制との併用

## 第1節 併用に伴う調整計算の概要

　本税制は、おなじく雇用政策の一環として定められている地方拠点強化税制における雇用促進税制（地方活力向上地域等において雇用者の数が増加した場合の法人税額の特別控除）（措法42の12。以下単に「雇用促進税制」という）との重複適用が認められている[1]。

　平成25年度の税制改正によって所得拡大促進税制が創設された際には、政策目的が重複しているとして、雇用促進税制の適用を受ける事業年度については所得拡大促進税制の適用を受けることができないこととされていたが、平成28年度の税制改正により雇用促進税制の適用範囲が限定された[2]ことを受け、制度の併用が認められることとなったという経緯がある。

　ただし、両制度の重複適用により税額控除のメリットを重複して享受することを避けるため、適用年度において雇用促進税制の適用を受ける場合には、本税制の税額控除限度額の計算上、雇用促進税制の計算の基礎となった雇用者に対する給与等支給額として計算された金額を控除対象雇用者給与等支給増加額から控除することとされた（措法42の12の5①～③）。

　具体的には、控除対象雇用者給与等支給増加額から控除される金額（雇用者給与等支給増加重複控除額）は、以下の算式によって計算される（措

---

1　震災特例法における雇用促進税制（特定復興産業集積区域等において被災雇用者等を雇用した場合の法人税額の特別控除）との併用は認められていない（震災特例法17の3②四、17の3の2③五、17の3の3②五）。
2　雇用促進税制の対象が、雇用機会が不足している地域（同意雇用開発促進地域）における「無期かつフルタイムの新規雇用者」に限定された。

令27の12の5③)。

$$\frac{調整雇用者給与等支給額}{適用年度末の雇用者(*1)の数} \times 控除対象者数(*2) \times 20\%$$

(＊1) 雇用促進税制における「雇用者」の定義は、賃上げ促進税制における「国内雇用者」の定義と異なるため注意が必要である（次節**2**を参照されたい）。
(＊2) 控除対象者数は、雇用促進税制の適用対象者のうち賃上げ促進税制の適用対象者と重複するものとして調整の対象となる数をいう。

　この調整計算は、中堅企業および中小企業者等向けの賃上げ促進税制にも準用されている（措令27の12の5④）ほか、法人税申告書別表6（24）付表2（給与等の支給額が増加した場合の法人税額の特別控除における雇用者給与等支給増加重複控除額の計算に関する明細書）の作成が必要となる。
　控除対象者数は、下表の通り計算された数とされる（措令27の12の5③)。ただし、調整地方事業所基準雇用者数を限度とする。

| 雇用促進税制の適用関係 | 適用年度における数 |
|---|---|
| 【雇用者を増加させたときの税額控除】<br>地方事業所基準雇用者数に係る措置<br>（措法42の12①） | ① 特定新規雇用者基礎数<br>② 特定非新規雇用者基礎数 |
| 【移転型の上乗せ控除】<br>地方事業所特別基準雇用者数に係る措置（措法42の12②） | ③ 地方事業所特別基準雇用者数<br>④ 移転型特定新規雇用者基礎数<br>⑤ 対象移転型特定非新規雇用者基礎数 |
| | ⑥ 控除対象調整数（③－④－⑤） |
| 控除対象者数（①＋②＋⑥） | |

【一定の調整が必要な項目】

| 項　目 | 内　容 |
| --- | --- |
| 調整地方事業所基準雇用者数 | 以下のうちいずれか少ない数<br>● 基準雇用者数<br>● 地方事業所基準雇用者数 |
| 特定新規雇用者基礎数 | 以下のうちいずれか少ない数<br>● 調整地方事業所基準雇用者数<br>● 特定新規雇用者数 |
| 特定非新規雇用者基礎数 | 以下のうちいずれか少ない数<br>●「調整地方事業所基準雇用者数」から「新規雇用者総数」を控除した数<br>● 特定非新規雇用者数 |
| 移転型特定新規雇用者基礎数 | 以下のうちいずれか少ない数<br>● 特定新規雇用者基礎数<br>● 移転型特定新規雇用者数 |
| 対象移転型特定非新規雇用者基礎数 | 以下のうちいずれか少ない数<br>●「移転型地方事業所基準雇用者数」から「移転型新規雇用者総数」を控除した数と移転型特定非新規雇用者数のうちいずれか少ない数<br>● 特定非新規雇用者基礎数 |

　このように、控除対象者数の算定に当たっては雇用促進税制上の用語が多く登場することから、調整計算を理解するうえで必要と考えられる雇用促進税制の概要について、次節で説明する（適用要件等の詳細についての説明は割愛する）。

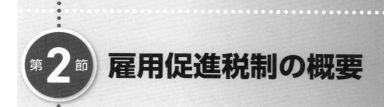

## 第2節 雇用促進税制の概要

　地方拠点強化税制における雇用促進税制は、地方で本社機能の拡充または東京23区から地方への本社機能の移転を行った場合に受けられる措置であり、その地方事業所において雇用者を増加（新規雇用または転勤による受入れ）させた場合に税額控除が受けられる制度である。

　ここでいう「本社機能」とは、①事務所（調査・企画部門、情報処理部門、研究開発部門、国際事業部門、情報サービス事業部門、総務・経理・人事その他の管理部門の業務のために使用される事務所）、②研究所（研究開発において重要な役割を担うもの）、③研修所（人材育成において重要な役割を担うもの）を指し、これらの機能を有する施設を **「特定業務施設」** という（地域再生法5④五、地方活力向上地域等特定業務施設整備計画の運用に関するガイドライン第2　2.）。

### 1 雇用促進税制の類型

　雇用促進税制には「拡充型」と「移転型」の2つの類型があり、それぞれ控除税額の計算方法が異なる。

**（1）　拡充型**

　拡充型の雇用促進税制は、地方に本社機能を有する法人がその本社機能を拡充し、これにともない雇用者を増加させた場合に適用されるものである。

　税額控除限度額は以下のように計算される（措法42の12①）。

第8章　雇用促進税制との併用

- 無期雇用かつフルタイムの要件を満たす新規雇用者（**特定新規雇用者**）
  ⇒ 1人あたり30万円
- 無期雇用かつフルタイムの転勤者（**特定非新規雇用者**）
  ⇒ 1人あたり20万円

### (2) 移転型

移転型の雇用促進税制は、東京23区から地方に本社機能を移転し、これにともない雇用者を増加させた場合に適用されるものであり、拡充型と同様の「雇用者を増加させたときの税額控除」のほか、最長3年間にわたる「上乗せ控除」が適用される。

① 雇用者が増加したときの税額控除

税額控除限度額は以下のように計算される（措法42の12①）。

- 無期雇用かつフルタイムの要件を満たす新規雇用者（**移転型特定新規雇用者**）
  ⇒ 1人あたり50万円
- 無期雇用かつフルタイムの転勤者（**移転型特定非新規雇用者**）
  ⇒ 1人あたり40万円

② 上乗せ控除

最長3年間にわたり、①の税額控除の対象となった雇用者（**地方事業所特別基準雇用者**）1人あたり40万円（移転先が中部圏、近畿圏の中心部《準地方活力向上地域》の場合には、1人あたり30万円）の税額控除が上乗せされる（措法42の12②）。

(参考) 地方拠点強化税制制度概要リーフレット（厚生労働省）

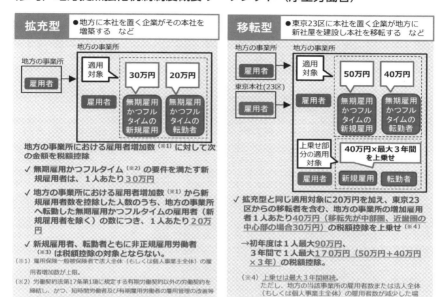

（令和6年3月31日現在）

## 2 主な用語の定義

理解を促進するため、一部の用語にはキーワードを補足している。

### (1) 雇用者の属性に関する用語

| 用　語 | 定　義 |
|---|---|
| 雇用者<br>（措法42の12⑥四） | 法人の使用人（役員、役員の特殊関係者および使用人兼務役員を除く）のうち雇用保険の一般被保険者に該当するもの |

第8章　雇用促進税制との併用　　171

| 用　語 | 定　義 |
|---|---|
| 特定雇用者<br>(措法42の12⑥八) | 無期雇用かつフルタイム<br>次に掲げる要件を満たす雇用者<br>● その法人との間で労働契約法第17条第1項に規定する有期労働契約以外の労働契約を締結していること。<br>● 短時間労働者及び有期雇用労働者の雇用管理の改善等に関する法律第2条に規定する短時間労働者でないこと。 |

(2) 雇用者の増加数に関する用語

| 用　語 | 定　義 |
|---|---|
| 基準雇用者数<br>(措法42の12⑥六) | 全体の雇用者増加数<br>適用年度終了の日における雇用者の数から当該適用年度開始の日の前日における雇用者（当該適用年度終了の日において高年齢雇用者に該当する者を除く）の数を減算した数 |
| 地方事業所基準雇用者数<br>(措法42の12⑥七) | 東京23区以外からの移転による地方の雇用者増加数<br>適用年度開始の日から起算して2年前の日から当該適用年度終了の日までの間に、地方活力向上地域等特定業務施設整備計画について計画の認定を受けた法人の当該計画の認定に係る特定業務施設（適用対象特定業務施設）のみを当該法人の事業所とみなした場合における基準雇用者数として証明された数 |
| 移転型地方事業所基準雇用者数<br>(措法42の12⑥十三) | 東京23区からの移転による地方の雇用者増加数<br>移転型特定業務施設のみを当該法人の事業所とみなした場合における当該適用年度の基準雇用者数として証明された数 |

## (3) 適用年度における新規雇用者数に関する用語

| 用　語 | 定　義 |
|---|---|
| 新規雇用者総数<br>(措法42の12⑥十一) | 東京23区以外からの移転に伴う地方の新規雇用者数<br>適用年度に新たに雇用された雇用者で当該適用年度終了の日において適用対象特定業務施設に勤務するもの（新規雇用者）の総数として証明された数 |
| 移転型新規雇用者総数<br>(措法42の12⑥十四) | 東京23区からの移転に伴う地方の新規雇用者数<br>適用年度に新たに雇用された雇用者で当該適用年度終了の日において移転型適用対象特定業務施設に勤務するものの総数として証明された数 |
| 特定新規雇用者数<br>(措法42の12⑥九) | 東京23区以外からの移転に伴う地方の新規雇用者数（無期雇用かつフルタイム）<br>適用年度に新たに雇用された特定雇用者で、当該適用年度終了の日において適用対象特定業務施設に勤務するものの数として証明された数 |
| 移転型特定新規雇用者数<br>(措法42の12⑥十) | 東京23区からの移転に伴う地方の新規雇用者数（無期雇用かつフルタイム）<br>適用年度に新たに雇用された特定雇用者で、当該適用年度終了の日において移転型適用対象特定業務施設[3]に勤務するものの数として証明された数 |

---

3　地域再生法第17条の2第1項第1号に掲げる事業（「集中地域のうち特定業務施設の集積の程度が著しく高い地域」から特定業務施設を認定地域再生計画に記載されている地方活力向上地域または準地方活力向上地域に移転して整備する事業）に関する地方活力向上地域等特定業務施設整備計画について計画の認定を受けた法人の当該計画の認定に係る適用対象特定業務施設。
　この「集中地域のうち特定業務施設の集積の程度が著しく高い地域」として、東京都の特別区の存する区域（＝23区）が指定されている（地域再生法施行令11）。

(4) 適用年度における転勤者数に関する用語

| 用　語 | 定　義 |
|---|---|
| 特定非新規雇用者数<br>（措法42の12⑥十二） | 東京23区以外からの移転に伴う地方への転勤者数（無期雇用かつフルタイム）<br>適用年度において他の事業所から適用対象特定業務施設に転勤した特定雇用者（新規雇用者を除く）で当該適用年度終了の日において当該適用対象特定業務施設に勤務するものの数として証明された数 |
| 移転型特定非新規雇用者数<br>（措法42の12⑥十五） | 東京23区からの移転に伴う地方への転勤者数（無期雇用かつフルタイム）<br>適用年度において他の事業所から移転型適用対象特定業務施設に転勤した特定雇用者（新規雇用者を除く）で当該適用年度終了の日において当該移転型適用対象特定業務施設に勤務するものの数として証明された数 |

(5) 上乗せ控除の対象となる雇用者に関する用語

| 用　語 | 定　義 |
|---|---|
| 地方事業所特別基準雇用者数<br>（措法42の12⑥十六） | 地方活力向上地域等特定業務施設整備計画について計画の認定を受けた法人[4]の当該適用年度および当該適用年度前の各事業年度のうち、当該基準日以後に終了する各事業年度の(A)に掲げる数のうち(B)に掲げる数に達するまでの数の合計数<br>(A) 当該法人の当該計画の認定に係る特定業務施設のみを当該法人の事業所とみなした場合における基準雇用者数として証明された数<br>(B) 当該法人の当該計画の認定に係る特定業務施設のみを当該法人の事業所と、当該法人の特定雇用者のみを当該法人の雇用者と、それぞれみなした場合における基準雇用者数として証明された数 |

---

4　当該地方活力向上地域等特定業務施設整備計画に係る基準日が適用年度開始の日から起算して2年前の日から当該適用年度終了の日までの期間内であるものに限る。
　ここで「基準日」とは、地方活力向上地域等特定業務施設整備計画について計画の認定を受けた法人の、当該計画の認定を受けた日（当該地方活力向上地域等特定業務施設整備計画がある場合には、当該特定業務施設を事業の用に供した日）をいう（措法42の12⑥二）。

# 第9章
# 特定税額控除規定の適用停止措置

# 第1節 概要

　平成30年4月1日から令和9年3月31日までの間に開始する事業年度（対象年度）において、以下のすべての条件に該当する企業（適用除外事業者または通算適用除外事業者に該当しない中小企業者等を除く）は、賃上げおよび設備投資に消極的な企業であるとして、一定の税額控除に関する租税特別措置（特定税額控除規定）の適用が停止される（措法42の13⑤、措令27の13⑥）。

> ① 対象年度の所得金額がその前事業年度の所得金額を超えること[1]
> ② 対象年度の継続雇用者給与等支給額について、以下の条件に該当すること
> **（一定の大企業等[2]に該当する場合）**
> ● 継続雇用者給与等支給額について、継続雇用者比較給与等支給額からの増加割合が1％未満であること
> **（それ以外の場合）**
> ● 継続雇用者等支給額が継続雇用者比較給与等支給額以下であること
> ③ 国内設備投資額が当期償却費総額の30％相当額以下であること（一定の大企業等に該当する場合には、40％相当額以下であること）

　これらの要件はもともと、令和2年度以前の「賃上げ・投資促進税制」における適用要件（賃上げおよび設備投資に係る要件）に対応する形で定められたものである（次ページ表参照）。

---

1 条文上は適用要件として定められたものではないが、対象年度の所得金額が前事業年度の所得金額以下である場合には本措置の適用から除外されることとなるため、便宜的に適用要件の一つとして含めたものである。

## 【参考】賃上げ・投資促進税制における適用要件との関連

| | 賃上げ・投資促進税制<br>(令和2年度改正後) | 特定税額控除規定の適用停止措置<br>(以下のいずれにも該当しない場合) |
|---|---|---|
| 賃上げの要件 | 継続雇用者給与等支給額が継続雇用者比較給与等支給額の2.5％以上であること。 | 継続雇用者給与等支給額が継続雇用者比較給与等支給額を超えること。 |
| 設備投資の要件 | 国内設備投資額が当期償却費総額の95％以上であること。 | 国内設備投資額が当期償却費総額の30％相当額[4]を超えること。 |

　上表の「継続雇用者給与等支給額」、「継続雇用者比較給与等支給額」、「国内設備投資額」および「当期償却費総額」の定義は、賃上げ・投資促進税制における用語の定義とおおむね同じであるが、令和3年度の税制改正によって同税制の適用要件が抜本的に見直された際にこれらの定義規定（R2措法42の12の5③六～九）が削除されたことに伴い、特定税額控除規定の適用停止措置の条文内で改めて定義が示されることとなっ

---

2　一定の大企業等とは、以下のいずれの場合にも該当する法人をいう。
① 対象年度終了時における資本金の額等が10億円以上であり、かつ、常時使用従業員数が1,000人以上である場合または対象年度終了時における常時使用従業員数が2,000人を超える場合
② 次のいずれかに該当する場合
　（ア）対象年度が設立事業年度および合併等事業年度のいずれにも該当しない場合であって、その対象年度の前事業年度の所得の金額がゼロを超える一定の場合
　（イ）対象年度が設立事業年度（※）または合併等事業年度に該当する場合。
　　（※）設立事業年度は継続雇用者給与等支給額はゼロとなることから、別段の定めとして、この継続雇用者給与等支給額の要件に該当するものとされる（措令27の13⑦）。
3　措通42の12の5－2の2と同内容である。
4　令和2年度の税制改正により割合が改正された（改正前：10％）。

た（R３措法42の13⑥、R３措令27の13③〜⑦、R３措規20の10の４）。このときに定義が変更されたのは、継続雇用者給与等支給額および継続雇用者比較給与等支給額の算定上控除される「他の者から支払を受ける金額」の範囲から、雇用安定助成金額が除かれることとなった点である（R３措法42の13⑥一イ、R３措通42の13－$4^4$）。

その後、令和４年度の税制改正によって「継続雇用者給与等支給額」および「継続雇用者比較給与等支給額」の用語が再び賃上げ促進税制で用いられるようになったことから、これらの用語は再び賃上げ促進税制の条文内で定義されることとなった（R４措法42の12の５③四、五）。

なお、賃上げ・投資促進税制における用語の定義については、第５章第２節 3 〜 5 を参照されたい。

## 第2節 適用が停止される特定税額控除規定

以下の税額控除の規定の適用が停止される（措法42の13⑤）。

| 条文（租税特別措置法） | 対象となる制度 |
|---|---|
| 第42条の4第1項 | 研究開発税制（試験研究費の税額控除） |
| 第42条の4第7項 | 研究開発税制<br>（特別試験研究費の税額控除） |
| 第42条の11の2第2項 | 地域未来投資促進税制（税額控除） |
| 第42条の12の6第2項 | 5G導入促進税制（税額控除） |
| 第42条の12の7第4項、第5項 | DX投資促進税制（税額控除） |
| 第42条の12の7第6項 | カーボンニュートラル投資促進税制（税額控除） |

また、令和6年度の税制改正で創設された「戦略分野国内生産促進税制（産業競争力基盤強化商品生産用資産を取得した場合の法人税額の特別控除。措法42の12の7⑦⑧⑩⑪）」についても、本章の特別税額控除規定適用停止措置と同様の措置が講じられている（同条⑱）。この判定には、本章における「一定の大企業等に該当する場合」に要求される条件と同じものを用いて行われることとされている。

第9章　特定税額控除規定の適用停止措置

## 第3節 申告書記載例

　この規定の適用により、一定の租税特別措置の適用が停止されるかどうかの要件を判断するための法人税申告書別表６（７）（特定税額控除規定の適用可否の判定に関する明細書）が用意されている。

　令和６年度の税制改正後の様式による記載例として、「一定の大企業等」に該当するケースの記載例を示すと次ページの通りとなる。

　３つの要件のすべて（３欄または７欄、12欄および15欄）が「非該当」となった場合には、上表に掲げる特定税額控除規定の適用が停止されることとなる。

　なお、「一定の大企業等」に該当しない場合には、７欄ではなく８欄を用いて判定することとなる。

## 別表6(7)【記載例】

**特定税額控除規定の適用可否の判定に関する明細書**

| 事業年度 | 4・4・1<br>5・3・31 | 法人名 | 株式会社ABC<br>(一定の大企業等に該当) |

別表六(七) 令四・四・一以後終了事業年度分

### 継続雇用者給与等支給額に係る要件

| | | | |
|---|---|---|---|
| 継続雇用者給与等支給額<br>(22の①) | 1 | 91,577,594 円 | |
| 継続雇用者比較給与等支給額<br>(22の②) 又は (22の③) | 2 | 91,253,811 | |
| 令和4年4月1日前に開始した事業年度の場合<br>((1)>(2)) 又は ((1)=(2)=0) | 3 | 該当・非該当 | |
| 期末現在の資本金の額又は出資金の額 | 4 | 2,000,000,000 円 | |
| 期末現在の常時使用する従業員の数 | 5 | 1,500 人 | |
| 継続雇用者給与等支給増加割合<br>((1)-(2))/(2)<br>(((1)-(2))<0 又は ((1)=(2)=0 の場合は0) | 6 | 0.00354815 | |
| (4)≧10億円かつ(5)≧1,000人において、(14)>0のとき又は設立事業年度若しくは合併事業年度に該当するとき<br>(6)≧0.01 又は 0.005 の場合 | 7 | 該当・<u>非該当</u> | |
| 同上以外の場合<br>((1)>(2)) 又は ((1)=(2)=0) | 8 | 該当・非該当 | |

### 国内設備投資額に係る要件

| | | |
|---|---|---|
| 国内設備投資額 | 9 | 2,500,000 円 |
| 当期償却費総額<br>(25) | 10 | 28,641,890 |
| 当期償却費総額の30%相当額<br>(10) × 30/100 | 11 | 8,592,567 |
| (9) > (11) | 12 | 該当・<u>非該当</u> |

### 所得金額に係る要件

| | | |
|---|---|---|
| 対象年度の基準所得等金額<br>((別表四「52の①」+「37の①」+「38の①」+「40の①」+「42の①」+「44の①」)+(別表四付表「9の①」)+(別表七の三「5」-「11」))× 対象年度の月数<br>(マイナスの場合は0) | 13 | 159,044,010 円 |
| 前事業年度等の基準所得等金額の合計額<br>(前事業年度等の月数調整前の(13)の合計)<br>(マイナスの場合は0) | 14 | 127,090,221 |
| (13) ≦ (14) | 15 | 該当・<u>非該当</u> |

### 継続雇用者給与等支給額及び継続雇用者比較給与等支給額の計算

| | | 継続雇用者給与等支給額の計算<br>当期 ① | 継続雇用者比較給与等支給額の計算 | |
|---|---|---|---|---|
| | | | 前事業年度等 ② | 前一年事業年度等特定期間等 ③ |
| 事業年度等又は連結事業年度等 | 16 | | 3・4・1<br>4・3・31 | ・・<br>・・ |
| 継続雇用者に対する給与等の支給額 | 17 | 104,804,759 円 | 100,912,040 円 | 円 |
| 同上の給与等に充てるため他の者から支払を受ける金額 | 18 | 13,227,165 | 9,658,229 | |
| 同上のうち雇用安定助成金額 | 19 | | | |
| 差 引<br>(17)-(18)+(19) | 20 | 91,577,594 | 91,253,811 | |
| 当期の月数<br>(16の③)の月数 | 21 | | | |
| 継続雇用者給与等支給額及び継続雇用者比較給与等支給額<br>(20) 又は ((20)×(21)) | 22 | 91,577,594 | 91,253,811 | |

### 当期償却費総額の計算

| | | | | |
|---|---|---|---|---|
| 損益計算書に計上された減価償却費の額 | 23 | 22,741,890 円 | 当期償却費総額<br>(23)+(24) | 25 | 28,641,890 円 |
| 剰余金の処分の方法により特別償却準備金として積み立てた金額その他上記以外の金額 | 24 | 5,900,000 | | |

第9章 特定税額控除規定の適用停止措置

# 第2編

# 実務上のポイント

# 第 **1** 章
# 雇用形態ごとの適用可否

本章では、様々な雇用形態が想定される中で、主な雇用形態ごとに

> ① 「国内雇用者」に該当するか
>   ● 賃上げ促進税制の適用対象に含まれるか
> ② 「継続雇用者」に該当するか
>   ● 継続雇用者給与等支給額の算定対象に含まれるか
> ③ 「国内新規雇用者」に該当するか[1]
>   ● 人材確保等促進税制の適用対象に含まれるか
>   ● 新規雇用者給与等支給額の算定対象に含まれるか

について検討し、賃上げ促進税制における雇用形態ごとの留意点について整理する。

なお説明の都合上、60歳定年制を前提とし、年齢について特に断りのない限り60歳未満の者を検討対象とする。また、国内新規雇用者からあらかじめ除外される者（第3編第3章①参照）については検討対象外とする。

### (1) 60歳未満の正社員

| 用　語 | 可否 | 説　明 |
|---|---|---|
| 国内雇用者 | ○ | 賃金台帳への記載対象であることから、給与等支給額は賃上げ促進税制の適用対象となる。 |
| 継続雇用者 | ○ | 雇用保険の一般被保険者に該当することから、継続雇用者給与等支給額の算定対象に含まれる。 |
| 国内新規雇用者 | ○ | 労働者名簿への記載対象であることから、給与等支給額は人材確保等促進税制の適用対象となる。 |
|  | ○ | 雇用保険の一般被保険者に該当することから、新規雇用者給与等支給額への算定対象に含まれる。 |

---

1　旧制度ではあるが、過去の税制における固有概念であるため引き続き記載する。

## （2） 60歳以上65歳未満の正社員

| 用　語 | 可否 | 説　明 |
|---|---|---|
| 国内雇用者 | ○ | 賃金台帳への記載対象であることから、給与等支給額は賃上げ促進税制の適用対象となる。 |
| 継続雇用者 | △ | 雇用保険の一般被保険者に該当するが、雇用状況によって以下の通り異なる。<br>**【継続雇用者給与等支給額の算定対象に含まれる】**<br>● 60歳を超えて新規に雇用された場合<br>● 定年年齢が65歳に設定されている場合<br>**【継続雇用者給与等支給額の算定対象に含まれない】**<br>● 60歳定年後、継続雇用制度の適用を受けている場合 |
| 国内新規雇用者 | ○ | 労働者名簿への記載対象であることから、給与等支給額は人材確保等促進税制の適用対象となる。 |
|  | ○ | 雇用保険の一般被保険者に該当することから、新規雇用者給与等支給額への算定対象に含まれる。 |

## （3） 65歳以上の正社員

| 用　語 | 可否 | 説　明 |
|---|---|---|
| 国内雇用者 | ○ | 賃金台帳への記載対象であることから、給与等支給額は賃上げ促進税制の適用対象となる。 |
| 継続雇用者 | × | 雇用保険の一般被保険者に該当しない（高年齢被保険者に該当する）ため、継続雇用者給与等支給額の算定対象に含まれない。 |
| 国内新規雇用者 | ○ | 労働者名簿への記載対象であることから、給与等支給額は人材確保等促進税制の適用対象となる。 |
|  | × | 雇用保険の一般被保険者に該当しない（高年齢被保険者に該当する）ため、新規雇用者給与等支給額の算定対象に含まれない。 |

## (4) 出向者（出向元法人の取扱い）

| 用　語 | 可否 | 説　明 |
|---|---|---|
| 国内雇用者 | ○ | 賃金台帳への記載対象であることから、給与等支給額は賃上げ促進税制の適用対象となる。<br>ただし、出向先法人から支払を受ける給与負担金の額は「補填額」に該当するものとして、給与等支給額から控除する（措通42の12の5－2（注）2(1)）。 |
| 継続雇用者 | ○ | 雇用保険の一般被保険者に該当することから、継続雇用者給与等支給額の算定対象に含まれる。<br>ただし、出向先法人から支払を受ける給与負担金の額は「補填額」に該当するものとして、給与等支給額から控除する（措通42の12の5－2（注）2(1)）。 |
| 国内新規雇用者 | ○ | 労働者名簿への記載対象であることから、給与等支給額は人材確保等促進税制の適用対象となる。<br>ただし、出向先法人から支払を受ける給与負担金の額は「他の者から支払を受ける金額」として、給与等支給額から控除する（R3措通42の12の5－2(3)）。 |
| | ○ | 雇用保険の一般被保険者に含まれることから、新規雇用者給与等支給額への算定対象に含まれる。<br>ただし、出向先法人から支払を受ける給与負担金の額は「他の者から支払を受ける金額」として、給与等支給額から控除する（R3措通42の12の5－2(3)）。 |

## （5） 受入出向者（出向先法人の取扱い）

出向先で役員または使用人兼務役員となる場合には、国内雇用者には該当しないため賃上げ促進税制の適用対象とならない。以下、出向先で使用人となる場合に限り検討を加える。

| 用　語 | 可否 | 説　明 |
|---|---|---|
| 国内雇用者 | △ | その出向者が出向先法人において賃金台帳に記載されている場合には、出向先法人が出向元法人に対して支払う給与負担金の額は、賃上げ促進税制の適用対象となる（措通42の12の5－3）。 |
| 継続雇用者 | × | 雇用保険は出向元法人で加入しているのが一般的であり、出向先の雇用保険の一般被保険者に該当しないため、継続雇用者給与等支給額の算定対象には含まれない。 |
| 国内新規雇用者 | ○ | その出向者が出向先法人において賃金台帳に記載されている場合には、出向先法人が出向元法人に対して支払う給与負担金の額は、人材確保等促進税制の適用対象となる（R3措通42の12の5－3）。 |
| | △ | その出向者が出向元法人において雇用保険の一般被保険者に該当するときは、その出向者はその出向先法人においても一般被保険者に該当するものとして、新規雇用者給与等支給額の算定対象に含まれる（R3措通42の12の5－3）。 |

(6) 嘱託社員・契約社員

| 用　語 | 可否 | 説　明 |
|---|---|---|
| 国内雇用者 | ○ | 賃金台帳への記載対象であることから、給与等支給額は賃上げ促進税制の適用対象となる。 |
| 継続雇用者 | △ | その者が雇用保険の一般被保険者に該当する場合には、継続雇用者給与等支給額の算定対象に含まれる。 |
| 国内新規雇用者 | △ | いずれも労働者名簿への記載対象となるが、雇用関係成立前の状況によって該当可否が異なる。<br>【該当する場合】<br>その法人と直前まで雇用契約がなく、新規に嘱託社員等として雇用された場合には、国内新規雇用者に該当するものとして、給与等支給額は人材確保等促進税制の適用対象となる。<br>【該当しない場合】<br>その法人の正社員を退職後引き続き嘱託社員等として雇用された場合には、国内新規雇用者に該当しない（正社員となった日から１年を超えている場合に限る）。 |
| | △ | 国内新規雇用者に該当する場合で、雇用保険の一般被保険者に該当する場合には、新規雇用者給与等支給額の算定対象に含まれる。 |

## (7) 派遣社員

| 用　語 | 可否 | 説　明 |
|---|---|---|
| 国内雇用者 | × | 労働基準法第108条に定める賃金台帳ではなく、労働者派遣法第42条に定める「派遣先管理台帳」の記載対象となるため、派遣社員は国内雇用者に該当せず賃上げ促進税制の適用対象とならない。 |
| 継続雇用者 | × | 国内雇用者に該当しない以上、継続雇用者にも該当しないため、継続雇用者給与等支給額の算定対象に含まれない。 |
| 国内新規雇用者 | × | 労働基準法第107条に定める労働者名簿ではなく、労働者派遣法第42条に定める「派遣先管理台帳」の記載対象となるため、国内新規雇用者に該当せず人材確保等促進税制の適用対象とならない。 |
| | × | 国内新規雇用者に該当しない以上、新規雇用者給与等支給額の算定対象にも含まれない。 |

## (8) 外国人社員（国内で勤務する外国人社員）

| 用　語 | 可否 | 説　明 |
|---|---|---|
| 国内雇用者 | ○ | 賃金台帳への記載対象であることから、給与等支給額は賃上げ促進税制の適用対象となる。 |
| 継続雇用者 | ○ | 雇用保険の一般被保険者に該当することから、継続雇用者給与等支給額の算定対象に含まれる。 |
| 国内新規雇用者 | ○ | 労働者名簿への記載対象であることから、給与等支給額は人材確保等促進税制の適用対象となる。 |
| | ○ | 雇用保険の一般被保険者に該当することから、新規雇用者給与等支給額への算定対象に含まれる。 |

## (9) 海外勤務社員

| 用　語 | 可否 | 説　明 |
|---|---|---|
| 国内雇用者 | × | 国内の事業所に勤務しておらず、国内雇用者に該当せず賃上げ促進税制の適用対象とならない。 |
| 継続雇用者 | × | 国内雇用者に該当しない以上、継続雇用者にも該当しないため、継続雇用者給与等支給額の算定対象に含まれない。 |
| 国内新規雇用者 | × | 国内の事業所に勤務していないため国内雇用者に該当せず、人材確保等促進税制の適用対象とならない。 |
|  | × | 国内雇用者に該当しない以上、国内新規雇用者にも該当しないため、新規雇用者給与等支給額の算定対象に含まれない。 |

## (10) 長期海外出張社員

| 用　語 | 可否 | 説　明 |
|---|---|---|
| 国内雇用者 | ○ | 賃金台帳への記載対象であることから、給与等支給額は賃上げ促進税制の適用対象となる。 |
| 継続雇用者 | ○ | 雇用保険の一般被保険者に該当することから、継続雇用者給与等支給額の算定対象に含まれる。 |
| 国内新規雇用者 | ○ | 長期海外出張であっても、国内事業所の労働者名簿への記載対象である限り、給与等支給額は人材確保等促進税制の適用対象となる。 |
|  | ○ | 長期海外出張であっても、雇用保険の一般被保険者に該当する限り、新規雇用者給与等支給額への算定対象に含まれる。 |

(11) パート、アルバイト

| 用　語 | 可否 | 説　明 |
|---|---|---|
| 国内雇用者 | ○ | 賃金台帳への記載対象であることから、給与等支給額は賃上げ促進税制の適用対象となる。 |
| 継続雇用者 | △ | 雇用保険の一般被保険者に該当する場合には、継続雇用者給与等支給額の算定対象に含まれる。 |
| 国内新規雇用者 | ○ | 労働者名簿への記載対象であることから、給与等支給額は人材確保等促進税制の適用対象となる。 |
|  | △ | 雇用保険の一般被保険者に該当する場合には、新規雇用者給与等支給額への算定対象に含まれる。 |

(12) 日雇い労働者

| 用　語 | 可否 | 説　明 |
|---|---|---|
| 国内雇用者 | ○ | 賃金台帳への記載対象であることから、給与等支給額は賃上げ促進税制の適用対象となる。 |
| 継続雇用者 | × | 雇用保険一般被保険者に該当しない（日雇労働被保険者）ため、継続雇用者給与等支給額の算定対象に含まれない。 |
| 国内新規雇用者 | × | 労働者名簿への記載対象に含まれないことから、国内新規雇用者に該当せず人材確保等促進税制の適用対象とならない。 |
|  | × | 国内新規雇用者に該当しない以上、新規雇用者給与等支給額の算定対象にも含まれない。 |

# 第2章
# データ集計実務上のポイント

本税制の適用を検討する上で無視することができないのが実務上の負担である。

　各種の税額控除制度の中でも、計算に必要とされる情報収集は煩雑の部類に属するものと考えられる。限られた期間で完了させなければならない決算作業の渋滞を防止するためにも、円滑なデータ集計体勢を整えることが必須といえよう。

　そこで本章では、円滑なデータ集計の仕組みを整備する上でのポイントとなる事項について説明する。

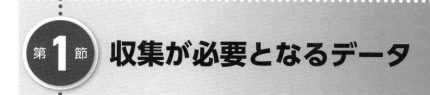

# 第1節 収集が必要となるデータ

　本税制の適用を行う上で収集が必要となるデータには、税額控除の計算に必要なものと適用要件の充足性を判定するために必要なものがあり、さらに収集するデータごとに集計対象範囲が異なる。また、データによっては前年度のものをそのまま用いることができるものもあり、それらについては改めて収集する必要はない。

　以上の観点から、収集が必要なデータを整理すると下表のようになる。

【本税制の適用に当たり収集が必要となるデータの種類】

| データの種類 | 集計対象 | 控除税額の計算 | 適用要件の判定 | 前年度データ |
|---|---|---|---|---|
| 雇用者給与等支給額 | 国内雇用者 | ○ | ○ | |
| 比較雇用者給与等支給額 | 国内雇用者 | ○ | ○ | ○ |
| 継続雇用者給与等支給額（※） | 継続雇用者 | | ○ | |
| 継続雇用者比較給与等支給額（※） | 継続雇用者 | | ○ | |
| 教育訓練費の額 | 国内雇用者 | | ○ | |
| 比較教育訓練費の額 | 国内雇用者 | | ○ | ○ |

（※）中小企業者等向けの税制では集計不要

## 第2節 データ集計の順序

　効率的なデータ集計の観点からは、給与等支給額および教育訓練費の額の集計範囲を確定させるために「国内雇用者」の範囲を確定させることが必要となる。これにより、国内雇用者に対する給与等支給額（雇用者給与等支給額）および教育訓練費の額を集計することが可能となる。次に、国内雇用者のうち継続雇用者となる者を抽出し（その方法は後述）、継続雇用者に対する適用年度および前事業年度の給与等支給額を集計する。

　「補填額」の集計も必要となる。適用要件の判定に用いる「雇用者給与等支給額」「比較雇用者給与等支給額」「継続雇用者給与等支給額」および「継続雇用者比較給与等支給額」の算定に当たっては、「補填額」を控除することとなるから、とくに雇用安定助成金額については区別して集計しなければならない[1]。

　給与等支給額および教育訓練費の額に関する実質的な集計作業は以上である。比較雇用者給与等支給額および比較教育訓練費の額については前事業年度で集計したデータをそのまま用いることができる。

　なお、特定税額控除規定の適用停止措置の判定を行うためには、さらに「国内設備投資額」および「当期償却費総額」の集計が必要となる。特に国内設備投資額については、対象となる国内資産の取得のつど、担当部署から情報の連携を受けて集計しておくことが望まれる。

　以上をふまえ、集計すべきデータと情報源泉（ソースデータ）の関係

---

1 「補填額」は、「給与等に充てるため他の者から支払を受ける金額」から「雇用安定助成金額」および「役務の提供の対価として支払を受ける金額」を除いて算定する（前編第5章 **4** 参照）。本書では、控除項目として「雇用安定助成金額」のみを取り上げる。

性についてまとめると下図のようになる。情報収集漏れが生じていないかどうかの検討において参考にされたい。

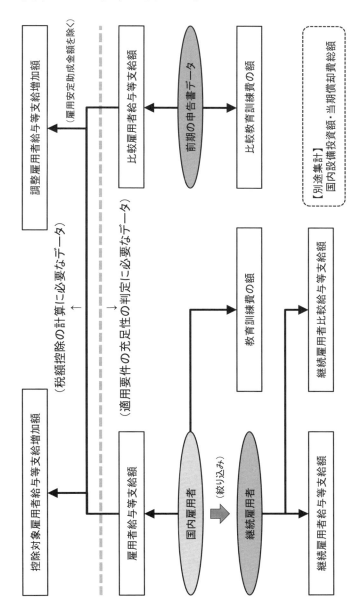

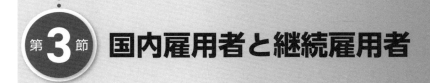
# 第3節 国内雇用者と継続雇用者

　国内雇用者とは、法人の使用人（役員、役員の特殊関係者および使用人兼務役員を除く）のうち、その法人の有する国内の事業所に勤務する者であって、労働基準法第108条に定める賃金台帳に記載された者をいう（措法42の12の5⑤二、措令27の12の5⑥）。また、継続雇用者とは、適用年度およびその前事業年度等の期間内の各月において当該法人の給与等の支給を受けた国内雇用者のうち、雇用保険の一般被保険者に該当し継続雇用制度適用対象者を除いた者をいう（措法42の12の5⑤四、措令27の12の5⑦）。

　このように継続雇用者の範囲は、国内雇用者の範囲を絞り込むことによって得られるという関係にある。

　以上より、収集すべき人事情報としては以下のものが考えられる。

---

① 役員、役員の特殊関係者、使用人兼務役員
　（当事業年度中に該当することとなった社員を含む）
② 海外勤務社員（賃金台帳記載対象外）
　（当事業年度中に該当することとなった社員を含む）
③ 前事業年度および当事業年度中に入社した社員
④ 当事業年度中に退職した社員
⑤ 雇用保険の一般被保険者に該当しない（該当しなくなった）社員
⑥ 継続雇用制度の適用を受ける（受けることとなった）社員

---

　すべての社員のなかから、これらに該当する者を除外することによって、国内雇用者および継続雇用者の範囲を得ることができる（次ページ図参照）。

【国内雇用者と継続雇用者の関係】

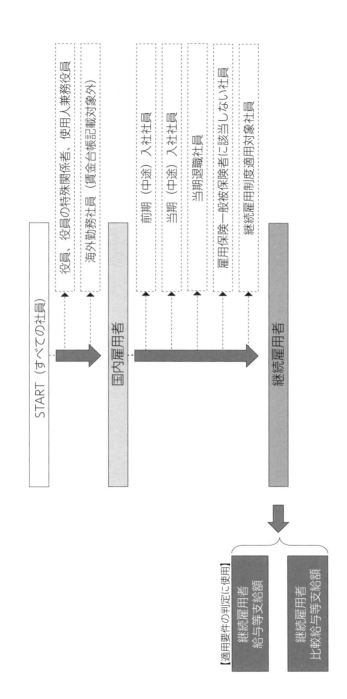

第2章 データ集計実務上のポイント 203

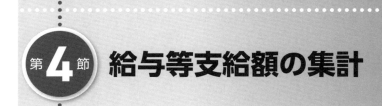

# 第4節 給与等支給額の集計

　雇用者の数が増加するにつれて、給与等支給額の集計は比例的に煩雑になるほか、集計漏れの懸念も大きくなると考えられる。

　給与等支給額の集計には様々な方法が考えられるが、本書ではオーソドックスな方法として、「個人別・月別の給与等支給額一覧表」を作成

**【集計表のイメージ】**

| 社員番号 | 氏名 | 給与等支給額（課税支給額） | | | | | |
|---|---|---|---|---|---|---|---|
| | | 前事業年度 | | | | | |
| | | 4月 | 5月 | 6月 | 7月 | 8月 | 9月 |
| 1 | A | 512,241 | 559,679 | 988,240 | 318,379 | 703,028 | 483,514 |
| 2 | B | 614,393 | 588,194 | 442,765 | | | |
| 3 | C | 500,567 | 331,961 | 710,973 | 565,314 | 546,922 | 682,935 |
| 4 | D | 716,816 | 463,317 | 1,074,162 | 300,533 | 364,898 | 751,899 |
| 5 | E | 449,040 | 513,927 | 869,448 | 551,512 | 736,570 | 331,479 |
| 6 | F | 329,038 | 778,910 | 1,159,588 | 783,581 | 738,803 | 654,686 |
| 7 | G | 394,743 | 512,066 | 777,494 | 363,911 | 667,239 | 334,620 |
| 8 | H | | | | | | |
| 9 | I | 638,371 | 703,185 | 667,784 | 464,049 | 716,829 | 308,840 |
| 10 | J | 307,412 | 746,286 | 1,285,540 | 441,645 | 305,427 | 772,609 |
| 11 | K | 506,681 | 414,851 | 1,196,514 | | | |
| 12 | L | 461,088 | 632,927 | 1,136,478 | 473,341 | 473,855 | 307,948 |
| 13 | M | 742,154 | 382,219 | 1,494,610 | 475,522 | 730,399 | 651,209 |
| 14 | N | 581,439 | 304,729 | 1,224,209 | 620,536 | 389,872 | 450,093 |
| 15 | O | | | | | | |
| 16 | P | 485,158 | 318,253 | 1,109,193 | 455,295 | 473,983 | 355,178 |
| 17 | Q | 712,340 | 628,591 | 1,387,935 | 590,769 | 726,367 | 460,082 |
| 18 | R | 662,242 | 718,120 | 1,465,667 | 576,521 | 534,607 | 357,216 |
| 19 | S | | | | | 584,617 | 493,729 |
| 20 | T | | | | | | |
| 21 | U | | | | | | |
| 22 | V | | | | | | |

したうえで、従業員ごとの属性を加味して各種の給与等支給額を集計する方法を紹介する。

## １ 個人別・月別給与等支給額一覧表

　縦軸に支給対象者、横軸に毎月の給与等支給額を記載した表であり、本税制の適用要件の判断および税額控除限度額に用いる各種給与等支給額を集計するための母集団となるものである。

| 給与等支給額（課税支給額） | | | | | | |
|---|---|---|---|---|---|---|
| 前事業年度 | | | | | | |
| 10月 | 11月 | 12月 | 1月 | 2月 | 3月 | 合計 |
| 416,843 | 402,372 | 967,458 | 688,108 | 455,745 | 395,829 | 6,891,436 |
|  |  |  |  |  |  | 1,645,352 |
| 350,964 | 566,203 | 864,817 | 499,164 | 434,010 | 315,169 | 6,368,999 |
| 513,716 | 598,788 | 1,102,204 | 415,555 | 661,866 | 709,648 | 7,673,402 |
| 556,727 | 576,388 | 1,133,886 | 343,229 | 668,596 | 778,886 | 7,509,688 |
| 783,299 | 742,480 | 1,329,257 | 783,468 | 691,414 | 572,630 | 9,347,154 |
| 480,525 | 446,176 | 1,037,640 | 645,540 | 733,961 | 753,413 | 7,147,328 |
|  |  |  |  |  |  |  |
| 361,555 | 523,680 | 722,656 | 375,983 | 615,408 | 769,497 | 6,867,837 |
| 781,018 | 631,189 | 873,334 | 357,262 | 398,615 | 439,867 | 7,340,204 |
|  |  | 330,356 | 472,058 | 627,844 | 735,015 | 4,283,319 |
| 764,596 | 347,822 | 1,073,833 | 375,507 | 619,745 | 575,803 | 7,242,943 |
| 596,874 | 520,162 | 1,001,789 | 529,105 | 649,835 | 489,719 | 8,263,597 |
| 773,971 | 564,131 | 1,096,527 | 319,623 | 432,343 | 704,164 | 7,461,637 |
| 798,827 | 699,107 | 827,471 | 316,789 | 362,240 | 398,824 | 3,403,258 |
| 312,599 | 609,373 | 1,062,161 |  |  |  | 5,181,193 |
| 429,833 | 431,730 | 1,366,575 | 703,022 | 671,541 | 478,368 | 8,587,153 |
| 560,001 | 604,043 | 680,305 | 552,543 | 614,106 | 701,874 | 8,027,245 |
| 791,888 | 485,031 | 977,017 | 418,559 | 612,506 | 560,489 | 4,923,836 |
| 555,976 | 707,493 | 1,137,876 | 361,352 | 539,988 | 524,943 | 3,827,628 |
|  |  |  | 622,139 | 779,186 | 565,851 | 1,967,176 |
|  |  |  |  |  |  |  |

① 集計表のイメージ

最終的に作成される集計表のイメージは204～207ページの表の通りであり、以下の項目が含まれる。

● 社員番号（＊1）
● 氏名（＊2）
● 支給年月（＊3）
● 月別の給与等支給額（課税支給額）（＊4）

（＊1）同姓同名の社員がいる場合には、社員番号による集計が必須である。固有の社員番号がない場合には、本集計表のみで使用する番号を付すことも考えられる。

| 社員番号 | 氏名 | 給与等支給額（課税支給額) | | | | | |
|---|---|---|---|---|---|---|---|
| | | 前事業年度 | | | | | |
| | | 4月 | 5月 | 6月 | 7月 | 8月 | 9月 |
| 1 | A | 700,425 | 796,905 | 750,379 | 502,689 | 475,201 | 612,387 |
| 2 | B | | | | | | |
| 3 | C | 414,211 | 482,961 | 1,178,565 | 563,255 | 624,482 | 531,664 |
| 4 | D | 495,939 | 734,389 | 1,012,651 | 439,181 | 770,926 | 349,603 |
| 5 | E | 493,505 | 460,332 | 908,117 | 315,722 | 450,402 | 444,212 |
| 6 | F | 616,822 | 473,907 | 1,026,339 | 453,919 | 724,366 | 402,991 |
| 7 | G | 356,800 | 552,319 | 904,016 | 667,294 | 499,167 | 571,968 |
| 8 | H | | | | 753,637 | 664,479 | 474,351 |
| 9 | I | 414,187 | 673,766 | 1,238,257 | 709,360 | 444,290 | 655,562 |
| 10 | J | 543,685 | 435,511 | 1,131,959 | | | |
| 11 | K | 350,736 | 376,613 | 644,700 | 786,790 | 624,137 | 411,213 |
| 12 | L | 457,485 | 304,334 | 1,473,393 | 745,301 | 422,399 | 718,121 |
| 13 | M | | | | | | |
| 14 | N | 514,458 | 404,668 | 1,155,591 | 491,833 | 300,661 | 669,080 |
| 15 | O | 649,932 | 381,695 | 1,209,158 | 408,083 | 493,840 | 583,562 |
| 16 | P | | | | | | |
| 17 | Q | 729,343 | 458,809 | 659,353 | 333,348 | 350,211 | 713,555 |
| 18 | R | 442,575 | 693,537 | 868,069 | 487,952 | 519,938 | 718,987 |
| 19 | S | 505,859 | 541,142 | 976,069 | 316,955 | 310,094 | 367,801 |
| 20 | T | 313,528 | 367,107 | 1,061,369 | 549,866 | 737,694 | 757,163 |
| 21 | U | 475,603 | 714,293 | 831,957 | 511,050 | 562,423 | 327,202 |
| 22 | V | | | | | | |

(＊2) 集計上必須の情報ではないが、内部検証用には社員番号と氏名を対比して表示したほうが効率的である。個人情報保護の観点からも、例えば会計監査や税務調査等において本集計表の提示を求められる場合には、氏名欄を非表示にした形で提示することも検討すべきであろう。
(＊3) 賞与の支給については、例えば支給年月欄に「202406賞与」と入力することによって、同月に支給される給与等とは別に集計することも可能である。ただし本税制の適用上は、同月に給与および賞与の支給があった場合には、これらを合算して判定することで差し支えない。
(＊4) 本税制において集計対象となる「給与等の支給額」は、給与課税される部分のみであるから、支給総額に含まれる非課税通勤手当などを除いた金額を集計することとなる。ただし、継続的に賃金台帳に記載された支給額（非課税通勤手当の額を含む）のみを対象としている場合には、これも許容される（措通42の12の5－1の4）。

| 給与等支給額（課税支給額） | | | | | | |
|---|---|---|---|---|---|---|
| 前事業年度 | | | | | | |
| 10月 | 11月 | 12月 | 1月 | 2月 | 3月 | 合計 |
| 693,730 | 384,060 | 1,207,176 | 796,209 | 698,885 | 417,034 | 8,035,080 |
| | | | | | | |
| 453,913 | 481,024 | 1,381,588 | 396,171 | 740,531 | 402,765 | 7,651,130 |
| 386,447 | 593,877 | 1,391,871 | 799,079 | 635,422 | 727,390 | 8,336,775 |
| 743,067 | 787,442 | 1,176,159 | 553,057 | 496,984 | 319,993 | 7,148,992 |
| 415,367 | 610,115 | 1,195,015 | 327,267 | 767,666 | 528,619 | 7,542,393 |
| | | | | | | 3,551,564 |
| 780,202 | 757,262 | 950,846 | 437,775 | 420,633 | 439,595 | 5,678,780 |
| 755,153 | 330,761 | 1,028,438 | 675,926 | 757,053 | 675,529 | 8,358,282 |
| | | | | | | 2,111,155 |
| 600,520 | 793,186 | 960,420 | 494,568 | 789,738 | 379,137 | 7,211,758 |
| 567,082 | 501,329 | 1,241,062 | 669,993 | 539,045 | 593,718 | 8,233,262 |
| | | | | | | |
| 791,780 | 315,497 | 1,326,769 | 776,639 | 772,107 | 444,364 | 7,963,447 |
| 380,785 | 504,170 | 1,462,715 | 455,078 | 527,116 | 689,463 | 7,745,597 |
| | | | | | | |
| 452,774 | 597,480 | 896,759 | 430,900 | 357,040 | 743,198 | 6,722,770 |
| 588,474 | 430,304 | 1,361,651 | 408,987 | 422,501 | 412,509 | 7,355,484 |
| 681,065 | 677,573 | 1,471,561 | 560,204 | 324,156 | 521,216 | 7,253,695 |
| 307,789 | 577,050 | 621,133 | 375,584 | 681,016 | 523,654 | 6,872,953 |
| 341,136 | 543,720 | 1,239,495 | 307,536 | 634,138 | 580,062 | 7,068,615 |
| 682,713 | 717,040 | 1,345,236 | 312,750 | 571,519 | 664,103 | 4,293,361 |

このように集計表を作成することによって、事業年度中の入退社の状況も一覧できるほか、網羅的な集計が可能である。

　社員数が少なければ、直接的に204〜207ページの表に示したレイアウトで集計表を作成することもできるであろうが、次の②で紹介するように、表計算ソフトのピボットテーブルの機能を用いて集計することも可能である。

② **ピボットテーブルの作成**

　この場合には、次ページのようなデータテーブルを用意し、毎月の給与計算結果（支給控除一覧表のようなもの）からデータを単純に貼り付けたうえでピボットテーブルによる集計を行うこととなる。

　データテーブルへの入力にあたっては、あらかじめデータクレンジングの作業[2]をしておくと、より正確な集計に繋がる。

---

2　データに含まれる誤記、表記の揺れなどを是正しデータの品質を統一すること。具体的には、誤字脱字の修正のほか、全角・半角の統一や氏名間のスペースの取扱いの統一（全角スペース、半角スペース、スペース削除）などの作業が挙げられる。

【データテーブル】

| 社員番号 | 氏名 | 支給年月(yyyymm)[3] | 課税支給額（円） |
|---|---|---|---|
| 1 | A | 202404 | 512,241 |
| 2 | B | 202404 | 614,393 |
| 3 | C | 202404 | 500,567 |
| 4 | D | 202404 | 716,816 |
| (以下略) | | | |
| 1 | A | 202405 | 559,679 |
| 2 | B | 202405 | 588,194 |
| 3 | C | 202405 | 331,961 |
| (以下略) | | | |

---

3 決算整理事項として未払給与または前払給与の調整を行っている場合には、該当の金額について、データテーブルに追加する必要があると考えられる。例えば、支給年月として「2025未払」の区分を追加し、日割計算分の金額を追記すれば、次年度においても引き続き利用可能である。

【ピボットテーブルの設定】

以下のように集計項目をレイアウトしていく。

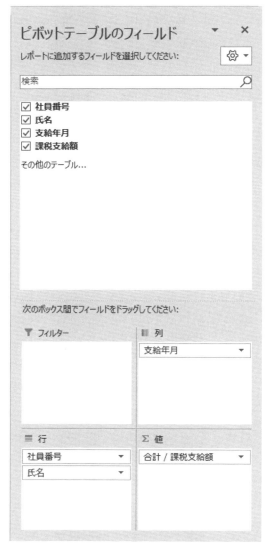

「氏名」については内部検証用に含めているが、監査等のために提示を求められる場合には、集計項目から除外してよい。

**【ピボットテーブルによる集計イメージ（抜粋）】**

| 行ラベル | 202404 | 202405 | |
|---|---|---|---|
| ⊟ 1 | **512,241** | **559,679** | ← 横軸：24か月分を集計表示 |
| A | 512,241 | 559,679 | |
| ⊟ 2 | **614,393** | **588,194** | |
| B | 614,393 | 588,194 | |
| ⊟ 3 | **500,567** | **331,961** | |
| C | 500,567 | 331,961 | |
| ⊟ 4 | **716,816** | **463,317** | |
| D | 716,816 | 463,317 | |
| ⊟ 5 | **449,040** | **513,927** | |
| E | 449,040 | 513,927 | |
| ⊟ 6 | **329,038** | **778,910** | |
| F | 329,038 | 778,910 | |
| ⊟ 7 | **394,743** | **512,066** | |
| G | 394,743 | 512,066 | |
| ⊟ 8 | **0** | **0** | |
| H | 0 | 0 | |
| ⊟ 9 | **638,371** | **703,185** | |
| I | 638,371 | 703,185 | |
| ⊟ 10 | **307,412** | **746,286** | |
| J | 307,412 | 746,286 | |
| ⊟ 11 | **506,681** | **414,851** | |
| K | 506,681 | 414,851 | |
| ⊟ 12 | **461,088** | **632,927** | |
| L | 461,088 | 632,927 | |
| ⊟ 13 | **742,154** | **382,219** | |
| M | 742,154 | 382,219 | |
| ⊟ 14 | **581,439** | **304,729** | |
| N | 581,439 | 304,729 | |
| ⊟ 15 | **0** | **0** | |
| O | 0 | 0 | |
| ⊟ 16 | **485,158** | **318,253** | |
| P | 485,158 | 318,253 | |
| ⊟ 17 | **712,340** | **628,591** | |
| Q | 712,340 | 628,591 | |
| ⊟ 18 | **662,242** | **718,120** | |
| R | 662,242 | 718,120 | |
| ⊟ 19 | **0** | **0** | |
| S | 0 | 0 | |
| ⊟ 20 | **0** | **0** | |
| T | 0 | 0 | |
| ⊟ 21 | **0** | **0** | |
| U | 0 | 0 | |
| ⊟ 22 | **0** | **0** | |
| V | 0 | 0 | |
| **総計** | **8,613,723** | **8,597,215** | |

## ❷ 属性の設定

❶にしたがい個人別・月別の支給額明細表を作成したあと、各社員の「属性」に関する情報を付加する。具体的には、各社員の右側の列に「属性」の列を付加し、必要な情報を追加していく。ただし、集計対象者に「〇」印を付すのではなく、**集計対象に含まれない者に「〇」印を付し、フィルター機能によってこれらを除外して金額を集計する**、というイメージである。

具体的には、明細表において以下の属性情報を各社員に付加していくこととなる。

| 種　類 | 除外する属性 |
|---|---|
| 国内雇用者 | 役員 |
| | 役員の特殊関係者 |
| | 使用人兼務役員 |
| | 海外勤務社員 |
| 継続雇用者 | 適用年度および前事業年度等の期間内の各月において給与等の支給を受けていない者 |
| | 継続雇用制度の適用を受ける者 |

① 国内雇用者から除外する属性

国内雇用者の定義から除かれる者（役員、役員の特殊関係者、使用人兼務役員および国内の事業所に勤務していない者）に該当する者について、「**役員等**」などの属性を示す列を設けた上で「〇」印を付す。

事業年度の途中にこれらの者に該当することとなった者については、その該当することとなった日以降、国内雇用者の範囲から除外される。逆に、事業年度の途中にこれらの者に該当しないこととなった者については、その該当しないこととなった日以降、国内雇用者の範囲に含まれる。

このように、集計対象事業年度中に属性の変更を伴う社員が存在する場合には、「〇」印の対象となる期間（＝給与等支給額の集計から除外される期間）と、対象とならない期間（＝給与等支給額の集計に含める期間）について、別の行に分解して集計することが望ましい。

【イメージ】

| 社員番号 | 氏名 | 属性 | 給与等支給額 | | |
|---|---|---|---|---|---|
| | | 役員等 | 4月 | 5月 | 6月 |
| 1 | A | | 512,241 | 559,679 | |
| 1 | A | 〇 | | | 988,240 |

役員等に該当した月から別の行に集計する

② 継続雇用者から除外する属性
（適用年度およびその前事業年度等の期間内の各月において給与等の支給を受けていない者）

適用年度とその前事業年度の月数がそれぞれ12か月である一般的な状況を前提とすると、継続雇用者に該当するためには、その2事業年度のすべて（＝24か月）にわたり給与等の支給を受けている必要がある。

この判断は、1で作成した一覧表において、給与等支給額の欄に金額が含まれているセルの数が24であればよいということになる。具体的には、氏名の右側に「支給月数」の列を設け、COUNT関数を用いて支

第2章　データ集計実務上のポイント

給月数を計算することで確認することができる。

　実際には下表のように、事業年度ごとの支給月数をカウントして合算し、それが24でない場合には、「**継続非該当**」などの属性を示す列を設けた上で「○」印を付す。

| 社員番号 | 氏名 | 支給月数 | | | 属性 |
| --- | --- | --- | --- | --- | --- |
| | | 前年度 | 当年度 | 合計 | 継続非該当 |
| 1 | A | 12 | 12 | 24 | |
| 2 | B | 4 | 1 | 5 | ○ |
| 3 | C | 12 | 12 | 24 | |
| 4 | D | 12 | 12 | 24 | |
| 5 | E | 12 | 12 | 24 | |
| 6 | F | 12 | 12 | 24 | |
| 7 | G | 12 | 7 | 19 | ○ |
| 8 | H | 1 | 9 | 10 | ○ |
| 9 | I | 12 | 12 | 24 | |
| 10 | J | 12 | 4 | 16 | ○ |
| 11 | K | 7 | 12 | 19 | ○ |
| 12 | L | 12 | 12 | 24 | |
| 13 | M | 12 | 1 | 13 | ○ |

| 社員番号 | 氏名 | 支給月数 | | | 属性 |
|---|---|---|---|---|---|
| | | 前年度 | 当年度 | 合計 | 継続非該当 |
| 14 | N | 12 | 12 | 24 | |
| 15 | O | 6 | 12 | 18 | ○ |
| 16 | P | 9 | 1 | 10 | ○ |
| 17 | Q | 12 | 12 | 24 | |
| 18 | R | 12 | 12 | 24 | |
| 19 | S | 8 | 12 | 20 | ○ |
| 20 | T | 6 | 12 | 18 | ○ |
| 21 | U | 3 | 12 | 15 | ○ |
| 22 | V | 0 | 6 | 6 | ○ |

上表の「支給月数」は、COUNT関数で算出している。

=COUNT（データ1,データ2,・・・データ12）

※前事業年度分と当事業年度分の給与等支給額が記載されたセルをそれぞれ範囲指定

上表の「○」印は、IF関数で挿入している。

=IF（合計セル=24,"","○"）

※合計セルが24であれば空欄、そうでなければ○印

第2章 データ集計実務上のポイント

（雇用保険の一般被保険者に該当しない者および継続雇用制度の適用対象者）

　適用要件の判定に用いる「継続雇用者給与等支給額」および「継続雇用者比較給与等支給額」の集計対象は、継続雇用者のうち雇用保険の一般被保険者に該当する者に限られ、かつ継続雇用制度の適用対象者が除かれることから、雇用保険の一般被保険者に該当しない者および継続雇用制度の適用対象者については「**雇用保険非該当**」「**継続雇用制度**」などの属性を示す列を設けた上で「〇」印を付す（雇用保険非該当については、国内新規雇用者に関連して属性設定済）。

　この点、集計対象事業年度中に属性の変更を伴う社員が存在する場合には、「〇」印の対象となる期間（＝継続雇用者給与等支給額の集計から除外される期間）と、対象とならない期間（＝継続雇用者給与等支給額の集計に含める期間）について、別の行に分解して集計することが望ましい。

## 3 金額の集計

　2を経て1の一覧表に必要な属性を設定したら、具体的な金額集計が可能となる。

　具体的には、属性欄の「〇」印の含まれる行を非表示にした上で、視認できる範囲の金額を合計すればよいこととなる。

　特定の行を非表示にするためには、手動で「非表示」の設定を行う方法と、フィルター機能を利用する方法があるが、フィルター機能を利用すれば非表示とすべき行を一括して処理することができるため効率的と考えられる。

　合計処理を行うための関数にも注意が必要である。SUM関数を用いると、非表示とされたセルも含めて集計してしまうことから、本章で取り扱うデータ集計の目的を果たすことができず適切ではない。表示されているセルだけを合計するためには、SUBTOTAL関数を用いることと

なる。

　用法はSUM関数とほぼ同じであるが、SUBTOTAL関数では様々な集計を扱うことができる関係上、以下のように入力する。

> ＝SUBTOTAL（109【集計方法としてSUMを選択[4]】, 集計範囲）

　繰り返しになるが、SUBTOTAL関数は表示されているセルのみを合計するものであるから、非表示設定を解除すると集計数値も変動してしまう。そのため、所定の合計値を算出したときは、その計算結果を「値コピー」で別の行に保全する必要がある。集計する金額ごとに一覧表の非表示の範囲を変え、そのつどSUBTOTAL関数で合計して計算結果を保全する、という流れになる。

　集計すべき金額ごとに、除外する属性をまとめると下表の通りとなる。

| 集計すべき金額 | 集計対象 | 除外すべき属性<br>(本節[2]) |
| --- | --- | --- |
| 雇用者給与等支給額<br>比較雇用者給与等支給額 | 国内雇用者 | 役員等 |
| 継続雇用者給与等支給額<br>継続雇用者比較給与等支給額 | 継続雇用者 | 役員等<br>継続非該当<br>雇用保険非該当<br>継続雇用制度 |

---

4　SUBTOTAL関数の集計方法としてSUMを指定する場合の引数には「9」と「109」の2種類が存在する。「9」によれば手動で非表示にされた行は集計に含まれる（無視されない）のに対し、「109」によれば非表示にされた行は無視される。
　なお、フィルター機能で除外された行（フィルターの結果に含まれていない行）はすべて無視されるため、今回のケースでは「9」または「109」のいずれによっても計算結果は同一となる。

## 4 他の者から支払を受ける金額と雇用安定助成金額

　本税制の適用要件の判断指標となる給与等支給額（雇用者給与等支給額、比較雇用者給与等支給額、継続雇用者給与等支給額および継続雇用者比較給与等支給額）の計算上、給与等に充てるため他の者から支払を受ける金額がある場合には、うち「補填額」に該当する額（前編第5章**4**参照）を控除しなければならない（措法42の12の5⑤四）。

　また、「補填額」の計算上控除される金額のうち雇用安定助成金額については、税額控除限度額の計算で用いる「調整雇用者給与等支給額増加額」の計算上控除される（措法42の12の5⑤六イ）。

　このように、計算の局面によって「他の者から支払を受ける金額」のうち控除すべき金額の範囲が異なることになるため、「他の者から支払を受ける金額」は

●雇用安定助成金額以外の金額

●雇用安定助成金額

●一定の役務提供対価

の3つにわけて集計しておく必要がある（下図参照・再掲）。

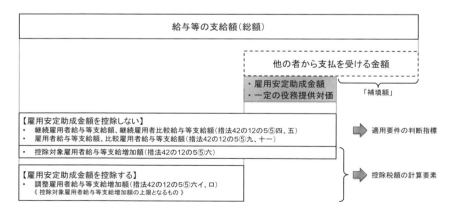

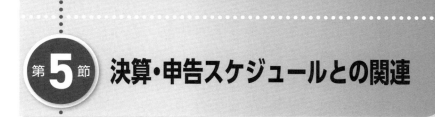

## 第5節 決算・申告スケジュールとの関連

　法人税等の確定申告は、原則として事業年度終了の日の翌日から2月以内に行わなければならないが、これを決算・申告業務のゴールだとするとその前に以下のような手順を済ませておく必要がある。

① 　税額計算前・決算整理前残高試算表の確定
② 　未払税金勘定計上仕訳以外の決算整理仕訳の投入
③ 　消費税申告書の作成と未払消費税等計上仕訳の投入
④ 　法人税等計算前・決算整理後残高試算表の確定
⑤ 　法人税等の税額計算と未払法人税等計上仕訳の投入
⑥ 　税効果会計に関する決算整理仕訳の投入
⑦ 　法人税等確定申告書の作成
⑧ 　計算書類の作成
⑨ 　取締役会等による決算承認
⑩ 　株主総会招集手続
⑪ 　株主総会による決算承認手続（または決算報告手続）
⑫ 　法人税等確定申告書の提出と納税手続

　このように、上記の手続を事業年度終了後2月以内に行うためには、決算申告業務について綿密なスケジュール管理が求められることが多い。そのとき、本税制のように様々なデータを集計した上で適用要件の充足性を判定し、その後具体的な税額控除の計算を行うといった作業量の多い業務については、事前準備が非常に重要である。
　特に人事関連の情報および給与等支給額の情報については、できるだ

け前倒しで集計を完了させておくことが望まれる。そのことによって、実際の決算締切手続きの局面では渋滞なく作業を進行させることが可能となる。

# 第6節 本税制の適用可否シミュレーション

　本税制を適用することができれば、税額控除を通じて実効税率の引下げが期待されることから、その事業年度において本税制を適用できるかどうかは大きな関心事になろう。

　これに備え、決算日が近づいてきた段階で、本税制の適用が可能かどうか、特に適用要件の充足に問題がないかどうかを事前に検討することがある（適用可否シミュレーション）。もし事前の評価で適用要件の充足が難しいことが判明したとしても、その後の支出額の増加を通じて適用要件をクリアすることが可能になることもあると考えられることから、決算準備の前倒しの取組みと併せて、定期的にシミュレーションの実施を行うことは有用であると考える。

# 第3章

# 申告書への記載

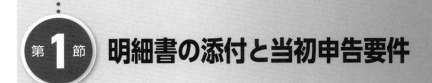

## 1 明細書の添付

本税制は、確定申告書等(控除を受ける金額を増加させる修正申告書または更正請求書を提出する場合には、当該修正申告書または更正請求書を含む)に以下の項目を記載した書類の添付がある場合に適用される(措法42の12の5⑦⑧)。

【記載すべき項目】

- 控除対象雇用者給与等支給増加額
- 継続雇用者給与等支給額
- 継続雇用者比較給与等支給額
- 控除を受ける金額および当該金額の計算に関する明細
- 繰越税額控除限度超過額

具体的には、別表6⑷(付表を含む)を作成し、確定申告書等に添付する必要がある。

## 2 当初申告要件

本税制では、控除対象雇用者給与等支給増加額について「当初申告要件」が付されている(措法42の12の5⑦)。すなわち、控除税額の計算基礎となる控除対象雇用者給与等支給増加額については、確定申告書等に添付された書類に記載された金額を限度とする、というものである。

したがって、仮に給与等の支給額の集計に誤りがあり、確定申告書等

に添付した書類に記載された控除対象雇用者給与等支給増加額が過小であったとしても、その後の修正申告や更正の請求等によってこれを増額させることはできない（当初申告における控除対象雇用者給与等支給増加額が限度となる）。

なお、控除対象雇用者給与等支給増加額以外の項目については、当初申告要件は付されていない。そのため、修正申告等によって当期の所得に対する法人税額が増加した場合には、税額控除限度額の増加を通じて追加的に控除税額が増加することがある。

● 補　足

**「確定申告書等」の範囲**

本税制における「確定申告書等」とは、確定申告書および仮決算による中間申告書をいい（措法2②二十八）、確定申告書には期限後申告書も含まれる（法法2三十一）。

ところで、本節で説明した「明細書の添付」の定めについては、確定申告書等の範囲に「修正申告書または更正請求書を含む」との記載が追加され範囲が拡張されていることから、修正申告または更正の請求にあたり本税制の適用を受けようとする場合には、同じく明細書の添付が必要となる。

これに対して、「当初申告要件」の定めについては、確定申告書等の範囲は拡張されていないことに注意が必要である。仮に、当初申告要件の定めにおいても確定申告書等の範囲に修正申告書または更正請求書を含めるのであれば、条文冒頭（措法42の12の5⑦）で確定申告書等の範囲を拡張させるカッコ書きにおいて「……を含む。以下この号において同じ。」との表現が付されるべきところ、そのような表現がない以上、当初申告要件に係る書類の範囲には含まれないと読まなければならない。

これらの取扱いをまとめると以下の通りである。

【確定申告書等の範囲】

| 書類の種類 | 明細書の添付<br>(本税制の適用条件) | 当初申告要件<br>(控除対象雇用者給与等<br>支給増加額) |
|---|---|---|
| 確定申告書<br>(期限後申告書を含む) | 必要 | 記載金額を限度とする |
| 仮決算による中間申告書 | 必要 | 記載金額を限度とする |
| 修正申告書 | 必要 | **増額不可** |
| 更正請求書 | 必要 | **増額不可** |

# 第2節 申告書記載例

本節で設定した事例はすべて架空のものであり、実在する法人等とは無関係である。

## 【記載例1】 賃上げ促進税制（大企業向け）

A社は資本金3億円、常時使用従業員数2,100名の製造業を営む株式会社であり、かねてより「プラチナくるみん認定」を受けている。また、マルチステークホルダー方針の公表・届出についても適切に行われているものとする。

以上をふまえ、A社の当事業年度（令和6年4月1日～令和7年3月31日）の以下の資料に基づき、賃上げ促進税制に係る法人税申告書別表6(24)および6(24)付表1の記載例を示す。なおA社は、その他の雇用促進税制の適用を受けていない。

## 【資料】

1．A社の給与等支給額等は下表の通りである。

（適用年度） (単位：円)

| 摘　　要 | 給与等の支給額 | 他の者から支払を受ける金額 | 同左のうち雇用安定助成金額 |
|---|---|---|---|
| 国内雇用者に対する給与等の支給額 | 8,451,792,600 | 173,600,000 | 45,000,000 |
| 継続雇用者に対する給与等の支給額 | 8,374,226,800 | 105,400,000 | 28,000,000 |

（前事業年度） (単位：円)

| 摘　　要 | 給与等の支給額 | 他の者から支払を受ける金額 | 同左のうち雇用安定助成金額 |
|---|---|---|---|
| 国内雇用者に対する給与等の支給額 | 8,184,455,200 | 410,000,000 | 250,000,000 |
| 適用年度の継続雇用者に対する給与等の支給額 | 8,117,719,400 | 318,700,000 | 140,000,000 |

2．教育訓練費の額は以下の通りである。
　● 適用年度　　（令和6年4月1日～令和7年3月31日）　410,200,000円
　● 前事業年度（令和5年4月1日～令和6年3月31日）　336,229,400円

3．適用年度の調整前法人税額は458,630,000円である。

## 【記載例①】 別表6⑿_大企業

**給与等の支給額が増加した場合の法人税額の特別控除に関する明細書**

事業年度 6・4・1 ～ 7・3・31　法人名 A社（大企業）

別表六(二十四)　令六・四・一以後終了事業年度分

| | | |  |
|---|---|---|---|
| 期末現在の資本金の額又は出資金の額 | 1 | 300,000,000 円 | |
| 期末現在の常時使用する従業員の数 | 2 | 2,100 人 | |

### 法人税額の特別控除額の計算

| 項目 | No. | 金額 |
|---|---|---|
| 雇用者給与等支給額（別表六(二十四)付表一「4」） | 4 | 8,323,192,600 円 |
| 比較雇用者給与等支給額（別表六(二十四)付表一「11」） | 5 | 8,024,455,200 |
| 雇用者給与等支給増加額 (4)-(5)（マイナスの場合は0） | 6 | 298,737,400 |
| 雇用者給与等支給増加割合 (6)/(5)（(5)=0の場合は0） | 7 | 0.037 |
| 調整雇用者給与等支給額（別表六(二十四)付表一「5」） | 8 | 8,278,192,600 |
| 調整比較雇用者給与等支給額（別表六(二十四)付表一「12」） | 9 | 7,774,455,200 |
| 調整雇用者給与等支給増加額 (8)-(9)（マイナスの場合は0） | 10 | 503,737,400 |
| 継続雇用者給与等支給額（別表六(二十四)付表一「19の①」） | 11 | 8,296,826,800 |
| 継続雇用者比較給与等支給額（別表六(二十四)付表一「19の②」又は「19の③」） | 12 | 7,939,019,400 |
| 継続雇用者給与等支給増加額 (11)-(12)（マイナスの場合は0） | 13 | 357,807,400 |
| 継続雇用者給与等支給増加割合 (13)/(12)（(12)=0の場合は0） | 14 | 0.045 |
| 教育訓練費の額 | 15 | 410,200,000 |
| 比較教育訓練費の額（別表六(二十四)付表一「24」） | 16 | 336,229,400 |
| 教育訓練費増加額 (15)-(16)（マイナスの場合は0） | 17 | 73,970,600 |
| 教育訓練費増加割合 (17)/(16)（(16)=0の場合は0） | 18 | 0.220 |
| 雇用者給与等支給額比教育訓練費割合 (15)/(4) | 19 | 0.0492 |
| 控除対象雇用者給与等支給増加額 (6)と(10)のうち少ない金額 | 20 | 298,737,400 |
| 雇用者等支給増加重複控除額（別表六(二十四)付表二「12」） | 21 | |
| 差引控除対象雇用者給与等支給増加額 (20)-(21)（マイナスの場合は0） | 22 | 298,737,400 |

### 税額控除限度額等の計算

**令和6年3月31日以前に開始した事業年度の場合**

| 項目 | No. | 金額 |
|---|---|---|
| 第1項適用の場合 (14)≧4％の場合 0.05 | 23 | |
| (18)≧20％又は(15)-(17)>0の場合で 0.05 | 24 | |
| 税額控除限度額 (22)×(0.15+(23)+(24))（(14)<0.03の場合は0） | 25 | 円 |
| 第2項適用の場合 (7)≧2.5％の場合 0.15 | 26 | |
| (18)≧10％又は(15)-(17)>0の場合 0.1 | 27 | |
| 中小企業者等税額控除限度額 (22)×(0.15+(26)+(27))（(7)<0.015の場合は0） | 28 | 円 |

### 適用可否

適用可否　3　**可**

### 税額控除額等の計算

**令和6年4月1日以後開始する事業年度の場合**

| 項目 | No. | 金額 |
|---|---|---|
| 第1項適用の場合 (14)≧4％の場合 0.05、0.1又は0.15 | 29 | 0.05 |
| (18)≧10％又は(15)-(17)>0の場合で、かつ、(19)≧0.05％の場合 0.05 | 30 | 0.05 |
| プラチナくるみん又はプラチナえるぼしを取得している場合 0.05 | 31 | 0.05 |
| 税額控除限度額 (22)×(0.1+(29)+(30)+(31))（(14)<0.03の場合は0） | 32 | 74,684,350 円 |
| 第2項適用の場合 (14)≧4％の場合 0.15 | 33 | |
| (18)≧10％又は(15)-(17)>0の場合で、(19)≧0.05％の場合 0.05 | 34 | |
| プラチナくるみん又はえるぼし3段階目以上を取得している場合 | 35 | |
| 特定税額控除限度額 (22)×(0.1+(33)+(34)+(35))（(14)<0.03の場合は0） | 36 | 円 |
| 第3項適用の場合 (7)≧2.5％の場合 | 37 | |
| (18)≧5％又は(15)-(17)>0の場合で、(19)≧0.05％の場合 0.05 | 38 | |
| くるみん又はえるぼし2段階目以上を取得している場合 0.05 | 39 | |
| 中小企業者等税額控除限度額 (22)×(0.15+(37)+(38)+(39))（(7)<0.015の場合は0） | 40 | 円 |
| 調整前法人税額（別表一「2」又は別表一の二「2」若しくは「13」） | 41 | 458,630,000 |
| 当期税額基準額 (41)×20/100 | 42 | 91,726,000 |
| 当期税額控除可能額 ((25)、(28)、(32)、(36)又は(40))と(42)のうち少ない金額 | 43 | 74,684,350 |
| 調整前法人税額超過構成額（別表六(六)「8の①」） | 44 | |
| 当期税額控除額 (43)-(44) | 45 | 74,684,350 |

### 前期繰越分

| 項目 | No. | 金額 |
|---|---|---|
| 差引当期税額基準額残額 (42)-(43) | 46 | **適用なし** |
| 繰越税額控除限度超過額（別表六(二十四)付表一「25の計」） | 47 | |
| 同上のうち当期繰越税額控除可能額 ((46)と(47)のうち少ない金額)（(4)≦(5)又は(5)=0の場合は0） | 48 | |
| 調整前法人税額超過構成額（別表六(六)「8の②」） | 49 | |
| 当期繰越税額控除額 (48)-(49) | 50 | |

| 法人税額の特別控除額 (45)+(50) | 51 | 74,684,350 |

## 【記載例①】別表6㉔付表1_大企業

|  | |  |
|---|---|---|
| 事業年度 | | 6・4・1 ～ 7・3・31 |
| 法人名 | | A社（大企業） |

### 雇用者給与等支給額及び調整雇用者給与等支給額の計算

| | 1 国内雇用者に対する給与等の支給額 | 2 (1)の給与等に充てるため他の者から支払を受ける金額 | 3 (2)のうち雇用安定助成金額 | 4 雇用者給与等支給額 (1)-(2)+(3)（マイナスの場合は0） | 5 調整雇用者給与等支給額 (1)-(2)（マイナスの場合は0） |
|---|---|---|---|---|---|
| | 8,451,792,600円 | 173,600,000円 | 45,000,000円 | 8,323,192,600円 | 8,278,192,600円 |

### 比較雇用者給与等支給額及び調整比較雇用者給与等支給額の計算

| 前事業年度 | 6 国内雇用者に対する給与等の支給額 | 7 (6)の給与等に充てるため他の者から支払を受ける金額 | 8 (7)のうち雇用安定助成金額 | 9 | 10 適用年度の月数／(6)の前事業年度の月数 |
|---|---|---|---|---|---|
| 5・4・1～6・3・31 | 8,184,455,200 | 410,000,000 | 250,000,000 | | 12/12 |

| 比較雇用者給与等支給額 (7)-(8)+(9)×(10)（マイナスの場合は0） | 11 | 8,024,455,200 |
|---|---|---|
| 調整比較雇用者給与等支給額 (7)-(8)×(10)（マイナスの場合は0） | 12 | 7,774,455,200 |

### 継続雇用者給与等支給額及び継続雇用者比較給与等支給額の計算

| | | 継続雇用者給与等支給額の計算 | 継続雇用者比較給与等支給額の計算 | |
|---|---|---|---|---|
| | | ① 適用年度 | ② 前事業年度 | ③ 前一年事業年度特定期間 |
| 事業年度等 | 13 | | 5・4・1～6・3・31 | |
| 継続雇用者に対する給与等の支給額 | 14 | 8,374,226,800円 | 8,117,719,400円 | |
| 同上の給与等に充てるため他の者から支払を受ける金額 | 15 | 105,400,000 | 318,700,000 | |
| 同上のうち雇用安定助成金額 | 16 | 28,000,000 | 140,000,000 | |
| 差引 (14)-(15)+(16) | 17 | 8,296,826,800 | 7,939,019,400 | |
| 適用年度の月数／(13)の③の月数 | 18 | | | |
| 継続雇用者給与等支給額及び継続雇用者比較給与等支給額 (17)又は((17)×(18)) | 19 | 8,296,826,800 | 7,939,019,400 | |

### 比較教育訓練費の額の計算

| 事業年度 | 20 | 21 教育訓練費の額 | 22 適用年度の月数／(20)の事業年度の月数 | 23 改定教育訓練費の額 (21)×(22) |
|---|---|---|---|---|
| 調整対象年度 | 5・4・1～6・3・31 | 336,229,400円 | 12/12 | 336,229,400円 |
| 計 | | | | 336,229,400 |

| 比較教育訓練費の額 (23の計)÷調整対象年度数 | 24 | 336,229,400 |
|---|---|---|

### 翌期繰越税額控除限度超過額の計算

| 事業年度 | 25 前期繰越額又は当期税額控除限度額 | 26 当期控除可能額 | 27 翌期繰越額 (25)-(26) |
|---|---|---|---|

**適用なし**

| 計 | | 別表六(二十四)「48」 | |
| 当期分 | 別表六(二十四)「40」 | 別表六(二十四)「43」 | |
| 合計 | | | |

## 【解説】

一般に、本税制に関する別表は3枚にわたる。

| 別表番号 | 表題 |
|---|---|
| 6(24) | 給与等の支給額が増加した場合の法人税額の特別控除に関する明細書 |
| 6(24)付表1 | 給与等支給額、比較教育訓練費の額及び翌期繰越税額控除限度超過額の計算に関する明細書 |
| 6(24)付表2 | 給与等の支給額が増加した場合の法人税額の特別控除における雇用者給与等支給増加重複控除額の計算に関する明細書　※本書では割愛する |

本例においては、まず別表6(24)付表1を完成させたあと、その内容を別表6(24)に転記していくこととなる。これらの別表には記載内容を相互に転記する箇所があるが、すべて別表内に参照先の項目番号が記載されていることから、整合性の確認に有用である。

## 【別表6(24)付表1】

別表6(24)付表1では、以下の金額の計算に必要な事項を記入することとなる。

- 雇用者給与等支給額
- 調整雇用者給与等支給額
- 比較雇用者給与等支給額
- 調整比較雇用者給与等支給額
- 継続雇用者給与等支給額（中小企業者等は記載不要）
- 継続雇用者比較給与等支給額（中小企業者等は記載不要）

| 番号 | 項目の内容<br>(計算に必要な項目のみ記載) | 記載すべき<br>金額等 | 備考 |
|---|---|---|---|
| (雇用者給与等支給額および調整雇用者給与等支給額の計算) ||||
| 1 | 国内雇用者に対する給与等の支給額 | 8,451,792,600円 | |
| 2 | 「1」の給与等に充てるため他の者から支払を受ける金額 | 173,600,000円 | |
| 3 | 「2」のうち雇用安定助成金額 | 45,000,000円 | |
| 4 | 雇用者給与等支給額<br>「1」－「2」＋「3」 | 8,323,192,600円 | |
| 5 | 調整雇用者給与等支給額<br>「1」－「2」 | 8,278,192,600円 | 控除税額の計算に使用 |
| (比較雇用者給与等支給額および調整比較雇用者給与等支給額の計算) ※（注）1 ||||
| 7 | 国内雇用者に対する給与等の支給額 | 8,184,455,200円 | |
| 8 | 「7」の給与等に充てるため他の者から支払を受ける金額 | 410,000,000円 | |
| 9 | 「8」のうち雇用安定助成金額 | 250,000,000円 | |
| 10 | 適用年度の月数÷「6」の前事業年度の月数<br>※適用年度の月数と前事業年度の月数が異なる場合の月数補正計算に用いる | 12/12 | |
| 11 | 比較雇用者給与等支給額<br>(「7」－「8」＋「9」)×「10」<br>(マイナスの場合はゼロ) | 8,024,455,200円 | |
| 12 | 調整比較雇用者給与等支給額<br>(「7」－「8」)×「10」<br>(マイナスの場合はゼロ) | 7,774,455,200円 | 控除税額の計算に使用 |

| 番号 | 項目の内容<br>(計算に必要な項目のみ記載) | 記載すべき金額等 | 備考 |
|---|---|---|---|
| (継続雇用者給与等支給額の計算) | | | |
| 14① | 継続雇用者に対する給与等の支給額(適用年度) | 8,374,226,800円 | |
| 15① | 「14の①」の給与等に充てるため他の者から支払を受ける金額(適用年度) | 105,400,000円 | |
| 16① | 「15の①」のうち雇用安定助成金額(適用年度) | 28,000,000円 | |
| 17① | 差引計<br>「14の①」-「15の①」+「16の①」 | 8,296,826,800円 | |
| 19① | 継続雇用者給与等支給額 | 8,296,826,800円 | 適用要件の判定に使用 |
| (継続雇用者比較給与等支給額の計算) ※(注)2 | | | |
| 14② | 継続雇用者に対する給与等の支給額(前事業年度等) | 8,117,719,400円 | |
| 15② | 「14の②」の給与等に充てるため他の者から支払を受ける金額(前事業年度等) | 318,700,000円 | |
| 16② | 「15の②」のうち雇用安定助成金額(前事業年度等) | 140,000,000円 | |
| 17② | 差引計<br>「14の②」-「15の②」+「16の②」 | 7,939,019,400円 | |
| 19② | 継続雇用者比較給与等支給額 | 7,939,019,400円 | 適用要件の判定に使用 |

| 番号 | 項目の内容<br>(計算に必要な項目のみ記載) | 記載すべき<br>金額等 | 備考 |
|---|---|---|---|
| (比較教育訓練費の額の計算) | | | |
| 21 | 教育訓練費の額 | 336,229,400円 | |
| 22 | 適用年度の月数÷「20」の事業年度の月数 | 12/12 | |
| 23 | 改定教育訓練費の額<br>「21」×「22」 | 336,229,400円 | |
| 24 | 比較教育訓練費の額<br>「23」合計÷調整対象年度数 | 336,229,400円 | 上乗せ控除<br>要件の<br>判定に使用 |

(注)
1 比較雇用者給与等支給額および調整比較雇用者給与等支給額の計算上、前事業年度の月数が適用年度の月数に満たない場合であって、かつ、当該前事業年度の月数が6月に満たない場合には、当該適用年度開始の日前1年以内に終了した各事業年度(前1年事業年度等)に係る雇用者給与等支給額に基づき算定する必要がある(措令27の12の5⑱ニイ。前編第5章[7]参照)。このとき、「6」〜「10」には当該「前1年事業年度等」に係る金額等を記載することとなる。
2 継続雇用者比較給与等支給額の計算上、前事業年度の月数が適用年度の月数と異なる場合には、継続雇用者に対する「前1年事業年度等特定期間」に係る給与等支給額に基づき算定する必要がある(措令27の12の5⑨ニ、三。前編第5章[10]④参照)。このとき、「13の③」〜「19の③」には当該「前1年事業年度特定期間」に係る金額等を記載することとなる。

【別表6⑭】控除限度額の計算は「29」〜「32」で行う。

| 番号 | 項目の内容<br>(計算に必要な項目のみ記載) | 記載すべき<br>金額等 | 備考 |
|---|---|---|---|
| 1 | 期末現在の資本金の額または出資金の額 | 300,000,000円 | |
| 2 | 期末現在の常時使用する従業員の数 | 2,100人 | |

| 番号 | 項目の内容<br>（計算に必要な項目のみ記載） | 記載すべき<br>金額等 | 備考 |
|---|---|---|---|
| 3 | 適用可否<br><br>税額控除の適用要件を満たしているか否かを記載するものではない点に留意する（その税制を適用できるかどうかの確認のみ）。<br><br>（大企業向け税制）<br>　以下のいずれかに該当する場合に「可」と記載する。<br>【マルチステークホルダー方針公表・届出要件あり（確定申告書等に「受理通知書」の写しの添付がある場合に該当する場合に限る）】<br>①「1」の金額が10億円以上であり、<br>　かつ、<br>　「2」の数が1,000人以上である場合<br>②「2」の数が2,000人を超える場合<br>【マルチステークホルダー方針公表・届出要件なし】<br>③「1」の金額が10億円未満であり、<br>　かつ、<br>　「2」の数が2,000人以下である場合<br>④「2」の数が1,000人未満である場合 | 「可」 | 左の②に該当 |
| 4 | 雇用者給与等支給額<br>（付表1「4」） | 8,323,192,600円 | |
| 5 | 比較雇用者給与等支給額<br>（付表1「11」） | 8,024,455,200円 | |

| 番号 | 項目の内容<br>（計算に必要な項目のみ記載） | 記載すべき<br>金額等 | 備考 |
|---|---|---|---|
| 6 | 雇用者給与等支給増加額<br>「4」－「5」<br>（マイナスの場合はゼロ） | 298,77,400円 | |
| 7 | 雇用者給与等支給増加割合<br>「6」÷「5」<br>（「5」がゼロの場合はゼロ） | 0.037<br>(3.7%) | 大企業向け税制では適用要件の判定に使用しない |
| 8 | 調整雇用者給与等支給額<br>（付表1「5」） | 8,278,192,600円 | |
| 9 | 調整比較雇用者給与等支給額<br>（付表1「12」） | 7,774,455,200円 | |
| 10 | 調整雇用者給与等支給増加額<br>「8」－「9」<br>（マイナスの場合はゼロ） | 503,737,400円 | |
| 11 | 継続雇用者給与等支給額<br>（付表1「19の①」） | 8,296,826,800円 | |
| 12 | 継続雇用者比較給与等支給額<br>（付表1「19の②」または「19の③」） | 7,939,019,400円 | |
| 13 | 継続雇用者給与等支給増加額<br>「11」－「12」 | 357,807,400円 | |
| 14 | 継続雇用者給与等増加割合<br>「13」÷「12」<br>（「12」がゼロの場合は、ゼロ） | 0.045<br>(4.5%) | 3％以上で適用要件を満たす |
| 15 | 教育訓練費の額（適用年度） | 410,200,000円 | |
| 16 | 比較教育訓練費の額<br>（付表1「24」） | 336,229,400円 | |

| 番号 | 項目の内容<br>(計算に必要な項目のみ記載) | 記載すべき<br>金額等 | 備考 |
|---|---|---|---|
| 17 | 教育訓練費増加額<br>「15」－「16」 | 73,970,600円 | |
| 18 | 教育訓練費増加割合<br>「17」÷「16」<br>(「16」がゼロの場合は、ゼロ) | 0.220<br>(22.0%) | |
| 19 | 雇用者給与等支給額比較教育訓練費割合<br>「15」÷「4」 | 0.0492<br>(4.92%) | |
| 20 | 控除対象雇用者給与等支給増加額<br>(「6」と「10」のうち少ない金額) | 298,737,400円 | |
| 21 | 雇用者給与等支給増加重複控除額 | 該当なし | |
| 22 | 差引控除対象雇用者給与等支給増加額 | 298,737,400円 | 控除税額の計算に使用 |
| 29 | 継続雇用者給与支給増加割合「14」が4％以上の場合の控除率の上乗せ<br>●4％以上増加 ⇒ 5％上乗せ<br>●5％以上増加 ⇒ 10％上乗せ<br>●7％以上増加 ⇒ 15％上乗せ | 0.05<br>(4％以上増加) | 本例では満たす |
| 30 | ●教育訓練費増加割合「18」が10％以上<br>かつ<br>●教育訓練費が雇用者給与等支給額に占める割合「19」が0.05％以上である場合の控除率の上乗せ(5％) | 0.05 | 本例では満たす |

| 番号 | 項目の内容<br>(計算に必要な項目のみ記載) | 記載すべき<br>金額等 | 備考 |
|---|---|---|---|
| 31 | 以下のいずれかの認定を受けている場合の控除率の上乗せ（5％）<br>● 「プラチナくるみん」<br>● 「プラチナえるぼし」 | 0.05 | 本例では満たす |
| 32 | 税額控除限度額<br>「22」×（0.1＋「29」＋「30」＋「31」）※<br>※本例では0.1＋0.05＋0.05＋0.05＝0.25（25％） | 74,684,350円 | |
| 41 | 調整前法人税額 | 458,630,000円 | |
| 42 | 当期税額基準額<br>「41」×20/100 | 91,726,000円 | |
| 43 | 当期税額控除可能額<br>（「32」と「42」のうち少ない金額） | 74,684,350円 | |
| 44 | 調整前法人税額超過構成額 | 該当なし | |
| 45 | 法人税額の特別控除額<br>「43」－「44」 | 74,684,350円 | |

## 【記載例2】賃上げ促進税制（中堅企業向け）

B社は資本金3億円、常時使用従業員数期末従業員数105名の製造業を営む株式会社であり、かねてより「プラチナくるみん認定」を受けている。

同社の当事業年度（令和6年4月1日～令和7年3月31日）の以下の資料に基づき、賃上げ促進税制に係る法人税申告書別表6⑷および6⑷付表1の記載例を示す。なおB社は、その他の雇用促進税制の適用を受けていない。

【資料】

1．B社の給与等支給額等は下表の通りである。

（適用年度）　　　　　　　　　　　　　　　　　　　　　　　　　（単位：円）

| 摘　要 | 給与等の支給額 | 他の者から支払を受ける金額 | 同左のうち雇用安定助成金額 |
|---|---|---|---|
| 国内雇用者に対する給与等の支給額 | 422,589,630 | 8,680,000 | 2,250,000 |
| 継続雇用者に対する給与等の支給額 | 418,711,340 | 5,270,000 | 1,400,000 |

（前事業年度）　　　　　　　　　　　　　　　　　　　　　　　　（単位：円）

| 摘　要 | 給与等の支給額 | 他の者から支払を受ける金額 | 同左のうち雇用安定助成金額 |
|---|---|---|---|
| 国内雇用者に対する給与等の支給額 | 409,222,760 | 20,500,000 | 12,500,000 |
| 適用年度の継続雇用者に対する給与等の支給額 | 405,885,970 | 15,935,000 | 7,000,000 |
| 支給額 | | | |

2．教育訓練費の額は以下の通りである。
  ● 適用年度　　（令和6年4月1日～令和7年3月31日）　20,510,000円
  ● 前事業年度（令和5年4月1日～令和6年3月31日）　16,811,470円

3．適用年度の調整前法人税額は22,931,500円である。

## 【記載例②】別表6⑷_中堅企業

給与等の支給額が増加した場合の法人税額の特別控除に関する明細書

| 事業年度 | 6・4・1 〜 7・3・31 | 法人名 | B社（中堅企業） |
|---|---|---|---|

| | | | | |
|---|---|---|---|---|
| 期末現在の資本金の額又は出資金の額 | 1 | 300,000,000 円 | 適用可否 | 3 可 |
| 期末現在の常時使用する従業員の数 | 2 | 105 人 | | |

### 法人税額の特別控除額の計算

| | | | |
|---|---|---|---|
| 雇用者給与等支給額（別表六(二十四)付表一「4」） | 4 | 416,159,630 | |
| 比較雇用者給与等支給額（別表六(二十四)付表一「11」） | 5 | 401,222,760 | |
| 雇用者給与等支給増加額 (4)-(5)（マイナスの場合は0） | 6 | 14,936,870 | |
| 雇用者給与等支給増加割合 (6)/(5)（(5)=0の場合は0） | 7 | 0.037 | |
| 調整雇用者給与等支給額（別表六(二十四)付表一「5」） | 8 | 413,909,630 | |
| 調整比較雇用者給与等支給額（別表六(二十四)付表一「12」） | 9 | 388,722,760 | |
| 調整雇用者給与等支給増加額 (8)-(9)（マイナスの場合は0） | 10 | 25,186,870 | |
| 継続雇用者給与等支給額（別表六(二十四)付表一「19の①」） | 11 | 414,841,340 | |
| 継続雇用者比較給与等支給額（別表六(二十四)付表一「19の②」又は「19の③」） | 12 | 396,950,970 | |
| 継続雇用者給与等支給増加額 (11)-(12)（マイナスの場合は0） | 13 | 17,890,370 | |
| 継続雇用者給与等支給増加割合 (13)/(12)（(12)=0の場合は0） | 14 | 0.045 | |
| 教育訓練費 | 15 | 20,510,000 | |
| 比較教育訓練費（別表六(二十四)付表一「24」） | 16 | 16,811,470 | |
| 教育訓練費増加額 (15)-(16)（マイナスの場合は0） | 17 | 3,698,530 | |
| 教育訓練費増加割合 (17)/(16)（(16)=0の場合は0） | 18 | 0.220 | |
| 雇用者給与等支給額比教育訓練費割合 (15)/(4) | 19 | 0.0492 | |
| 控除対象雇用者給与等支給増加額 (6)と(10)のうち少ない金額 | 20 | 14,936,870 円 | |
| 雇用者給与等支給増加重複控除額（別表六(二十四)付表一「12」） | 21 | | |
| 差引控除対象雇用者給与等支給増加額 (20)-(21)（マイナスの場合は0） | 22 | 14,936,870 | |

#### 税額控除限度額等の計算

##### 令和6年3月31日以前に開始した事業年度の場合

| | | | |
|---|---|---|---|
| 第1項適用の場合 | (14)≥4%の場合 0.1 | 23 | |
| | (18)≥20%又は(15)-(17)>0の場合 0.05 | 24 | |
| | 税額控除限度額 (22)×(0.15+(23)+(24))（(14)<0.03の場合は0） | 25 | 円 |
| 第2項適用の場合 | (7)≥2.5%の場合 0.15 | 26 | |
| | (18)≥10%又は(15)-(17)>0の場合 0.05 | 27 | |
| | 中小企業者等税額控除限度額 (22)×(0.15+(26)+(27))（(7)<0.015の場合は0） | 28 | 円 |

##### 令和6年4月1日以後に開始する事業年度の場合

| | | | |
|---|---|---|---|
| 第1項適用の場合 | (14)≥4%の場合 0.15 | 29 | |
| | (18)≥5%又は(15)=(17)>0の場合、かつ、(19)≥0.05%の場合 | 30 | |
| | プラチナくるみん又はプラチナえるぼしを取得している場合 | 31 | |
| | 税額控除限度額 (22)×(0.1+(29)+(30)+(31))（(14)<0.03の場合は0） | 32 | 円 |
| 第2項適用の場合 | (14)≥4%の場合 0.15 | 33 | 0.15 |
| | (18)≥10%又は(15)=(17)>0の場合、かつ、(19)≥0.05%の場合 | 34 | 0.05 |
| | プラチナくるみん又はえるぼし3段階目以上を取得している場合 | 35 | 0.05 |
| | 特定税額控除限度額 (22)×(0.15+(33)+(34)+(35))（(14)<0.03の場合は0） | 36 | 5,227,904 |
| 第3項適用の場合 | (7)≥2.5%の場合 0.15 | 37 | |
| | (18)≥5%又は(15)=(17)>0の場合 0.05 | 38 | |
| | くるみん又はえるぼし2段階目以上を取得している場合 0.1 | 39 | |
| | 中小企業者等税額控除限度額 (22)×(0.15+(37)+(38)+(39))（(7)<0.015の場合は0） | 40 | 円 |

| | | | |
|---|---|---|---|
| 調整前法人税額（別表「2」又は別表一の二「2」若しくは「13」） | 41 | 22,931,500 | |
| 当期税額基準額 (41)×20/100 | 42 | 4,586,300 | |
| 当期税額控除可能額 ((25)、(28)、(32)、(36)又は(40))と(42)のうち少ない金額 | 43 | 4,586,300 | |
| 調整前法人税額超過構成額（別表六(六)「8の⑨」） | 44 | | |
| 当期税額控除額 (43)-(44) | 45 | 4,586,300 | |

#### 前期繰越分

| | | | |
|---|---|---|---|
| 差引当期税額基準額残額 (42)-(43) | 46 | 適用なし |
| 繰越税額控除限度超過額（別表六(二十四)付表一「25の計」） | 47 | |
| 同上のうち当期繰越税額控除可能額 ((46)と(47)のうち少ない金額)（(4)≦(5)又は(15)=(5)=0の場合は0） | 48 | |
| 調整前法人税額超過構成額（別表六(六)「8の⑰」） | 49 | |
| 当期繰越税額控除額 (48)-(49) | 50 | |

| 法人税額の特別控除額 (45)+(50) | 51 | 4,586,300 |
|---|---|---|

別表六(二十四) 令六・四・一以後終了事業年度分

## 【記載例②】 別表6⑷付票1_中堅企業

**給与等支給額、比較教育訓練費の額及び翌期繰越税額控除限度超過額の計算に関する明細書**

事業年度：6・4・1 〜 7・3・31
法人名：B社（中堅企業）

別表六(二十四)付表一　令六・四・一以後終了事業年度分

### 雇用者給与等支給額及び調整雇用者給与等支給額の計算

| 国内雇用者に対する給与等の支給額 1 | (1)の給与等に充てるため他の者から支払を受ける金額 2 | (2)のうち雇用安定助成金額 3 | 雇用者給与等支給額 (1)−(2)+(3) (マイナスの場合は0) 4 | 調整雇用者給与等支給額 (1)−(2) (マイナスの場合は0) 5 |
|---|---|---|---|---|
| 422,589,630 円 | 8,680,000 円 | 2,250,000 円 | 416,159,630 円 | 413,909,630 円 |

### 比較雇用者給与等支給額及び調整比較雇用者給与等支給額の計算

| 前事業年度 6 | 国内雇用者に対する給与等の支給額 7 | (7)の給与等に充てるため他の者から支払を受ける金額 8 | (8)のうち雇用安定助成金額 9 | 適用年度の月数／(6)の前事業年度の月数 10 |
|---|---|---|---|---|
| 5・4・1 〜 6・3・31 | 409,222,760 円 | 20,500,000 円 | 12,500,000 円 | 12／12 |

| 比較雇用者給与等支給額 ((7)−(8)+(9))×(10) (マイナスの場合は0) 11 | 401,222,760 円 |
|---|---|
| 調整比較雇用者給与等支給額 ((7)−(8))×(10) (マイナスの場合は0) 12 | 388,722,760 円 |

### 継続雇用者給与等支給額及び継続雇用者比較給与等支給額の計算

| | 継続雇用者給与等支給額の計算 | 継続雇用者比較給与等支給額の計算 |
|---|---|---|
| | 適用年度 ① | 前事業年度 ② | 前一年事業年度特定期間 ③ |
| 事業年度等 13 | | 5・4・1 〜 6・3・31 | ・・ 〜 ・・ |
| 継続雇用者に対する給与等の支給額 14 | 418,711,340 円 | 405,885,970 円 | |
| 同上の給与等に充てるため他の者から支払を受ける金額 15 | 5,270,000 | 15,935,000 | |
| 同上のうち雇用安定助成金額 16 | 1,400,000 | 7,000,000 | |
| 差引 (14)−(15)+(16) 17 | 414,841,340 | 396,950,970 | |
| 適用年度の月数／(13)の①の月数 18 | | | |
| 継続雇用者給与等支給額及び継続雇用者比較給与等支給額 (17)又は((17)×(18)) 19 | 414,841,340 円 | 396,950,970 円 | |

### 比較教育訓練費の額の計算

| 事業年度 20 | 教育訓練費の額 21 | 適用年度の月数／(20)の事業年度の月数 22 | 改定教育訓練費の額 (21)×(22) 23 |
|---|---|---|---|
| 調整年度対象 5・4・1 〜 6・3・31 | 16,811,470 円 | 12／12 | 16,811,470 円 |
| 計 | | | 16,811,470 |

| 比較教育訓練費の額 (23の計)÷(調整対象年度数) 24 | 16,811,470 |
|---|---|

### 翌期繰越税額控除限度超過額の計算

| 事業年度 | 前期繰越額又は当期税額控除限度額 25 | 当期控除可能額 26 | 翌期繰越額 (25)−(26) 27 |
|---|---|---|---|

**適用なし**

| 計 | | 別表六(二十四)「48」 | 外 |
| 当期分 | 別表六(二十四)「40」 | 別表六(二十四)「43」 | |
| 合計 | | | |

【解説】

　記載が必要となる欄は「大企業」の設例と同一である。

## 【別表6⑷付表1】

| 番号 | 項目の内容<br>（計算に必要な項目のみ記載） | 記載すべき<br>金額等 | 備考 |
|---|---|---|---|
| （雇用者給与等支給額および調整雇用者給与等支給額の計算） | | | |
| 1 | 国内雇用者に対する給与等の支給額 | 422,589,630円 | |
| 2 | 「1」の給与等に充てるため他の者から支払を受ける金額 | 8,680,000円 | |
| 3 | 「2」のうち雇用安定助成金額 | 2,250,000円 | |
| 4 | 雇用者給与等支給額<br>「1」－「2」＋「3」 | 416,159,630円 | |
| 5 | 調整雇用者給与等支給額<br>「1」－「2」 | 413,909,630円 | 控除税額の計算に使用 |
| （比較雇用者給与等支給額および調整比較雇用者給与等支給額の計算） | | | |
| 7 | 国内雇用者に対する給与等の支給額 | 409,222,760円 | |
| 8 | 「7」の給与等に充てるため他の者から支払を受ける金額 | 20,500,000円 | |
| 9 | 「8」のうち雇用安定助成金額 | 12,500,000円 | |
| 10 | 適用年度の月数÷「6」の前事業年度の月数<br>（適用年度の月数と前事業年度の月数が異なる場合の月数補正計算に用いる） | 12/12 | |

| 番号 | 項目の内容<br>(計算に必要な項目のみ記載) | 記載すべき<br>金額等 | 備考 |
|---|---|---|---|
| 11 | 比較雇用者給与等支給額<br>(「7」－「8」＋「9」)×「10」<br>(マイナスの場合はゼロ) | 401,222,760円 | |
| 12 | 調整比較雇用者給与等支給額<br>(「7」－「8」)×「10」<br>(マイナスの場合はゼロ) | 388,722,760円 | 控除税額の<br>計算に使用 |
| (継続雇用者給与等支給額の計算) | | | |
| 14① | 継続雇用者に対する給与等の支給額<br>(適用年度) | 418,711,340円 | |
| 15① | 「14の①」の給与等に充てるため他の者から支払を受ける金額(適用年度) | 5,270,000円 | |
| 16① | 「15の①」のうち雇用安定助成金額<br>(適用年度) | 1,400,000円 | |
| 17① | 差引<br>「14の①」－「15の①」＋「16の①」 | 414,841,340円 | |
| 19① | 継続雇用者給与等支給額 | 414,841,340円 | 適用要件の<br>判定に使用 |
| (継続雇用者比較給与等支給額の計算) | | | |
| 14② | 継続雇用者に対する給与等の支給額<br>(前事業年度等) | 405,885,970円 | |
| 15② | 「14の②」の給与等に充てるため他の者から支払を受ける金額(前事業年度等) | 15,935,000円 | |
| 16② | 「15の②」のうち雇用安定助成金額<br>(前事業年度等) | 7,000,000円 | |

| 番号 | 項目の内容<br>(計算に必要な項目のみ記載) | 記載すべき<br>金額等 | 備考 |
|---|---|---|---|
| 17② | 差引<br>「14の②」－「15の②」＋「16の②」 | 396,950,970円 | |
| 19② | 継続雇用者比較給与等支給額 | 396,950,970円 | 適用要件の<br>判定に使用 |
| (比較教育訓練費の額の計算) | | | |
| 21 | 教育訓練費の額 | 16,811,470円 | |
| 22 | 適用年度の月数 ÷ 「20」の事業年度の月数 | 12/12 | |
| 23 | 改定教育訓練費の額<br>「21」×「22」 | 16,811,470円 | |
| 24 | 比較教育訓練費の額<br>「23」合計 ÷ 調整対象年度数 | 16,811,470円 | 上乗せ控除<br>要件の<br>判定に使用 |

【別表6⑷】控除限度額の計算は「33」～「36」で行う。

| 番号 | 項目の内容<br>(計算に必要な項目のみ記載) | 記載すべき<br>金額等 | 適用要件の<br>充足性判定 |
|---|---|---|---|
| 1 | 期末現在の資本金の額または出資金の額 | 300,000,000円 | |
| 2 | 期末現在の常時使用する従業員の数 | 105人 | |
| 3 | 適用可否<br><br>適用要件を満たしているか否かを記載するものではない点に留意する（その税制を適用できるかどうかの確認である）。<br><br>(中堅企業向け税制)<br>　以下のいずれかに該当する場合に「可」と記載する。<br>【マルチステークホルダー方針公表・届出要件あり（確定申告書等に「受理通知書」の写しの添付がある場合に該当する場合に限る)】<br>①「1」の金額が10億円以上であり、かつ、<br>　「2」の数が1,000人以上である場合<br>【マルチステークホルダー方針の公表・届出要件なし】<br>②「1」の金額が10億円未満である場合<br>③「2」の数が1,000人未満である場合 | 「可」 | 左の②③に該当 |
| 4 | 雇用者給与等支給額<br>(付表1「4」) | 416,159,630円 | |
| 5 | 比較雇用者給与等支給額<br>(付表1「11」) | 401,222,760円 | |

| 番号 | 項目の内容<br>(計算に必要な項目のみ記載) | 記載すべき<br>金額等 | 適用要件の<br>充足性判定 |
|---|---|---|---|
| 6 | 雇用者給与等支給増加額<br>「4」－「5」<br>(マイナスの場合はゼロ) | 14,936,870円 | |
| 7 | 雇用者給与等支給増加割合<br>「6」÷「5」<br>(「5」がゼロの場合はゼロ) | 0.037<br>(3.7％) | 中堅企業向け税制では適用要件の判定に使用しない |
| 8 | 調整雇用者給与等支給額<br>(付表1「5」) | 413,909,630円 | |
| 9 | 調整比較雇用者給与等支給額<br>(付表1「12」) | 388,722,760円 | |
| 10 | 調整雇用者給与等支給増加額<br>「8」－「9」<br>(マイナスの場合はゼロ) | 25,186,870円 | |
| 11 | 継続雇用者給与等支給額<br>(付表1「19の①」) | 414,841,340円 | |
| 12 | 継続雇用者比較給与等支給額<br>(付表1「19の②」または「19の③」) | 396,950,970円 | |
| 13 | 継続雇用者給与等支給増加額<br>「11」－「12」 | 17,890,370円 | |
| 14 | 継続雇用者給与等増加割合<br>「13」÷「12」<br>(「12」がゼロの場合は、ゼロ) | 0.045<br>(4.5％) | 3％以上で適用要件を満たす |
| 15 | 教育訓練費の額(適用年度) | 20,510,000円 | |
| 16 | 比較教育訓練費の額<br>(付表1「24」) | 16,811,470円 | |

| 番号 | 項目の内容<br>(計算に必要な項目のみ記載) | 記載すべき<br>金額等 | 適用要件の<br>充足性判定 |
|---|---|---|---|
| 17 | 教育訓練費増加額<br>「15」－「16」 | 3,698,530円 | |
| 18 | 教育訓練費増加割合<br>「17」÷「16」<br>(「16」がゼロの場合は、ゼロ) | 0.220<br>(22.0%) | |
| 19 | 雇用者給与等支給額比較教育訓練費割合<br>「15」÷「4」 | 0.0492<br>(4.92%) | |
| 20 | 控除対象雇用者給与等支給増加額<br>(「6」と「10」のうち少ない金額) | 14,936,870円 | |
| 21 | 雇用者給与等支給増加重複控除額 | 該当なし | |
| 22 | 差引控除対象雇用者給与等支給増加額 | 14,936,870円 | 控除税額の計算に使用 |
| 33 | 継続雇用者給与支給増加割合「14」が4％以上の場合の控除率の上乗せ(15%) | 0.15 | 本例では満たす |
| 34 | ●教育訓練費増加割合「18」が10%以上<br>かつ<br>●教育訓練費が雇用者給与等支給額に占める割合「19」が0.05%以上である場合の控除率の上乗せ(5%) | 0.05 | 本例では満たす |
| 35 | 以下のいずれかの認定を受けている場合の控除率の上乗せ(5%)<br>●「プラチナくるみん」<br>●「プラチナえるぼし」<br>●「えるぼし(3段階目)」 | 0.05 | 本例では満たす |

| 番号 | 項目の内容<br>(計算に必要な項目のみ記載) | 記載すべき<br>金額等 | 適用要件の<br>充足性判定 |
|---|---|---|---|
| 36 | 税額控除限度額<br>「22」×(0.1+「33」+「34」+「35」)※<br>※本例では0.1+0.15+0.05+0.05=0.35<br>(35%) | 5,227,904円 | |
| 41 | 調整前法人税額 | 22,931,500円 | |
| 42 | 当期税額基準額<br>「41」×20/100 | 4,586,300円 | |
| 43 | 当期税額控除可能額<br>(「32」と「42」のうち少ない金額) | 4,586,300円 | |
| 44 | 調整前法人税額超過構成額 | 該当なし | |
| 45 | 法人税額の特別控除額<br>「43」-「44」 | 4,586,300円 | |

### 【記載例3】賃上げ促進税制（中小企業者等）

　B社は資本金1億円、常時使用従業員数期末従業員数105名の製造業を営む株式会社であり、かねてより「プラチナくるみん認定」を受けている。

　同社の当事業年度（令和6年4月1日～令和7年3月31日）の以下の資料に基づき、賃上げ促進税制に係る法人税申告書別表6⑷および6⑷付表1の記載例を示す。なおC社は、その他の雇用促進税制の適用を受けていない。

　なお、給与等支給額などの前提は【記載例2】と同じものを用いる。

## 【記載例③】別表6⑷_中小企業者等

給与等の支給額が増加した場合の法人税額の特別控除に関する明細書

事業年度: 6・4・1 ～ 7・3・31
法人名: C社（中小企業者等）
別表六㈡十四 令六・四・一以後終了事業年度分

|  |  |  |
|---|---|---|
| 期末現在の資本金の額又は出資金の額 | 1 | 記載不要 |
| 期末現在の常時使用する従業員の数 | 2 | 記載不要 |
| 適用可否 | 3 | 記載不要 |

### 法人税額の特別控除額の計算

|  |  |  |
|---|---|---|
| 雇用者給与等支給額（別表六(二十四)付表一「4」） | 4 | 416,159,630 円 |
| 比較雇用者給与等支給額（別表六(二十四)付表一「11」） | 5 | 401,222,760 |
| 雇用者給与等支給増加額 (4)-(5)（マイナスの場合は0） | 6 | 14,936,870 |
| 雇用者給与等支給増加割合 (6)/(5)（(5)=0の場合は0） | 7 | 0.037 |
| 調整雇用者給与等支給額（別表六(二十四)付表一「5」） | 8 | 413,909,630 |
| 調整比較雇用者給与等支給額（別表六(二十四)付表一「12」） | 9 | 388,722,760 |
| 調整雇用者給与等支給増加額 (8)-(9)（マイナスの場合は0） | 10 | 25,186,870 |
| 継続雇用者給与等支給額（別表六(二十四)付表一「19の①」） | 11 | 記載不要 |
| 継続雇用者比較給与等支給額（別表六(二十四)付表一「19の②」＋「19の③」） | 12 | 記載不要 |
| 継続雇用者給与等支給増加額 (11)-(12)（マイナスの場合は0） | 13 | 記載不要 |
| 継続雇用者給与等支給増加割合 (13)/(12)（(12)=0の場合は0） | 14 | 記載不要 |
| 教育訓練費の額 | 15 | 20,510,000 |
| 比較教育訓練費の額（別表六(二十四)付表一「24」） | 16 | 16,811,470 |
| 教育訓練費増加額 (15)-(16)（マイナスの場合は0） | 17 | 3,698,530 |
| 教育訓練費増加割合 (17)/(16)（(16)=0の場合は0） | 18 | 0.220 |
| 雇用者給与等支給額比教育訓練費割合 (15)/(4) | 19 | 0.0492 |
| 控除対象雇用者給与等支給増加額 (6)と(10)のうち少ない金額 | 20 | 14,936,870 |
| 雇用者給与等支給増加重複控除額（別表六(二十四)付表二「12」） | 21 | |
| 差引控除対象雇用者給与等支給増加額 (20)-(21)（マイナスの場合は0） | 22 | 14,936,870 |

### 税額控除限度額等の計算

令和6年3月31日以前に開始する事業年度の場合

|  |  |  |
|---|---|---|
| 第1項適用の場合 (14)≧4%の場合 0.1 | 23 | |
| (18)≧20%又は(15)-(17)>0の場合 0.05 | 24 | |
| 税額控除限度額 (22)×(0.15+23+24) （(14)<0.03の場合は0） | 25 | |
| 第2項適用の場合 (7)≧2.5%の場合 0.15 | 26 | |
| (18)≧10%又は(15)-(17)>0の場合 0.1 | 27 | |
| 中小企業者等税額控除限度額 (22)×(0.15+26+27) （(7)<0.015の場合は0） | 28 | |

令和6年4月1日以後に開始する事業年度の場合

|  |  |  |
|---|---|---|
| 第1項適用の場合 (14)≧4%の場合（0.05、0.1又は0.15） | 29 | |
| (18)≧10%又は(15)-(17)>0の場合で、かつ、(19)≧0.05%の場合 | 30 | |
| プラチナくるみん又はえるぼしを取得している場合 | 31 | |
| 税額控除限度額 (22)×(0.1+(29)+(30)+(31)) （(14)<0.03の場合は0） | 32 | 円 |
| 第2項適用の場合 (14)≧4%の場合 0.15 | 33 | |
| (18)≧10%又は(15)-(17)>0の場合で、かつ、(19)≧0.05%の場合 | 34 | |
| プラチナくるみん又はえるぼし3段階目以上を取得している場合 | 35 | |
| 特定税額控除限度額 (22)×(0.15+(33)+(34)+(35)) （(14)<0.03の場合は0） | 36 | 円 |
| 第3項適用の場合 (7)≧2.5%の場合 | 37 | 0.15 |
| (18)≧5%又は(15)-(17)>0の場合で、かつ、(19)≧0.05%の場合 0.1 | 38 | 0.05 |
| くるみん又はえるぼし2段階目以上を取得している場合 | 39 | 0.05 |
| 中小企業者等税額控除限度額 (22)×(0.15+(37)+(38)+(39)) （(7)<0.015の場合は0） | 40 | 5,974,748 円 |

|  |  |  |
|---|---|---|
| 調整前法人税額（別表一「2」又は別表一の二「2」若しくは「13」） | 41 | 22,931,500 |
| 当期税額基準額 (41)×20/100 | 42 | 4,586,300 |
| 当期税額控除可能額 ((25)、(28)、(32)、(36)又は(40))と(42)のうち少ない金額 | 43 | 4,586,300 |
| 調整前法人税額超過構成額（別表六(六)「8の③」） | 44 | |
| 当期税額控除額 (43)-(44) | 45 | 4,586,300 |
| 差引当期税額基準額残額 (42)-(43) | 46 | |
| 繰越税額控除限度超過額（別表六(二十四)付表一「25の計」） | 47 | （前期からの）繰越税額控除限度超過額がある場合に記載。 |
| 同上のうち当期繰越税額控除可能額 ((46)と(47)のうち少ない金額) ((4)≦(5)又は(5)=0の場合は0) | 48 | |
| 調整前法人税額超過構成額（別表六(六)「8の⑪」） | 49 | |
| 当期繰越税額控除額 (48)-(49) | 50 | |
| 法人税額の特別控除額 (45)+(50) | 51 | 4,586,300 |

## 【記載例③】別表6⒄付票1_中小企業者等

**給与等支給額、比較教育訓練費の額及び翌期繰越税額控除限度超過額の計算に関する明細書**

事業年度：6・4・1〜7・3・31　法人名：C社（中小企業者等）

別表六(二十四)付表一　令六・四・一以後終了事業年度分

### 雇用者給与等支給額及び調整雇用者給与等支給額の計算

| 国内雇用者に対する給与等の支給額 | (1)の給与等に充てるため他の者から支払を受ける金額 | (2)のうち雇用安定助成金額 | 雇用者給与等支給額 (1)−(2)+(3)（マイナスの場合は0） | 調整雇用者給与等支給額 (1)−(2)（マイナスの場合は0） |
|---|---|---|---|---|
| 1 | 2 | 3 | 4 | 5 |
| 422,589,630 円 | 8,680,000 | 2,250,000 | 416,159,630 | 413,909,630 |

### 比較雇用者給与等支給額の計算

| 前事業年度 | 国内雇用者に対する給与等の支給額 | (7)の給与等に充てるため他の者から支払を受ける金額 | (8)のうち雇用安定助成金額 | 適用年度の月数 / (6)の前事業年度の月数 |
|---|---|---|---|---|
| | 6 | 7 | 8 | 9 |
| 5・4・1〜6・3・31 | 409,222,760 | 20,500,000 | 12,500,000 | 12/12 |

比較雇用者給与等支給額　((7)−(8)+(9))×(10)（マイナスの場合は0）　11　401,222,760

調整比較雇用者給与等支給額　((7)−(8))×(10)（マイナスの場合は0）　12　388,722,760

### 継続雇用者給与等支給額及び継続雇用者比較給与等支給額の計算

**記載不要**

### 比較教育訓練費の額の計算

| 事業年度 | 教育訓練費の額 | 適用年度の月数/(20)の事業年度の月数 | 改定教育訓練費の額 (21)×(22) |
|---|---|---|---|
| 20 | 21 | | 23 |
| 5・4・1〜6・3・31 | 16,811,470 円 | 12/12 | 16,811,470 円 |
| 計 | | | 16,811,470 |

比較教育訓練費の額　(23の計)÷(調整対象年度数)　24　16,811,470

### 翌期繰越税額控除限度超過額の計算

| 事業年度 | 前期繰越額又は当期税額控除限度額 | 当期控除可能額 | 翌期繰越額 (25)−(26) |
|---|---|---|---|
| | 25 | 26 | 27 |
| 当期分 | 別表六(二十四)「40」 5,974,748 | 別表六(二十四)「43」 4,586,300 | 外　1,388,448 |
| 合計 | | | 1,388,448 |

## 【解説】

中小企業者等に限り、税額控除限度超過額の繰越しが認められている（前編第4章第3節参照）。この適用を受ける場合、別表は以下の記載順序で作成されることとなる。

> ①　別表6⑷付表1「1」～「24」まで
> 　　（適用要件の判定、控除税額の計算基礎の記入）
> ②　別表6⑷　　　　「1」～「45」まで
> 　　（当期税額控除額の計算）
> ③　別表6⑷　　　　「46」～「50」まで
> 　　（当期繰越税額控除額の計算）
> ④　別表6⑷付表1「25」～「27」まで
> 　　（翌期繰越税額控除限度超過額の計算）

## 【別表6⑷付表1】

| 番号 | 項目の内容<br>（計算に必要な項目のみ記載） | 記載すべき金額等 | 備考 |
|---|---|---|---|
| （雇用者給与等支給額および調整雇用者給与等支給額の計算） ||||
| 1 | 国内雇用者に対する給与等の支給額 | 422,589,630円 | |
| 2 | 「1」の給与等に充てるため他の者から支払を受ける金額 | 8,680,000円 | |
| 3 | 「2」のうち雇用安定助成金額 | 2,250,000円 | |
| 4 | 雇用者給与等支給額<br>「1」－「2」＋「3」 | 416,159,630円 | 適用要件の判定に使用 |
| 5 | 調整雇用者給与等支給額<br>「1」－「2」 | 413,909,630円 | 控除税額の計算に使用 |
| （比較雇用者給与等支給額および調整比較雇用者給与等支給額の計算） ||||
| 7 | 国内雇用者に対する給与等の支給額 | 409,222,760円 | |

| 番号 | 項目の内容<br>(計算に必要な項目のみ記載) | 記載すべき<br>金額等 | 備考 |
|---|---|---|---|
| 8 | 「7」の給与等に充てるため他の者から支払を受ける金額 | 20,500,000円 | |
| 9 | 「8」のうち雇用安定助成金額 | 12,500,000円 | |
| 10 | 適用年度の月数 ÷「6」の前事業年度の月数<br>(適用年度の月数と前事業年度の月数が異なる場合の月数補正計算に用いる) | 12/12 | |
| 11 | 比較雇用者給与等支給額<br>(「7」-「8」+「9」)×「10」<br>(マイナスの場合はゼロ) | 401,222,760円 | 適用要件の判定に使用 |
| 12 | 調整比較雇用者給与等支給額<br>(「7」-「8」)×「10」<br>(マイナスの場合はゼロ)<br>(比較教育訓練費の額の計算) | 388,722,760円 | 控除税額の計算に使用 |
| (比較教育訓練費の額の計算) | | | |
| 21 | 教育訓練費の額 | 16,811,470円 | |
| 22 | 適用年度の月数÷「20」の事業年度の月数 | 12/12 | |
| 23 | 改定教育訓練費の額<br>「21」×「22」 | 16,811,470円 | |
| 24 | 比較教育訓練費等の額<br>「23」合計 ÷ 調整対象年度数 | 16,811,470円 | 上乗せ控除の適用判定に使用 |

| 番号 | 項目の内容<br>(計算に必要な項目のみ記載) | 記載すべき<br>金額等 | 備考 |
|---|---|---|---|
| (翌期繰越税額控除限度超過額の計算) ※ (注) 1、2 ||||
| 25 | 前期繰越額又は当期税額控除限度額<br>(別表6⑵「40」)<br>(前期繰越額は、前期の別表6⑵付表1「27」から転記される) | 5,974,748円 | |
| 26 | 当期控除可能額<br>● (別表6⑵「48」):前期繰越分<br>　当期繰越税額控除額(別表6⑵「50」)につき、繰越超過額の発生年度が古い順に控除する。<br>● (別表6⑵「43」):当期分<br>　当期の税額控除限度額のうち、控除上限に達するまでの金額を控除する。 | 当期分<br>4,586,300円 | |
| 27 | 翌期繰越額<br>「25」-「26」<br>(この金額は、翌期の別表6⑵付表1「25」に転記される) | 1,388,448円 | |

(注)
1 翌期繰越税額控除限度超過額の計算欄は、別表6⑵にて「当期税額控除額」を計算したあとに記入する。
2 当事業年度発生分を最下欄に記入し、翌事業年度以降は、順次上の行に転記する(古い事業年度ほど上に記載される)。

【別表6⑷】 控除限度額の計算は「37」〜「40」で行う。

| 番号 | 項目の内容<br>(計算に必要な項目のみ記載) | 記載すべき<br>金額等 | 備考 |
|---|---|---|---|
| 1〜3 | これらの欄は、大企業向け・中堅企業向けの税制を適用する場合において、マルチステークホルダー方針・公表要件の充足を含め、それらの税制を適用できる規模要件を充足しているかどうかを判定するために記載が要求されるものであり、中小企業者等向けの税制については適用対象法人の範囲が明確であるため記載が要求されていないものと考えられる。 | (記載不要) | |
| 4 | 雇用者給与等支給額<br>(付表1「4」) | 416,159,630円 | 適用要件の判定に使用 |
| 5 | 比較雇用者給与等支給額<br>(付表1「11」) | 401,222,760円 | 適用要件の判定に使用 |
| 6 | 雇用者給与等支給増加額<br>「4」-「5」<br>(マイナスの場合はゼロ) | 14,936,870円 | |
| 7 | 雇用者給与等支給増加割合<br>「6」÷「5」<br>(「5」がゼロの場合はゼロ) | 0.037<br>(3.7%) | |
| 8 | 調整雇用者給与等支給額<br>(付表1「5」) | 413,909,630円 | |
| 9 | 調整比較雇用者給与等支給額<br>(付表1「12」) | 388,722,760円 | |
| 10 | 調整雇用者給与等支給増加額<br>「8」-「9」<br>(マイナスの場合はゼロ) | 25,186,870円 | |

| 番号 | 項目の内容<br>(計算に必要な項目のみ記載) | 記載すべき<br>金額等 | 備考 |
|---|---|---|---|
| 15 | 教育訓練費の額（適用年度） | 20,510,000円 | |
| 16 | 比較教育訓練費の額<br>（付表1「24」） | 16,811,470円 | |
| 17 | 教育訓練費増加額<br>「15」－「16」 | 3,698,530円 | |
| 18 | 教育訓練費増加割合<br>「17」÷「16」<br>（「16」がゼロの場合は、ゼロ） | 0.220<br>(22.0%) | |
| 19 | 雇用者給与等支給額比較教育訓練費割合<br>「15」÷「4」 | 0.0492<br>(4.92%) | |
| 20 | 控除対象雇用者給与等支給増加額<br>（「6」と「10」のうち少ない金額） | 14,936,870円 | |
| 21 | 雇用者給与等支給増加重複控除額 | 該当なし | |
| 22 | 差引控除対象雇用者給与等支給増加額 | 14,936,870円 | 控除税額の計算に使用 |
| 37 | 雇用者給与等支給増加割合「7」が2.5％以上の場合の控除率の上乗せ（15%） | 0.15 | 本例では満たす |
| 38 | ●教育訓練費増加割合「18」が5％以上<br>かつ<br>●教育訓練費が雇用者給与等支給額に占める割合「19」が0.05％以上である場合の控除率の上乗せ（5％） | 0.05 | 本例では満たす |

| 番号 | 項目の内容<br>（計算に必要な項目のみ記載） | 記載すべき<br>金額等 | 備考 |
|---|---|---|---|
| 39 | 以下のいずれかの認定を受けている場合の控除率の上乗せ（5％）<br>● 「プラチナくるみん」<br>● 「くるみん」<br>● 「プラチナえるぼし」<br>● 「えるぼし（2段階目・3段階目）」 | 0.05 | 本例では<br>満たす |
| 40 | 税額控除限度額<br>「22」×0.15＋「37」＋「38」＋「39」※<br>※本例では0.15＋0.15＋0.05＋0.05＝0.40<br>（40％） | 5,974,748円 | |
| 41 | 調整前法人税額 | 22,931,500円 | |
| 42 | 当期税額基準額<br>「41」×20/100 | 4,586,300円 | |
| 43 | 当期税額控除可能額<br>（「40」と「42」のうち少ない金額） | 4,586,300円 | |
| 44 | 調整前法人税額超過構成額 | 該当なし | |
| 45 | 法人税額の特別控除額<br>「43」－「44」 | 4,586,300円 | |
| 46 | 差引当期税額基準額残額<br>「42」－「43」<br>（当期の税額控除限度額「43」が当期税額基準額「42」（控除上限額）に満たない場合に認識されるもので、ここに前期からの繰越税額控除限度超過額が充当される） | 該当なし | |
| 47 | 繰越税額控除限度超過額<br>（付表1「25」の計） | 該当なし | |

| 番号 | 項目の内容<br>（計算に必要な項目のみ記載） | 記載すべき<br>金額等 | 備考 |
|---|---|---|---|
| 48 | 同上のうち当期繰越税額控除可能額<br>（「46」と「47」のうち少ない金額）<br>（雇用者給与等支給額が比較雇用者給与等支給額以下である場合、または比較雇用者給与等支給額がゼロの場合（＝適用要件を満たしていない場合）にはゼロ） | 該当なし | |
| 49 | 調整前法人税額超過構成額<br>（別表６（６）「８の⑰」） | 該当なし | |
| 50 | 当期繰越税額控除額<br>「48」－「49」<br>（繰越税額控除超過額を充当する金額）<br>（中小企業者等が大企業・中堅企業・中小企業者等向けのいずれの税制を適用する場合にも適用される） | 該当なし | |
| 51 | 法人税額の特別控除額<br>「45」＋「50」 | 4,586,300円 | |

**（参考）翌期において繰越税額控除額を充当した場合の記載方法について**

　参考までに、翌事業年度（令和８年３月31日終了事業年度）において、中小企業者等税額控除限度額が税額基準額（控除上限）を1,000,000円下回ったと仮定して、当事業年度に生じた繰越税額控除限度超過額を充当したときの別表６㉔および別表６㉔付表１の記載は以下の通りとなる。

## 【記載例③】別表6⒁_中小企業者等（翌期の処理）

給与等の支給額が増加した場合の法人税額の特別控除に関する明細書

| 事業年度 | 7・4・1 〜 8・3・31 | 法人名 | C社（中小企業者等） |

別表六(二十四)　令六・四・一以後終了事業年度分

**法人税額の特別控除額の計算**

| | | |
|---|---|---|
| 期末現在の資本金の額又は出資金の額 | 1 | 円 |
| 期末現在の常時使用する従業員の数 | 2 | 人 |
| 適用可否 | 3 | |
| 雇用者給与等支給額（別表六(二十四)付表一「4」） | 4 | 円 |
| 比較雇用者給与等支給額（別表六(二十四)付表一「11」） | 5 | |
| 雇用者給与等支給増加額 (4)-(5)（マイナスの場合は0） | 6 | |
| 雇用者給与等支給増加割合 (6)/(5)（(5)=0の場合は0） | 7 | |
| 調整雇用者給与等支給額（別表六(二十四)付表一「5」） | 8 | 円 |
| 調整比較雇用者給与等支給額（別表六(二十四)付表一「12」） | 9 | |
| 調整雇用者給与等支給増加額 (8)-(9)（マイナスの場合は0） | 10 | |
| 継続雇用者給与等支給額（別表六(二十四)付表一「19の①」） | 11 | |
| 継続雇用者比較給与等支給額（別表六(二十四)付表一「19の②」又は「19の③」） | 12 | |
| 継続雇用者給与等支給増加額 (11)-(12)（マイナスの場合は0） | 13 | |
| 継続雇用者給与等支給増加割合 (13)/(12)（(12)=0の場合は0） | 14 | |
| 教育訓練費の額 | 15 | 円 |
| 比較教育訓練費の額（別表六(二十四)付表一「24」） | 16 | |
| 教育訓練費増加額 (15)-(16)（マイナスの場合は0） | 17 | |
| 教育訓練費増加割合 (17)/(16)（(16)=0の場合は0） | 18 | |
| 雇用者給与等支給額比教育訓練費割合 (15)/(4) | 19 | |
| 控除対象雇用者給与等支給増加額 (6)と(10)のうち少ない金額 | 20 | 円 |
| 雇用者給与等支給増加重複控除額（別表六(二十四)付表二「12」） | 21 | |
| 差引控除対象雇用者給与等支給増加額 (20)-(21)（マイナスの場合は0） | 22 | |

**令和6年3月31日以前に開始した事業年度の場合の税額控除限度額等の計算**

| | | |
|---|---|---|
| 第1項適用の場合 | (14)≧4%の場合 0.1 | 23 |
| | (18)≧20%又は(17)>0の場合 0.05 | 24 |
| | 税額控除限度額 (22)×(0.15+(23)+(24))（(14)<0.03の場合は0） | 25 円 |
| 第2項適用の場合 | (7)≧2.5%の場合 0.15 | 26 |
| | (18)≧10%又は(17)>0の場合 0.1 | 27 |
| | 中小企業者等税額控除限度額 (22)×(0.15+(26)+(27))（(7)<0.015の場合は0） | 28 円 |

**令和6年4月1日以後に開始する事業年度の場合の税額控除限度額等の計算**

| | | |
|---|---|---|
| 第1項適用の場合 | (14)≧4%の場合 0.05、0.1又は0.15 | 29 |
| | (18)≧10%又は(15)=(17)>0の場合で、かつ、(19)≧0.05%の場合 0.05 | 30 |
| | プラチナくるみん又はプラチナえるぼしを取得している場合 0.05 | 31 |
| | 税額控除限度額 (22)×(0.1+(29)+(30)+(31))（(14)<0.03の場合は0） | 32 円 |
| 第2項適用の場合 | (14)≧4%の場合 0.15 | 33 |
| | (18)≧10%又は(15)=(17)>0の場合で、かつ、(19)≧0.05%の場合 0.05 | 34 |
| | プラチナくるみん又はえるぼし3段階目以上を取得している場合 0.05 | 35 |
| | 特定税額控除限度額 (22)×(0.1+(33)+(34)+(35))（(14)<0.03の場合は0） | 36 円 |
| 第3項適用の場合 | (7)≧2.5%の場合 0.15 | 37 |
| | (18)≧5%又は(15)=(17)>0の場合で、かつ、(19)≧0.05%の場合 0.1 | 38 |
| | くるみん又はえるぼし2段階目以上を取得している場合 0.1 | 39 |
| | 中小企業者等税額控除限度額 (22)×(0.15+(37)+(38)+(39))（(7)<0.015の場合は0） | 40 円 |
| 調整前法人税額（別表一「2」又は別表一の二「2」若しくは「13」） | 41 | |
| 当期税額基準額 (41)×20/100 | 42 | |
| 当期税額控除可能額（((25)、(28)、(32)、(36)又は(40))と(42)のうち少ない金額） | 43 | |
| 調整前法人税額超過構成額（別表六(六)「8の㉗」） | 44 | |
| 当期税額控除額 (43)-(44) | 45 | （省略） |

**前期繰越分**

| | | |
|---|---|---|
| 差引当期税額基準額残額 (42)-(43) | 46 | 1,000,000 |
| 繰越税額控除限度超過額（別表六(二十四)付表一「25の計」） | 47 | 1,388,448 |
| 同上のうち当期繰越税額控除可能額 (46)と(47)のうち少ない金額（(4)≦(5)又は(5)=0の場合は0） | 48 | 1,000,000 |
| 調整前法人税額超過構成額（別表六(六)「8の㉛」） | 49 | |
| 当期繰越税額控除額 (48)-(49) | 50 | 1,000,000 |
| 法人税額の特別控除額 (45)+(50) | 51 | （省略） |

258　第2編　実務上のポイント

# 【記載例③】別表6⑷付票1＿中小企業者等（翌期の処理）

給与等支給額、比較教育訓練費の額及び翌期繰越税額控除限度超過額の計算に関する明細書

| 事業年度 | 7・4・1 ～ 8・3・31 | 法人名 | C社（中小企業者等） |

別表六(二十四)付表一　令六・四・一以後終了事業年度分

## 雇用者給与等支給額及び調整雇用者給与等支給額の計算

| 国内雇用者に対する給与等の支給額 | (1)の給与等に充てるため他の者から支払を受ける金額 | (2)のうち雇用安定助成金額 | 雇用者給与等支給額 (1)-(2)+(3) (マイナスの場合は0) | 調整雇用者給与等支給額 (1)-(2) (マイナスの場合は0) |
|---|---|---|---|---|
| 1 円 | 2 円 | 3 円 | 4 円 | 5 円 |

## 比較雇用者給与等支給額及び調整比較雇用者給与等支給額の計算

| 前事業年度 | 国内雇用者に対する給与等の支給額 | (7)の給与等に充てるため他の者から支払を受ける金額 | (8)のうち雇用安定助成金額 | 適用年度の月数／(6)の前事業年度の月数 |
|---|---|---|---|---|
| | 6 円 | 7 円 | 8 円 | 9 円 | 10 |

| 比較雇用者給与等支給額 ((7)-(8)+(9))×(10) (マイナスの場合は0) | 11 円 |
| 調整比較雇用者給与等支給額 ((7)-(8))×(10) (マイナスの場合は0) | 12 円 |

## 継続雇用者給与等支給額及び継続雇用者比較給与等支給額の計算

| | 継続雇用者給与等支給額の計算 | 継続雇用者比較給与等支給額の計算 |
|---|---|---|
| | 適用年度 ① | 前事業年度 ② | 前一年事業年度特定期間 ③ |
| 事業年度等 13 | | | |
| 継続雇用者に対する給与等の支給額 14 | 円 | 円 | 円 |
| 同上の給与等に充てるため他の者から支払を受ける金額 15 | | | |
| 同上のうち雇用安定助成金額 16 | | | |
| 差引 (14)-(15)+(16) 17 | | | |
| 適用年度の月数／(13の③)の月数 18 | | | |
| 継続雇用者給与等支給額及び継続雇用者比較給与等支給額 (17)又は((17)×(18)) 19 | 円 | | 円 |

## 比較教育訓練費の額の計算

| 事業年度 | 教育訓練費の額 | 適用年度の月数／(20)の事業年度の月数 | 改定教育訓練費の額 (21)×(22) |
|---|---|---|---|
| 20 ・・ ・・ | 21 円 | 22 | 23 円 |
| 調整対象年度 | | | |
| 計 | | | |

| 比較教育訓練費の額 (23の計)÷(調整対象年度数) | 24 |

## 翌期繰越税額控除限度超過額の計算

| 事業年度 | 前期繰越額又は当期税額控除限度額 25 | 当期控除可能額 26 | 翌期繰越額 (25)-(26) 27 |
|---|---|---|---|
| ・・ ・・ | 円 | 円 | 円 |
| ・・ ・・ | | 外 | 外 |
| ・・ ・・ | | 外 | 外 |
| ・・ ・・ | | 外 | 外 |
| ・・ ・・ | | 外 | 外 |
| ・・ ・・ | | 外 | 外 |
| ・・ ・・ | | 外 | 外 |
| ・・ ・・ | | 外 | 外 |
| 6・4・1 ～ 7・3・31 | 1,388,448 | 1,000,000 外 | 388,448 |
| 計 | 1,388,448 | 別表六(二十四)「48」 1,000,000 外 | 388,448 |
| 当期分 | 別表六(二十四)「40」（省略） | 別表六(二十四)「43」（省略） 外 | （省略） |
| 合計 | | | （省略） |

第3章　申告書への記載

# 第3編

# これまでの制度改正のあゆみ

本編では、制度創設から現在の制度に至るまでの改正経緯を概観し、本税制に期待されていた効果がどこにあったのかを振り返る。

　もともとこの税制は、日本経済をめぐる積年の課題である「デフレ脱却からの安定的な経済成長の達成」のために、特に雇用環境および個人所得水準の改善を通じた経済活性化を促すために創設されたものである。

　制度の創設当時（平成25年）、デフレの状況が断続的に10年以上続いており[1]、その脱却に向けた取組みを進めることが経済政策上極めて重要視されていた。

　このような状況下、当時の政権の日本経済再生に向けた強い意志・明確なコミットメントを示すものとして、平成25年1月11日に「日本経済再生に向けた緊急経済対策」が閣議決定された。その基本理念は、長引く円高とデフレ不況から脱却するため、「成長と富の創出の好循環」を実現し、「強い経済」を取り戻すことにあった。

　これを受け、平成25年度税制改正においても、現下の経済情勢等をふまえつつ、「成長と富の創出の好循環」を実現するための様々な税制が講じられることとなった。

　当時の厳しい雇用情勢の中、給与所得者の平均給与額が年々減少し、特にリーマンショック以降は低位の水準に留まっていたことから、個人所得の拡大を図り、所得水準の改善を通じた消費喚起による経済成長を達成するため、企業の労働分配（給与等支給額）の増加を促す措置として、所得拡大促進税制を創設することとされた[2]。

　本税制の適用要件や控除税額の計算方法はその後頻繁に改正されており、これは他の租税特別措置と比較しても異例のペースといえよう。本

---

1　内閣府「マンスリー・トピックス No.016 デフレ脱却の意義と課題」（平成25年2月27日）

2　財務省「平成25年度 税制改正の解説」p.433「1．経緯・趣旨等」の表現を一部変更して引用。

税制をより多くの企業が適用することによって、「賃上げ」を契機とする経済活性化を確実なものにしようとする当時の政権の強い意図が感じられる。

　そこで本編では、これまでの制度改正の経緯および改正後の制度概要について、当時の改正趣旨に触れながら再整理していく。

# 第1章
# 所得拡大促進税制
（平成25年度〜平成29年度）

# 第1節 制度の概要

## 1 平成25年度税制改正（制度創設）

　賃上げによる個人所得の拡大を通じた経済成長を促すための税制措置として、所得拡大促進税制（雇用者給与等支給額が増加した場合の法人税額の特別控除制度）が創設された。

　当初の適用年度および適用要件は次表の通りであった（H25措法42の12の4①、H25措令27の12の4⑪）。

**【平成25年度の税制改正事項（制度創設）】**

| 摘　要 | 内　容 |
|---|---|
| 適用年度 | 平成25年4月1日から平成28年3月31日までの間に開始する各事業年度 |
| 適用要件① | 雇用者給与等支給額が基準雇用者給与等支給額から5％以上増加していること。 |
| 適用要件② | 雇用者給与等支給額が比較雇用者給与等支給額以上であること。 |
| 適用要件③ | 平均給与等支給額が比較平均給与等支給額以上であること。<br>● 平均給与等支給額の計算の基礎となる給与等の支給額は、雇用者給与等支給額から日雇労働者に係る支給額を控除した金額とする。 |

上記の適用要件を全て満たした場合に、雇用者給与等支給増加額（雇用者給与等支給額から基準雇用者給与等支給額を控除した金額）の10％相当額（税額控除限度額）を法人税額から控除することとされた。ただし、当該法人の当該事業年度の所得に対する法人税の額の10％（中小企業者等である場合には20％）相当額を、控除できる金額の上限（控除上限）とする。

　本税制はその後も毎年のように改正されていった。以下順次振り返る。

## 2 平成26年度税制改正

　所得拡大促進税制の創設後、日本の経済に好転の兆しが徐々に見えてきたところであるが、企業収益の拡大が個人の所得、そして消費の拡大につながっていくという自律的な好循環を早期に作り上げ、それをもって成長戦略の実現を加速化するため、より多くの企業が本制度を活用できるよう見直しを行い、企業による賃金の引上げを強力に促すものとすることが必要とされた。

　このような認識をふまえ、適用要件のハードルを下げて適用事業者を単に増やすといったこととならないように配慮しつつも、個々の企業において賃金を引き上げる際の実態との乖離を縮小した上で、最終的には、一定以上の所得水準への改善を実現することを目標とする制度へ若干の改組をすることとなった[1]。

　具体的には、次ページ表の通り改正されることとなった（H26措法42の12の4①、H26措令27の12の4⑪）。なお、税額控除限度額および控除上限の計算は変更されていない。

---

1　財務省「平成26年度 税制改正の解説」p.409「2．改正の趣旨及び背景」の表現を一部変更して引用。

【平成26年度の税制改正事項】

| 摘　要 | 改 正 前 | 改 正 後 |
| --- | --- | --- |
| 適用年度の見直し | 平成25年4月1日から平成28年3月31日までの間に開始する事業年度に適用する。 | 適用期限が平成30年3月31日（までの間に開始する事業年度）まで2年延長された。 |
| 適用要件①の見直し | 雇用者給与等支給額が基準雇用者給与等支給額から5％以上増加していること。 | 適用年度の区分に応じて段階的に要件を修正した。<br>● 平成27年4月1日より前に開始する事業年度：2％以上<br>● 平成27年4月1日から平成28年3月31日までの間に開始する事業年度：3％以上<br>● 平成28年4月1日から平成30年3月31日までの間に開始する事業年度：5％以上 |
| 適用要件③の見直し | 平均給与等支給額が比較平均給与等支給額以上であること。<br>● 平均給与等支給額の計算の基礎となる給与等の支給額は、雇用者給与等支給額から日雇労働者に係る支給額を控除した金額とされた。 | 平均給与等支給額が比較平均給与等支給額を超えることとされた。<br>● 平均給与等支給額の計算の基礎となる給与等の支給額を「継続雇用者」に対するものに限定した。 |

ところで、平成26年度の税制改正スケジュールは他の年度と比較しても異例の動きが含まれており、その影響で、所得拡大促進税制についても異例の「経過措置」が盛り込まれることとなった。

　平成25年12月12日に与党（自由民主党および公明党）より平成26年度税制改正大綱が公表され、同月24日に閣議決定されたが、これに先立ち、平成25年10月1日には「民間投資活性化等のための税制改正大綱」（以下「秋の大綱」という）が公表されており、これも合わせて平成26年度税制改正大綱として取り扱われることとなった。

　この点に関し、「秋の大綱」に盛り込まれた改正項目のうち一部の項目については、経過措置として適用が前年度（すなわち平成25年度）に遡及するものが生じることとなった。つまり改正項目のうち「産業競争力強化法の施行の日」（平成25年12月2日）から適用されるものについては、結果的に平成26年度を待たずして適用されるものが生じることとなったのであるが、所得拡大促進税制の改正はこの「秋の大綱」に含まれていたため、異例の「遡及適用」が生じることとなったのである。

　改正後の制度は平成26年4月1日以後に終了する事業年度について適用されるが、平成25年4月1日以後に開始し、平成26年4月1日より前に終了する事業年度で改正前の所得拡大促進税制の適用を受けていない事業年度（経過事業年度）において、改正後の適用要件の全てを満たすときは、その経過事業年度について改正後の規定を適用して算出される税額控除相当額を、改正後税制の適用年度において、その税額控除額に上乗せして法人税額から控除できることとされた。

　例えば、平成26年3月期決算法人が「改正前の」所得拡大促進税制の適用要件を満たしておらず、当税制の適用を受けていない場合であっても、「改正後の」所得拡大促進税制の適用要件を満たしている場合には、改正後の規定により算出された税額控除相当額を翌事業年度（平成27年3月期）にて追加的に控除できるというものである。

# 3 平成27年度税制改正

　法人税改革の一環として、企業の賃上げへの動き出しを一層強く後押しするための対応として、適用要件①（増加促進割合に係る要件）が下表の通り改正されることとなった。なお、税額控除限度額および控除上限の計算は変更されていない。

**【平成27年度の税制改正事項】**

| 摘　要 | 改 正 前 | 改 正 後 |
|---|---|---|
| 適用要件①の見直し | 雇用者給与等支給額が基準雇用者給与等支給額から以下の増加促進割合以上増加していること。<br>(中略)<br><br>●平成28年4月1日から平成30年3月31日までの間に開始する事業年度：5％以上 | 適用年度中の各事業年度において満たすべき増加促進割合を以下の通り見直した。<br><br>●平成28年4月1日から平成29年3月31日までの間に開始する事業年度：4％以上（中小企業者等は3％以上）<br><br>●平成29年4月1日から平成30年3月31日までの間に開始する事業年度：5％以上（中小企業者等は3％以上） |

## 4 平成29年度税制改正

　企業収益の拡大を雇用の増加や賃金上昇につなげることにより経済の「好循環」を強化するとの観点から、企業にさらなる賃金引上げを行うインセンティブを強化するための見直しが行われた。

　具体的には次ページ表のように、大企業[2]については、より高い賃金引上げを行う企業に支援を重点化する一方で、大企業に比べて賃金引上げの余力に乏しいと考えられる中小企業者等については、従来の要件を維持しつつ、さらに高い賃上げを行う場合には大幅に引き上げられた税額控除割合が適用できることとされた[3]。なお、控除上限の計算は変更されていない。

---

2　本書において「大企業」とは、中小企業者等（91ページ参照）以外の法人を指す。
3　財務省「平成29年度 税制改正の解説」p.443〜444「２．改正の内容」の表現を一部変更して引用。

【平成29年度の税制改正事項】

| 摘　要 | 改正前 | 改正後 |
|---|---|---|
| 適用要件③の見直し | 平均給与等支給額が比較平均給与等支給額を超えること。 | （中小企業者等）<br>● 変更なし。<br><br>（大企業）<br>● 平均給与等支給額が比較平均給与等支給額から２％以上増加していること。 |
| 上乗せ税額控除の創設 | ―――― | （中小企業者等）<br>● 比較雇用者給与等支給額からの増加額×12％相当額を上乗せ控除する。<br>● ただし、平均給与等支給額が比較平均給与等支給額から２％以上増加している場合に限る。<br><br>（大企業）<br>● 比較雇用者給与等支給額からの増加額×２％相当額を上乗せ控除する。 |

## 第2節 適用要件

本節では、本税制の適用を受けるための要件について、制度創設時からの適用要件の変遷を整理しておきたい。

### 1 平成25年度（制度創設当初）

制度創設当初の適用要件は下表の通りであった。

| 摘　要 | 内　容 |
|---|---|
| 適用年度 | 平成25年4月1日から平成28年3月31日までの間に開始する各事業年度 |
| 適用要件① | 雇用者給与等支給額が基準雇用者給与等支給額から5％以上増加していること。 |
| 適用要件② | 雇用者給与等支給額が比較雇用者給与等支給額以上であること。 |
| 適用要件③ | 平均給与等支給額が比較平均給与等支給額以上であること。<br>● 平均給与等支給額の計算の基礎となる給与等の支給額は、雇用者給与等支給額から日雇労働者に係る支給額を控除した金額とする。 |

## 2 平成26年度

平成26年度の税制改正をふまえ、改正後の適用要件は下表の通りとなった。

| 摘　要 | 内　容 |
| --- | --- |
| 適用年度<br>【改正】 | 平成25年4月1日から平成30年3月31日までの間に開始する各事業年度 |
| 適用要件①<br>【改正】<br>※経過措置あり<br>（269ページ参照） | 以下の事業年度の区分に応じ、雇用者給与等支給額が基準雇用者給与等支給額から以下の割合以上増加していること。<br>● 平成27年4月1日より前に開始する事業年度：2％以上<br>● 平成27年4月1日から平成28年3月31日までの間に開始する事業年度：3％以上<br>● 平成28年4月1日から平成30年3月31日までの間に開始する事業年度：5％以上 |
| 適用要件② | 雇用者給与等支給額が比較雇用者給与等支給額以上であること。 |
| 適用要件③<br>【改正】 | 平均給与等支給額が比較平均給与等支給額を超えること。<br>● 平均給与等支給額の計算の基礎となる給与等の支給額は、雇用者給与等支給額のうち継続雇用者に係る支給額（雇用保険一般被保険者に対するものに限り、継続雇用制度適用対象者に対するものを除く）とする。 |

# 3 平成27年度〜平成28年度

平成27年度の税制改正をふまえ、改正後の適用要件は下表の通りとなった。

| 摘　要 | 内　容 |
|---|---|
| 適用年度 | 平成25年4月1日から平成30年3月31日までの間に開始する各事業年度 |
| 適用要件①<br>【改正】 | 以下の事業年度の区分に応じ、雇用者給与等支給額が基準雇用者給与等支給額から以下の割合以上増加していること。<br>● 平成27年4月1日より前に開始する事業年度：2％以上<br>● 平成27年4月1日から平成28年3月31日までの間に開始する事業年度：3％以上<br>● 平成28年4月1日から平成29年3月31日までの間に開始する事業年度：4％以上（中小企業者等は3％以上）<br>● 平成29年4月1日から平成30年3月31日までの間に開始する事業年度：5％以上（中小企業者等は3％以上） |
| 適用要件② | 雇用者給与等支給額が比較雇用者給与等支給額以上であること。 |
| 適用要件③ | 平均給与等支給額が比較平均給与等支給額を超えること。<br>● 平均給与等支給額の計算の基礎となる給与等の支給額は、雇用者給与等支給額のうち継続雇用者に係る支給額（雇用保険一般被保険者に対するものに限り、継続雇用制度適用対象者に対するものを除く）とする。 |

ここでは、適用要件①について、大企業と中小企業者等とで異なる水準が設定されている点に注目したい。これ以降の税制改正においても大企業向けと中小企業者等向けとで異なる適用要件が設定されるようになった。

## 4 平成29年度

　平成29年度の税制改正をふまえ、改正後の適用要件は次ページ表の通りとなった。

　平成29年度の税制改正では、上乗せ控除の制度が創設されたことに関連して適用要件の改正が行われたが、もともとの所得拡大促進税制の適用期限が到来する時期でもあり、結局のところ、1年しか適用されなかった。

| 摘　要 | 内　容 |
|---|---|
| 適用年度 | 平成25年4月1日から平成30年3月31日までの間に開始する各事業年度 |
| 適用要件① | 以下の事業年度の区分に応じ、雇用者給与等支給額が基準雇用者給与等支給額から以下の割合以上増加していること。<br>● 平成27年4月1日より前に開始する事業年度：2％以上<br>● 平成27年4月1日から平成28年3月31日までの間に開始する事業年度：3％以上<br>● 平成28年4月1日から平成29年3月31日までの間に開始する事業年度：4％以上（中小企業者等は3％以上）<br>● 平成29年4月1日から平成30年3月31日までの間に開始する事業年度：5％以上（中小企業者等は3％以上） |
| 適用要件② | 雇用者給与等支給額が比較雇用者給与等支給額以上であること。 |
| 適用要件③<br>【改正】 | 〈中小企業者等〉<br>平均給与等支給額が比較平均給与等支給額を超えること。<br><br>〈大企業〉<br>平均給与等支給額が比較平均給与等支給額から2％以上増加していること。<br><br>〈共通〉<br>● 平均給与等支給額の計算の基礎となる給与等の支給額は、雇用者給与等支給額のうち継続雇用者に係る支給額（雇用保険一般被保険者に対するものに限り、継続雇用制度適用対象者に対するものを除く）とする。 |

さらに、税額控除の「上乗せ」を行うための要件は以下の通りである。

| 摘　要 | 内　容 |
|---|---|
| 上乗せ控除要件 | 〈中小企業者等〉<br>平均給与等支給額が比較平均給与等支給額から２％以上増加していること。<br><br>〈大企業〉<br>なし |

このように、上乗せ控除のための要件が中小企業者等のみに要求されているのは、大企業では「２％以上増加」という要件が制度の適用要件として設定されており、上乗せ控除のためにさらなる増加幅を設定することまでは要求されなかったからと考えられる。

したがって、大企業については、制度の適用要件を満たしていれば、自動的に上乗せ控除の適用も受けることができることとされた（ただし、上乗せ控除税額の算定方法は中小企業者等と大企業とで異なる）。

# 第3節 用語の定義

## 1 雇用者給与等支給額

　法人の適用年度の所得の金額の計算上損金の額に算入される国内雇用者に対する給与等の支給額から、給与等に充てるため他の者から支払を受ける金額[4]を控除した金額をいう（H29措法42の12の5③三）。

## 2 比較雇用者給与等支給額

　法人の適用年度開始の日の前日を含む事業年度（前事業年度）の所得の金額の計算上損金の額に算入される国内雇用者に対する給与等の支給額から、給与等に充てるため他の者から支払を受ける金額がある場合を控除した金額をいう（H29措法42の12の5③六）。

　前事業年度の月数と適用年度の月数が異なる場合の取扱いについて、平成30年度の税制改正前は、単に前事業年度における雇用者給与等支給額に適用年度の月数を乗じ、これに当該前事業年度の月数で除して算定することとされていた（H29措法42の12の5②六ロ）。

## 3 基準雇用者給与等支給額

　**基準事業年度**の所得の金額の計算上損金の額に算入される国内雇用者に対する給与等の支給額をいう（H29措法42の12の5②四）。

---

[4] 雇用安定助成金額を除くという取扱いは存在しない。

なお、平成30年度の税制改正によって、基準雇用者給与等支給額の概念は廃止されている（290ページ参照）。

① 「基準事業年度」および「最も古い事業年度」の意義
　基準事業年度とは、「最も古い事業年度」開始の日の前日を含む事業年度をいい、最も古い事業年度とは、平成25年4月1日以後に開始する各事業年度のうち最も古い事業年度をいう。
　これは、所得拡大促進税制が平成25年4月1日以後に開始する事業年度から適用されることをふまえ、その適用初年度の前事業年度を「基準事業年度」として定義したものである。
　したがって、法人が平成25年4月1日以後に設立された場合には、設立日を含む事業年度が「最も古い事業年度」となるが、基準事業年度は存在しないこととなり、以下③の「基準事業年度がない場合」の取扱いを受ける。

② 基準事業年度の月数と適用年度の月数が異なる場合
　この場合の基準雇用者給与等支給額は、当該基準事業年度の雇用者給与等支給額に適用年度の月数を乗じて、これを当該基準事業年度の月数で除して計算した金額とする（H29措法42の12の5②四ロ）。

③ 基準事業年度がない場合
　この場合の基準雇用者給与等支給額は、最も古い事業年度の雇用者給与等支給額の70％に相当する金額とし、当該最も古い事業年度の月数と適用年度の月数とが異なる場合には、当該金額に当該適用年度の月数を乗じてこれを当該最も古い事業年度等の月数で除して計算した金額とする（H29措法42の12の5②四ハ）。
　これにより、本税制の適用開始日以後に設立された法人の設立事業年

度においては、基準雇用者給与等支給額が同年度の雇用者給与等支給額の70％として設定されることから、基準雇用者給与等支給額からの増加割合は約42.86％（$=\dfrac{100\%-70\%}{70\%}$）となり、必ず適用要件①（基準雇用者給与等支給額からの増加要件）を満たすこととなる。

## 4 平均給与等支給額・比較平均給与等支給額

　平均給与等支給額とは、適用年度の継続雇用者給与等支給額を、これに対応する給与等支給者数（適用年度における給与等月別支給対象者の数を合計した数）で除して計算した金額をいう（H29措法42の12の5②八）[5]。

　また、比較平均給与等支給額とは、適用年度の継続雇用者に対する前事業年度の給与等支給額（継続雇用者比較給与等支給額）を、これに対応する給与等支給者数（前事業年度における給与等月別支給対象者の数を合計した数）で除して計算した金額をいう（H29措法42の12の5②九）。

　平均給与等支給額は、適用年度の継続雇用者に対する「適用年度の1人当たり・1月当たり」の給与等支給額の平均を示すものであり、比較平均給与等支給額は、適用年度の継続雇用者に対する「前事業年度の1人当たり・1月当たり」の給与等支給額の平均を示すものである。

---

[5] 平成25年度の所得拡大促進税制の創設当初、平均給与等支給額は「雇用者給与等支給額から日雇労働者に係る金額を控除した金額」を「適用年度に含まれる各月ごとの給与等の支給の対象となる国内雇用者（日雇労働者を除く）の数を合計した数」で除して計算した金額とされていた（H25措法42の12の4②六、H25措令27の12の4⑪⑫）。
　しかしこの計算によると、月給の高い社員が退職する一方で新入社員を採用する場合など、構造的に平均給与が引き下がる場合に適用要件を満たすことができないといった問題が指摘されていたことから、平成26年度の税制改正において、「1人当たりの給与等支給額」をより適切に算定するために、「継続雇用者に対する給与等支給額（継続雇用者給与等支給額）」を対応する 給与等支給者数 で除して計算することとされた。

これらを比較することによって賃上げの効果測定を実施し（適用要件③、266ページ）、一定の賃上げを達成しているかどうかの判断基準としているのである。平たくいえば、「各人の月給が上がっているか（各人の可処分所得が増加しているか）」を測るための指標なのである。

　このように、平均給与等支給額の要件は、所得拡大促進税制の制定経緯からして本質的に重要な要件であると言える。

　平成30年度の税制改正により平均給与等支給額および比較平均給与等支給額の概念は廃止されたが、その計算要素である「継続雇用者給与等支給額」および「継続雇用者比較給与等支給額」については定義を変更（次章第3節**3**参照）した上で、改正後の制度においても「賃上げ」の効果を測定するための本質的に重要な適用要件として引き続き用いられていることから、旧制度の平均給与等支給額にまつわる各種用語について整理しておくことは、新制度の理解を深めるためにも有用であると考えられる。

① 「継続雇用者給与等支給額」の意義

　継続雇用者に対する給与等支給額のうち、雇用保険一般被保険者（➡第1編第5章**10**補足①。84ページ参照）に該当する者に対して支給したものに限り、継続雇用制度対象者に対して支給したものを除いたものをいう（H29措令27の12の5⑭）。

② 「給与等月別支給対象者の数」の意義

　給与等月別支給対象者の数とは、各月ごとの給与等の支給対象となる継続雇用者の数をいう（H29措令27の12の5⑮）。この点に関し、賞与の支給のように同一の月に給与等の支給が複数回行われる場合には、支給対象者となる継続雇用者の数は、それぞれの支給対象者数のうちいずれか多い数を用いることとなるので留意されたい。

③ 平均給与等支給額の計算イメージ

①および②をふまえ、平均給与等支給額の具体的な計算イメージについては下表を参照されたい。

【計算イメージ】

| 支給月 | 継続雇用者に対する給与等支給額(円) | 支給人数(人) |
|---|---|---|
| 4月 | 13,050,789 | 29 |
| 5月 | 13,292,830 | 28 |
| 6月 | 12,679,643 | 27 |
| 6月（賞与） | 23,131,467 | ― |
| 7月 | 13,045,295 | 27 |
| 8月 | 13,206,678 | 29 |
| 9月 | 13,026,964 | 25 |
| 10月 | 13,287,940 | 28 |
| 11月 | 12,982,476 | 31 |
| 12月 | 12,628,094 | 30 |
| 12月（賞与） | 25,097,940 | ― |
| 1月 | 13,098,540 | 29 |
| 2月 | 13,229,938 | 25 |
| 3月 | 13,129,510 | 25 |
| 合計 | 204,888,104 (A) | 333 (B) |

平均給与等支給額 = $\dfrac{(A)}{(B)}$ ➡ 615,279

④ 「継続雇用者」の意義

適用年度およびその前事業年度において給与等の支給を受けた国内雇用者をいう（H29措法42の12の5②八）。

本税制は、一定の賃上げを実現した法人に対して税額控除のメリットを与えようとするものであることから、その効果測定のためには給与等支給額の「2期比較」が必要である。そこで、国内雇用者のうち適用年度とその前事業年度の2期にわたり一度でも給与等の支給を受けた者を「継続雇用者」として定義し、比較すべき母集団を絞り込んでいるということである。

　定義からも明らかであるが、継続雇用者に該当するためには、その前提として国内雇用者に該当している必要がある。

　ここで国内雇用者となるための要件を再掲しておこう（第1編第5章1。58ページ参照）。

> (a)　使用人であること
> (b)　国内の事業所に勤務していること
> (c)　労働基準法第108条に定める賃金台帳に記載されていること

　これらの要件のいずれかを満たさない者は国内雇用者に該当せず、したがって継続雇用者にも該当することはない。

　例えば以下の者は国内雇用者に該当しないこととなる。

> (a) に該当しない ➡ 役員、役員の特殊関係者、使用人兼務役員
> (b) に該当しない ➡ 海外勤務社員
> (c) に該当しない ➡ 派遣社員（派遣先管理台帳は賃金台帳とは異なる）

　また、国内雇用者に該当するが、適用年度とその前事業年度の2期にわたり一度でも給与等の支給を受けていない者は、継続雇用者に該当しない。

　例えば適用年度中に入社した国内雇用者（新入社員）は、前事業年度

において給与等の支給を受けていないことから、適用年度における継続雇用者には該当しない。また、前事業年度中に退職した国内雇用者（前期退職社員）は、前事業年度において給与等の支給を受けているものの、適用年度において給与等の支給を受けていないことから、やはり適用年度における継続雇用者には該当しないこととなる。

なお、適用年度中に退職した国内雇用者（当期退職社員）は、前事業年度および適用年度（退職時まで）において給与等の支給を受けているのであれば、適用年度における継続雇用者に該当する。

この考え方は、事業年度の途中で「国内雇用者」に該当しなくなる場合（またはその逆）にも当てはまる。例えば以下のようなケースである。

- 事業年度の中途で役員に就任した場合
- 事業年度の中途で海外から帰任した場合
- 事業年度の中途で継続雇用制度の適用対象者となった場合[6]

継続雇用者への該当性という見地からすれば、事業年度の途中で「国内雇用者に該当しない者」になった場合には、「当期退職社員」と同じ扱いをすることとなり、事業年度の途中で国内雇用者に該当することとなった場合には、「新入社員」と同じ扱いをすればよいこととなる。

### ⑤ 「継続雇用者比較給与等支給額」の意義

適用年度の継続雇用者に対する前事業年度の給与等支給額をいう（H29

---

[6] 継続雇用制度の適用を受けることとなっても「国内雇用者」であることには変わりなく、定義上は引き続き継続雇用者には該当するが、継続雇用制度適用後に支払を受ける給与等の額は継続雇用者給与等支給額の集計からは除外されることとなるため、金額集計の観点からは継続雇用者非該当として取り扱っても実務上の支障はないものと考えられる。

措法42の12の5②九）。

　定義からも明らかであるが、前事業年度において集計した「継続雇用者給与等支給額」がそのまま翌事業年度における「継続雇用者比較給与等支給額」にならない点に留意が必要である。「継続雇用者」の範囲は毎事業年度変動するからである。

　継続雇用者比較給与等支給額の集計に当たっては、まず、適用年度における「継続雇用者」の範囲を確定させた上で、該当者の前事業年度の給与等支給額を集計する必要がある。

## ⑥　継続雇用者給与等支給額がゼロの場合

　平均給与等支給額の計算上、「継続雇用者」に該当する者がいない等の理由で継続雇用者給与等支給額がゼロとなる場合には、対応する支給者数もゼロとなるのであるが、平均給与等支給額は分数概念であることから、分母の「支給者数」がゼロとなれば計算不能となり不都合が生じる。

　そこでこのような場合には、支給額を1円とし（H29措令27の12の5⑭）、支給者数も1とされる（H29措令27の12の5⑮）。この結果、平均給与等支給額は「1円」として計算されることとなる。

　また、比較平均給与等支給額の計算上、継続雇用者比較給与等支給額がゼロの場合には、支給額について特別の定めはないが、支給者数は1とされる（H29措令27の12の5⑰）。この結果、比較平均給与等支給額は「ゼロ円」として計算されることとなる。

　新設法人が典型例であるが、適用年度において継続雇用者が存在しない場合、継続雇用者給与等支給額および継続雇用者比較給与等支給額はそれぞれゼロとなる。このとき、平均給与等支給額は「1円」、比較平均給与等支給額は「ゼロ円」となるから、平均給与等支給額は比較平均給与等支給額を常に超えることとなるが、これをもって適用要件を充足

するか否かは、法人が中小企業者等に該当するか否かによって以下のように異なることとなる。

● 法人が中小企業者等に該当する場合には、「平均給与等支給額が比較平均給与等支給額を超えること」という適用要件③（155ページ参照）を満たす。
● 法人が中小企業者等に該当しない場合には、「平均給与等支給額が比較平均給与等支給額から２％以上増加していること」という適用要件③を満たさず、所得拡大促進税制そのものを適用することができない。

# 第2章

# 賃上げ・投資促進税制
## （平成30年度〜令和2年度）

# 第1節 制度の概要

## 1 平成30年度税制改正

　本税制が平成25年度の税制改正によって創設されてから5年が経過し、当初の適用期限の終了時期を迎えようとしていた。

　そのような状況下、平成29年12月8日には「新しい経済政策パッケージ」が閣議決定され、その中では「生産性革命」という項目が大きな柱として設定され、2020年までを「生産性革命・集中投資期間」として、大胆な税制等により①労働生産性（1人当たり・1時間当たりの実質GDP）の年2％向上、②対2016年度比で日本の設備投資額を10％以上増加、③2018年度以降3％以上の賃上げ、といった目標の達成を目指しており、世界に先駆けて「生産性革命」を実現しようとしていた[1]。

　これをふまえ、平成30年度の税制改正では、生産性革命を達成するための重要な要素である「賃上げ」と「投資」（設備投資・人材投資）の促進を税制面から支援すべく本税制の抜本的な見直しが行われ、本税制のタイトル（条文見出し）も「雇用者給与等支給額が増加した場合の法人税額の特別控除」から「給与等の引上げ及び設備投資を行った場合等の法人税額の特別控除」に改められた。

　これに伴い適用要件が抜本的に見直され、一定の賃上げおよび設備投資を行った企業に対して税額控除の適用を認めることとされた。ただし、

---

1　財務省「平成30年度 税制改正の解説」p.404「2．改正の経緯及び趣旨」の表現を一部変更して引用。

一律に適用要件を定めてしまうと中小零細企業に与える影響が大きいと考えられることから、設備投資の要件は大企業についてのみ求めることとし、賃上げに係る要件についても中小企業者等と大企業とで異なる水準を設定した。

　控除税額の計算についても、改正前の制度では「基準年度」からの増加額および「前年度」からの増加額（上乗せ）を基礎として計算していたが、基準年度が既に5年以上前のものであり直近の賃上げの実態と乖離していることから、基準年度を廃止し、前年度からの増加額を基礎として計算する方法に改められた。

　なお人材投資については、適用要件に含めるのではなく、一定の人材投資を達成した企業に対して上乗せ控除を認めるという制度となった。

　平成30年度の税制改正による変更点については、以下のような特徴があった。

① **適用要件に差異を設けた**

　改正後の制度でも、適用対象法人を中小企業者等と大企業に区別し、それぞれに異なる適用要件を定めた。

　なお、中小企業者等の定義自体はこの改正によって変更されていない（H30措法42の4⑧六、H30措令27の4⑫）。

② **基準雇用者給与等支給額および設立事業年度の取扱い**

　改正前の制度の適用要件とされていた「基準雇用者給与等支給額」との比較は、この改正により「基準事業年度」の概念が廃止されたため不要となった。

　併せて、基準雇用者給与等支給額の算定に関して定められていた「新設法人の取扱い」（H29措法42の12の5②四ハ）も廃止されたほか、設立事業年度に本税制は適用されないことが明確にされた（H30措法42の12

の5①冒頭カッコ書き)。

③　比較雇用者給与等支給額の取扱いの見直し

　改正前の制度の適用要件とされていた「比較雇用者給与等支給額」との比較は、適用要件として定められるのではなく、「雇用者給与等支給額が比較雇用者給与等支給額以下である場合」には適用要件を満たさないという表現に変更された（H30措法42の12の5①本文）。

　改正後の制度では控除税額を比較雇用者給与等支給額からの増加額に基づき計算することとされたため、これを適用要件とする意味がなくなった。

　また、適用年度と前事業年度等の月数が異なる場合の調整計算についても、支給実態をより適切に反映させるための見直しが図られた。

④　平均給与等支給額の取扱い

　改正前の制度の適用要件とされていた「平均給与等支給額」の比較は、継続雇用者給与等支給額の総額によって判定することとされたほか、継続雇用者給与等支給額の集計範囲についても見直しが行われた。

　平均給与等支給額が分数概念であったために特別な規定が必要とされていた「継続雇用者給与等支給額がゼロの場合」の取扱いについても変更され、この場合には適用要件を満たさないことが明確化された（H30措令27の12の5㉒）。

⑤　設備投資要件の追加（大企業のみ）

　大企業については、一定規模の設備投資を行うことが適用要件の一つとされており、賃上げの要件のみを満たしているだけでは本税制の適用を行うことができないこととされた。

　具体的には、国内設備投資額が当期償却費総額の90％以上であること

が必要となった（H30措法42の12の5①二）。

その後令和2年度の税制改正にて、適用要件が若干見直された。

## 2 令和2年度税制改正

かねて内閣府より公表されている『第5期科学技術基本計画（平成28年度～平成32年度）』において、わが国が目指すべき未来社会の姿として"Society 5.0"という概念が提唱されている。これは、「サイバー空間（仮想空間）とフィジカル空間（現実空間）を高度に融合させたシステムにより、経済発展と社会的課題の解決を両立する、人間中心の社会（Society）」と説明されている[2]。

そのSociety5.0の実現に向け、イノベーションの促進がひとつの政策目標として掲げられる中、企業の設備投資額が増えてきている状況に鑑み、設備投資要件を強化して賃上げへのインセンティブを通じた税制効果を発揮しやすくなるような見直しが行われた。

具体的には、設備投資の要件について、国内設備投資額が当期償却費総額の95％以上（改正前：90％以上）であることとされた（R2措法42の12の5①二）。

また、雇用促進税制と併用する場合の雇用者給与等支給額の調整計算（雇用者給与等支給増加重複控除額）について、雇用促進税制の改正をふまえ計算方法が変更されている（詳細は第1編第8章を参照のこと）。

---

[2] 内閣府ホームページ（https://www8.cao.go.jp/cstp/society5_0/）より

# 第2節 適用要件

## 1 平成30年度～令和元年度

　平成30年度の税制改正では、所得拡大促進税制が「賃上げ・投資促進税制」として抜本的に改組され、給与等の引上げのみならず、一定の設備投資が行われた場合の税額控除制度として措置されることとなった。

　ただし中小企業者等については、給与等の引上げのみが適用要件とされ、設備投資の要件は大企業のみに適用されることとなったが、任意に大企業向けの制度の適用を受けることもできる。

　改正後の適用要件は下表の通りとなった。

| 摘　要 | 大企業 | 中小企業者等 |
|---|---|---|
| 適用年度<br>【改正】 | 平成30年4月1日から令和2年3月31日までの間に開始する各事業年度。 | 同左 |
| 適用要件①<br>【改正】<br>賃上げの要件 | 継続雇用者給与等支給額が継続雇用者比較給与等支給額から3％以上増加していること。 | 継続雇用者給与等支給額が継続雇用者比較給与等支給額から1.5％以上増加していること。 |
| 適用要件②<br>【新設】<br>設備投資の要件 | 国内設備投資額が当期償却費総額の90％以上であること。 | — |

　なお、改正前の制度の適用要件とされていた「比較雇用者給与等支給額」との比較は、改正後の制度では適用要件として定められるのではな

く、上の適用要件①②を満たした場合であっても「雇用者給与等支給額が比較雇用者給与等支給額以下である場合を除く（＝適用しない）」という表現に変更された（H30措法42の12の5①本文）。

　改正後の制度では控除税額を比較雇用者給与等支給額からの増加額に基づき計算することとされたため、これを適用要件とする意味がなくなったものと考えられるが、実質的には適用要件として取り扱ってもよいだろう。

　また、上乗せ控除の制度も大きく改組されたことに伴い、大企業と中小企業者等のそれぞれについて、上乗せ控除のための要件が下表の通り定められている。

| 要　件 | 大　企　業 | 中小企業者等 |
| --- | --- | --- |
| 継続雇用者給与等支給額の要件 | ―― | 【必須】<br>継続雇用者給与等支給額が継続雇用者比較給与等支給額から2.5％以上増加していること。 |
| 教育訓練費の要件 | 教育訓練費の額が比較教育訓練費の額から20％以上増加していること。 | 【選択】<br>教育訓練費の額が中小企業比較教育訓練費の額から10％以上増加していること。 |
| 経営力向上の要件 | ―― | 【選択】<br>当該事業年度終了の日までにおいて経営力向上計画（中小企業等経営強化法13条1項[3]）の認定を受けており、当該経営力向上計画に記載された経営力向上が確実に行われたことにつき一定の証明がされたものであること。 |

---

3　当時の条文番号。

このように、大企業については「教育訓練費の要件」を満たすことのみが求められているのに対し、中小企業者等については「継続雇用者給与等支給額の要件」を満たした上で、さらに「教育訓練費の要件」または「経営力向上の要件」のいずれか一つを満たすことが求められている。

　なお、中小企業者等は、任意に大企業向けの税額控除制度の適用を受けることができ、この場合の上乗せ控除率は20％となる（H30措法42の12の5②において「前項の規定の適用を受ける事業年度を除く」とあるが、これは中小企業者等も大企業向けの制度の適用を受けられることを前提とした表現である）。

　このときには、中小企業者等であっても、大企業向けの適用要件（賃上げの要件および設備投資の要件）並びに上乗せ控除の要件（教育訓練費の要件のみ）を満たさなければならない点に留意が必要である。

　中小企業者等にこのような選択適用が認められたのは、適用年度の教育訓練費の水準によっては、中小企業者等向けの教育訓練費の要件（前事業年度からの増加要件）を満たすことはできなくても、大企業向けの教育訓練費の要件（過去2年平均の金額からの増加要件）を満たすという状況が想定され、その場合には、上乗せ控除率は低くなるが大企業向けの制度の適用を認める（ただし大企業向けの適用要件の充足が必要）ことにより、広く人材投資の促進機会を確保できるためと考えられる。

● 補　足
**経営力向上計画に関する証明について**
(1)　経営力向上計画の意義
　「経営力向上」とは、事業者が、事業活動に有用な知識または技能を有する人材の育成、財務内容の分析の結果の活用、商品または役務の需要の動向に関する情報の活用、経営能率の向上のための情報システムの構築その他の、経営資源を高度に利用する方法を導入して事業活動を行

うことにより、経営能力を強化し、経営の向上を図ることをいう（中小企業等経営強化法2⑩）。

そして、中小企業者等の上乗せ控除制度の適用要件として用いられている「経営力向上計画」とは、同法第17条に定める「経営力向上計画」であり、具体的には以下の事項を記載したものである（同法17②）。

① 経営力向上の目標
② 経営力向上による経営の向上の程度を示す指標
③ 経営力向上の内容および実施時期
④ 経営力向上を実施するために必要な資金の額およびその調達方法
⑤ 経営力向上設備等の種類

中小企業者等は、上の事項を記載した経営力向上計画を主務大臣（経済産業大臣）に提出して、その経営力向上計画が適当である旨の認定を受けることができる（同法17①）。認定を受けた場合、主務大臣から、計画認定書および計画申請書の写しが交付される。

経営力向上計画を含めた本制度の詳細なガイドラインについては、中小企業庁のホームページ[4]に掲載されている。

### (2) 「経営力向上が確実に行われたこと」の意義

「経営力向上が確実に行われたこと」とは、経営力向上計画に記載した指標につき、経営力向上のための取組みの実施期間中に所定の目標に向けて指標が向上していることをいい、具体的には、経済産業大臣に対して提出する「経営力向上が行われたことに関する報告書[5]」によって明

---

4 中小企業庁 経営サポート「経営力向上支援」
　https://www.chusho.meti.go.jp/keiei/kyoka
5 中小企業庁 経営力向上計画申請プラットフォーム
　https://www.keieiryoku.go.jp

らかにするものと考えられる。

　経営力向上計画に係る認定申請書には「経営力向上の目標及び経営力向上による経営の向上の程度を示す指標」を記載することとされ、その指標は、経営力向上計画に係る事業の属する事業分野において事業分野別指針が定められている場合にはその指標を記載することとし、定められていない場合（基本方針にしたがって策定する場合）には労働生産性とすることとされている（中小企業庁「―中小企業等経営強化法― 経営力向上計画策定の手引き[6]」記載要領5）。

---

6　本書では令和6年9月2日付のものを参照している。

【例 事業分野別指針に定められている指標】

| 事業分野 | 経営の向上の程度を示す指針 |
|---|---|
| 製造業 | 【選択】<br>労働生産性、売上高経常利益率、付加価値額 |
| 卸・小売業 | 労働生産性 |
| 外食・中食産業 | 時間当たりの労働生産性 |
| 旅館業 | 時間当たりの労働生産性 |
| 貨物自動車運送事業 | 【選択】<br>運転手の平均労働時間、積載効率、実車率、実働率 |
| 船舶産業 | 労働生産性 |
| 建設業 | 〈【基本方針】＋【推奨】or【簡易】〉<br>【基本方針】<br>(営業利益＋人件費＋減価償却費)÷労働投入量<br><br>【推奨】<br>(完成工事総利益＋完成工事原価のうち労務費＋完成工事原価のうち外注費)÷年間延人工数<br><br>【簡易】<br>(完成工事総利益＋完成工事原価のうち労務費)÷直庸技能労働者数 |
| 有線テレビジョン放送業 | 【選択】<br>労働生産性、光回線化増加率 |

| 事業分野 | 経営の向上の程度を示す指針 |
| --- | --- |
| 電気通信事業（分野） | 【選択】労働生産性、売上高経常利益率、IPv6への対応率 |
| 不動産業 | 労働生産性 |
| 地上基幹放送事業（分野） | 【選択】労働生産性、売上高経常利益率 |
| 石油卸売業・燃料小売業 | 【選択】労働生産性、売上高経常利益率、付加価値額 |
| 旅客自動車運送事業 | 【選択】労働生産性 or 実働率 or 実車率、運転者の平均労働時間（減少率）、日車営収 or 平均乗車密度（増加率） |
| 職業紹介事業・労働者派遣事業 | 労働生産性 |
| 学習塾業 | 労働生産性 |
| 農業（分野） | 労働生産性 |

（経済産業省「事業分野別指針の概要について」（令和3年8月））

ここで「労働生産性」は、以下の式によって算定される。

（営業利益＋人件費＋減価償却費）÷労働投入量
※労働投入量＝労働者数または1人当たり年間就業時間

### (3) 添付書類

　経営力向上に係る要件を満たしているものとして上乗せ控除制度の適用を受けようとする場合には、これらの規定の適用を受ける事業年度の確定申告書等に、経営力向上が確実に行われたことを証する書類として次のものを添付する必要がある（H30措規20の10①）。

---

● 経営力向上計画の写し
　➡ 「経営力向上計画に係る認定申請書」の写し

● 当該経営力向上計画に係る認定書の写し
　➡ 「計画認定書」（原本）の写し

● 当該経営力向上計画に従って行われる経営力向上に係る事業の実施状況につき経済産業大臣に報告した内容が確認できる書類（当該経営力向上が行われたことが当該経営力向上計画に記載された指標（経済産業大臣が認めるものに限る）の値により確認できるものに限る）
　➡ 「経営力向上計画に係る実施状況報告書」の写し
　➡ Webフォームによる報告システムを利用して作成・提出したものを添付

---

## 2 令和2年度

　令和2年度の税制改正では、「賃上げ・投資促進税制」の適用要件①（設備投資の要件）のみが改正された。
　もともと同制度の適用は令和2年度が最終年度とされていたから、結局のところ1年しか適用されなかった。

| 摘　要 | 大 企 業 | 中小企業者等 |
|---|---|---|
| 適用年度 | 令和2年4月1日から令和3年3月31日までの間に開始する各事業年度 | 同左 |
| 適用要件①<br>（賃上げの要件） | 継続雇用者給与等支給額が継続雇用者比較給与等支給額から3％以上増加していること | 継続雇用者給与等支給額が継続雇用者比較給与等支給額から1.5％以上増加していること |
| 適用要件②<br>【改正】<br>（設備投資の要件） | 国内設備投資額が当期償却費総額の95％以上であること。 | ─── |

# 第3節 用語の定義

## 1 雇用者給与等支給額

前章第3節1の定義から変更されていない（H30措法42の12の5③四）。

## 2 比較雇用者給与等支給額

前章第3節2の定義から変更されていない（H30措法42の12の5③五）。

平成30年度の税制改正では、前事業年度の月数と適用年度の月数が異なる場合の取扱いが改正されているが、その内容については、第1編第5章7を参照されたい。

## 3 継続雇用者給与等支給額・継続雇用者比較給与等支給額

① 「継続雇用者給与等支給額」および「継続雇用者比較給与等支給額」の意義

継続雇用者給与等支給額とは、雇用者給与等支給額のうち継続雇用者に対する支給額をいい（H30措法42の12の5③六、H30措令27の12の5⑭）、継続雇用者比較給与等支給額とは、当該継続雇用者に対する前事業年度等の給与等の支給額として計算された一定の金額をいう（H30措法42の12の5③七、H30措令27の12の5⑮。詳細は後述）。

② 「継続雇用者」の意義

適用年度およびその前事業年度の期間内の各月において当該法人の給

与等の支給を受けた国内雇用者のうち一定のものとされ、「一定のもの」として「雇用保険の一般被保険者に該当するものに限り、継続雇用制度適用対象者を除く」と定義された（H30措法42の12の5③六、H30措令27の12の5⑬）。これによって、事業年度の中途で入社または退職した者は継続雇用者に該当しないこととなり、完全に集計から除外できるようになった。

なお、旧制度では、雇用保険関連の取扱いは「継続雇用者給与等支給額の集計」に関連して定められていたのに対し、新制度では「継続雇用者の定義」の中に組み込まれている点に留意が必要である。新制度では、期の中途で雇用保険一般被保険者資格を得喪した者や継続雇用制度の適用対象者となった者は継続雇用者に該当しない（定義を満たさない）こととなり、そもそも集計に含める必要がなくなったということである。

【継続雇用者のイメージ】

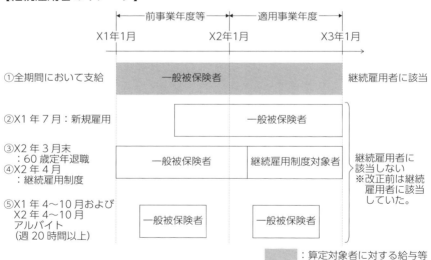

財務省「平成30年度 税制改正の解説」p.410より引用

③ 「期間内の各月」の意義と継続雇用者給与等支給額の集計範囲

継続雇用者の定義に含まれている「適用年度およびその前事業年度等の期間内の各月において当該法人の給与等の支給を受けた」という表現に関し、「期間内の各月」の取扱いについては、適用年度の月数と前事業年度等の月数が異なる場合には以下のように異なる取扱いが定められているので留意が必要である（特に、みなし事業年度が設定される事業年度付近で留意すべきと考えられる）。

その上で、継続雇用者とされた者に係る雇用者給与等支給額が「継続雇用者給与等支給額」とされる（H30措令27の12の5⑭）。

(1) 適用期間の月数と前事業年度等の月数が同じ場合
　　（H30措令27の12の5⑬一）

適用年度の期間およびその前事業年度等の期間内の各月にわたり給与等の支給を受けた者が継続雇用者に該当する[7]。

(2) 前事業年度等の月数が適用年度の月数に満たない場合
　　（H30措令27の12の5⑬二イ）

適用年度の期間およびその適用年度開始の日前1年以内に終了した各事業年度（前1年事業年度等）の期間内の各月にわたり給与等の支給を受けた者が継続雇用者に該当する。

ここで「前1年事業年度等」は、設立の日以後に終了した事業年度に限られ、適用年度開始の日から起算して1年前の日または設立の日を含む前1年事業年度等にあっては、その1年前の日またはその設立の日のいずれか遅い日から当該前1年事業年度終了の日までの期間（前1年事

---

[7] イメージは第1編第5章⑩③(1)（81ページ）と同様。

業年度等特定期間）が対象となる[8]。

(3) 前事業年度等の月数が適用年度の月数を超える場合
　　（H30措令27の12の5⑬ニロ）

　適用年度の期間およびその前事業年度等の期間のうちその適用年度の期間に相当する期間でその前事業年度等の終了の日に終了する期間（前事業年度等特定期間）内の各月にわたり給与等の支給を受けた者が継続雇用者に該当する[9]。

④　継続雇用者比較給与等支給額の集計範囲

　①により継続雇用者給与等支給額が定められれば、それと対応する形で継続雇用者比較給与等支給額も集計することができる（H30措令27の12の5⑮）。この場合においても、適用年度の月数と前事業年度等の月数が異なる場合に応じて、それぞれ以下のように取り扱われるので留意が必要である。

(1) 適用期間の月数と前事業年度等の月数が同じ場合
　　（H30措令27の12の5⑮一）

　継続雇用者比較給与等支給額は、継続雇用者に対する前事業年度等に係る給与等支給額とされる[10]。

---

8　イメージは第1編第5章⑩③(2)（82ページ上部）と同様。
9　イメージは第1編第5章⑩③(3)（82ページ下部）と同様。
10　イメージは第1編第5章⑩④(1)（83ページ上部）と同様。

(2) 前事業年度等の月数が適用年度の月数に満たない場合
　　（H30措令27の12の5⑮二）
　継続雇用者比較給与等支給額は、以下の算式で求められる[11]。

```
継続雇用者比較給与等支給額＝
継続雇用者に対する前1年事業年度等給与等支給額        適用年度の月数
（前1年事業年度等特定期間に対応する部分に限る）  ×  ─────────────────
                                            前1年事業年度等特定期間の月数
```

　このような按分計算が求められているのは、前1年事業年度等特定期間に設立事業年度が含まれている場合には、その期間が必ずしも適用年度の月数と一致するわけではなく、月数補正が必要になる可能性があるためである。

(3) 前事業年度等の月数が適用年度の月数を超える場合
　　（H30措令27の12の5⑮三）
　継続雇用者比較給与等支給額は、継続雇用者に対する前事業年度等特定期間に係る給与等支給額とされる[12]。

⑤　**継続雇用者比較給与等支給額がゼロの場合**
　継続雇用者比較給与等支給額がゼロの場合、継続雇用者給与等支給額の増加割合を計算することができない（分母がゼロのため計算不能）。
　そこでこのような場合には、継続雇用者給与等支給額に係る要件を満たさず、本税制の適用を受けることができないことが明確化された（R2措令27の12の5㉒）。

---

11　イメージは第1編第5章⑩④(2)（83ページ下部）と同様。
12　イメージは第1編第5章⑩④(3)（84ページ）と同様。

具体的には以下の通りである。

| 要　件 | 大企業 | 中小企業者等 |
|---|---|---|
| 適用要件①<br>（賃上げの要件） | 【要件：3％以上増加】<br>満たさないものとする<br>（R2措令27の12の5㉒一） | 【要件：1.5％以上増加】<br>満たさないものとする<br>（R2措令27の12の5㉒二） |
| 上乗せ控除のための要件①<br>（継続雇用者給与等支給額の要件） | ―― | 【要件：2.5％以上増加】<br>満たさないものとする<br>（R2措令27の12の5㉒一） |

## 4 国内設備投資額

　法人が適用年度において**取得等**をした**国内資産**で当該適用年度終了の日において有するものの取得価額の合計額をいう（H30措法42の12の5③八）。

① 「取得等」の意義

　取得または製作もしくは建設をいい、合併、分割、贈与、交換、現物出資または現物分配、代物弁済による取得を除く（H30措令27の12の5⑯）。

　本税制は設備投資を促進するための税制であるから、投資を伴わない資産の増加について適用除外する趣旨と考えられる。

② 「国内資産」の意義

　国内にある当該法人の事業の用に供する機械および装置その他の減価償却資産（時の経過によりその価値の減少しないものを除く）をいう（H30

措令27の12の5⑰)。

　この点、使用可能期間が１年未満であるものまたは取得価額が10万円未満であるもの(いわゆる少額減価償却資産)並びに一括償却資産も「減価償却資産」に含まれることから(法令133、133の２)、これらも「国内資産」に含まれる。

　したがって、以下に掲げるものは「国内資産」に該当しないものと考えられる。

---

- 棚卸資産
- 有価証券(法法２二十一)
- 繰延資産(法法２二十四)
- 国外事業所にある減価償却資産
- 土地
- 取得価額が１点100万円以上の美術品等のうち、時の経過によりその価値が減少することが明らかなものを除いたもの
- 取得価額が１点100万円未満の美術品等のうち、時の経過によりその価値が減少しないことが明らかなもの
- 適用年度中に取得等したもののうち、適用年度終了の日の前に除売却したもの

---

## ● 補足①

### 「事業の用に供する」の意義

　国内資産の定義にある「事業の用に供する」という表現は、実際に事業の用に供していることを必要としていないことに留意が必要である。

　事業供用が必要な場合には「事業の用に供した機械および装置……」、という表現になるべきであるし、これに続く「その他の減価償却資産」のカッコ書きからも、法人税法施行令第13条における減価償却資産の定義のカッコ書きに含まれている「事業の用に供していないもの」が除外され、単に「時の経過によりその価値の減少しないもの」のみが残され

ていることからも明らかである。

　このように、法人の有する資産が適用年度終了の日において当該法人の事業の用に供されていない場合であっても、その後国内において当該法人の事業の用に供されることが見込まれるときには、当該資産は国内資産に該当することが通達上も明らかにされている（H30措通42の12の5－7）。

## ● 補足②

### 無形固定資産の内外判定

　国内資産の定義中「国内にある」との表現は、当該資産が国内資産に該当するかどうかの判定（内外判定）は地理的に行うことを示したものであるが、無形固定資産は物理的に存在しないことから、地理的に内外判定することが困難な局面が想定される。

　そこで無形固定資産については、種類ごとの内外判定基準となる「事業の用に供される場所」についての取扱いが以下の通り示された（H30措通42の12の5－6）。

【無形固定資産の内外判定】

| 無形固定資産の種類 | 事業の用に供される場所 |
| --- | --- |
| 鉱業権（租鉱権および採石権その他土石を採掘し採取する権利（採石権等）を含む） | 以下の所在する場所<br>● 鉱業権に係る鉱区<br>● 租鉱権に係る租鉱区<br>● 採石権等に係る採石場 |

| | |
|---|---|
| 特許権、実用新案権、意匠権、商標権もしくは育成者権（これらの権利を利用する権利を含む）または営業権 | これらの権利が使用される場所 |
| ソフトウェア | そのソフトウェアが組み込まれている資産の所在する場所 |
| 一の資産において国内および国外のいずれの事業の用にも供されている場合 | 当該一の資産は国内資産に該当するものとして取り扱う。 |

● **補足③**

## 「国内資産の取得価額」の取扱いに関する各種通達

### （1）　資本的支出の範囲

　法人の有する国内資産につき資本的支出を行った場合の当該資本的支出に係る金額は、H30措通42の12の5-11ただし書の適用があるものを除き、「国内設備投資額」に含まれるものとする[13]ことが明らかにされた（H30措通42の12の5-8）。

### （2）　圧縮記帳をした国内資産の取得価額

　法人の有する国内資産のうち、圧縮記帳の適用を受けたものがある場合には、その圧縮記帳前の実際の取得価額によるものとする（H30措通

---

13　当該資本的支出に係る金額について「H30措通42の12の5-11ただし書を適用した場合」とは、減価償却費について支出した金額で修繕費として経理した金額のうち、資本的支出の規定（法令132）により損金の額に算入されなかった金額（法基通7-5-1（3））について、国内設備投資額に含めないということである。詳細は本節**5**の〈補足〉を参照のこと。

42の12の5−9）。

ただし、H30措通42の12の5−11ただし書の適用があるものにあっては、その圧縮記帳前の実際の取得価額から、同通達の「当該法人の有する国内資産に係るこれらの金額に相当する金額」を控除した金額による[14]ものとする。

## (3) 贈与による取得があったものとされる場合の適用除外

贈与による取得は、「国内設備投資額」の定義を満たす「取得等」には該当しない（H30措法42の12の5③ハ、H30措令27の12の5⑯）ことをふまえ、下表のように取り扱うことが明らかにされた（H30措通42の12の5−10）。

| ケース | 贈与と認められる額 | 取得価額の取扱い |
|---|---|---|
| 資産を著しく**低い**対価の額で取得した場合[15] | 実際の対価と時価との差額に相当する金額について贈与を受けたものと認められる。 | 実際の対価により取得があったものとする。 |

---

[14] 当該圧縮記帳に係る圧縮損について「H30措通42の12の5−11ただし書を適用した場合」とは、減価償却資産について法人税法または租税特別措置法の規定による圧縮限度額を超えてその帳簿価額を減額した場合のその超える部分の金額（法基通7−5−1(2)）について、国内設備投資額に含めないものとして実際の取得価額から控除するということである。詳細は本節**5**の〈補足〉を参照のこと。

[15] 資産を著しく低い対価の額で取得した場合においては、H30措通42の12の5−11の取扱いの適用はない。すなわち、当該資産の取得価額を時価相当額とした上で、贈与相当額について帳簿価額を減額する処理を擬制し、当該減額分を「償却費として損金経理をした金額」として取り扱うわけではないということである。

| 資産を著しく高い対価の額で取得した場合 | 実際の対価と時価との差額に相当する金額の贈与をしたものと認められる。 | 時価により取得があったものとする。 |
|---|---|---|

## 5 当期償却費総額

　法人がその有する減価償却資産につき適用年度においてその償却費として損金経理をした金額をいう（H30措法42の12の5③九）。

　償却費として損金経理をした金額には、当該適用年度の決算の確定の日までに剰余金の処分により積立金として積み立てる方法により特別償却準備金として積み立てた金額を含み、償却超過額の当期認容額、および合併、分割等により移転を受けた減価償却資産に係る合併等事業年度前の損金未算入額は含まれない。

　当期償却費総額は、税務上の損金算入限度額ではなく、その母集団である「償却費として損金経理をした額」を対象とした概念であることに注意しておきたい。税務上は償却超過額として否認された部分も「当期償却費総額」に含まれることとなるから、前期以前の償却超過額の当期認容額は「当期償却費総額」から除かれているのである。また、合併等事業年度前の損金未算入額についても、自己の設備投資に対応する償却費ではないことから、同じく「当期償却費総額」から除かれていると考えられる。

　「償却費として損金経理をした額」の具体例は法人税基本通達7-5-1に例示されているものをはじめ、以下のものも含まれると考えられる。

- 少額減価償却資産または一括償却資産の損金経理額
- 資産除去債務に対応して計上される減価償却費

## ● 補　足

**償却費として損金経理をした金額の範囲と「設備投資額」の関係**

　当期償却費総額には、法人税基本通達7−5−1または7−5−2の取扱いにより償却費として損金経理をした金額に該当するものとされる金額が含まれる。ただし、法人が継続して、これらの金額につきこの「償却費として損金経理をした金額」に含めないこととして計算している場合には、国内設備投資額の計算につき当該法人の有する国内資産に係るこれらの金額に相当する金額を含めないこととしているときに限り、この計算を認めることとされている（H30措通42の12の5−11）。

　もともと、法人税基本通達7−5−1において「償却費として損金経理をした金額」に含まれるものとされている項目は、法人が償却費（または減価償却費）の科目で経理していないものであっても、結果的に固定資産の帳簿価額を減額する作用を果たすものについて「償却費として損金経理をした金額」と同じ取扱いをすることを許容したものである。

　このように取り扱うためには、その前提として、「当初支出が固定資産の取得価額に含まれる（設備投資額に含まれる）」ことが必要である。固定資産の取得価額を構成していなければ、その後の償却によって帳簿価額を減額するという処理が成り立たないからである。

　したがって、法人が継続してこれらの項目を「償却費として損金経理をした金額」に含めず、別途の項目として税務調整を行っている場合には、このような関係性が失われることになるから、対応する当初支出は設備投資額に含められるべきではないということになる。

## 【(参考) 法人税基本通達7－5－1 (償却費として損金経理をした金額の意義)】

　法第31条第1項《減価償却資産の償却費の計算及びその償却の方法》に規定する「償却費として損金経理をした金額」には、法人が償却費の科目をもって経理した金額のほか、損金経理をした次に掲げるような金額も含まれるものとする。
(1) 令第54条第1項《減価償却資産の取得価額》の規定により減価償却資産の取得価額に算入すべき付随費用の額のうち原価外処理をした金額
(2) 減価償却資産について法又は措置法の規定による圧縮限度額を超えてその帳簿価額を減額した場合のその超える部分の金額
(3) 減価償却資産について支出した金額で修繕費として経理した金額のうち令第132条《資本的支出》の規定により損金の額に算入されなかった金額
(4) 無償又は低い価額で取得した減価償却資産につきその取得価額として法人の経理した金額が令第54条第1項の規定による取得価額に満たない場合のその満たない金額
(5) 減価償却資産について計上した除却損又は評価損の金額のうち損金の額に算入されなかった金額
　　(注) 評価損の金額には、法人が計上した減損損失の金額も含まれることに留意する。
(6) 少額な減価償却資産（おおむね60万円以下）又は耐用年数が3年以下の減価償却資産の取得価額を消耗品費等として損金経理をした場合のその損金経理をした金額
(7) 令第54条第1項の規定によりソフトウェアの取得価額に算入すべき金額を研究開発費として損金経理をした場合のその損金経理をした金額

**【(参考) 法人税基本通達7-5-2 (申告調整による償却費の損金算入)】**

> 　法人が減価償却資産の取得価額の全部又は一部を資産に計上しないで損金経理をした場合（7-5-1により償却費として損金経理をしたものと認められる場合を除く。）又は贈与により取得した減価償却資産の取得価額の全部を資産に計上しなかった場合において、これらの資産を事業の用に供した事業年度の確定申告書又は修正申告書（更正又は決定があるべきことを予知して提出された期限後申告書及び修正申告書を除く。）に添付した令第63条《減価償却に関する明細書の添付》に規定する明細書にその計上しなかった金額を記載して申告調整をしているときは、その記載した金額は、償却費として損金経理をした金額に該当するものとして取り扱う。
> 
> （注）　贈与により取得した減価償却資産が、令第133条第1項《少額の減価償却資産の取得価額の損金算入》の規定によりその取得価額の全部を損金の額に算入することができるものである場合には、損金経理をしたものとする。

## 6　比較教育訓練費の額

　法人の適用年度開始の日前2年以内に開始した各事業年度の所得の金額の計算上損金の額に算入される教育訓練費の額の合計額を、当該2年以内に開始した各事業年度の数で除して計算した金額をいい（H30措法42の12の5③十一）、賃上げ・投資促進税制における上乗せ控除のための要件の判定に用いられていた[16]。

　この点に関し、当該2年以内に開始した各事業年度の月数と適用年度の月数が異なる場合には、これらの教育訓練費の額に当該適用年度の月数を乗じて計算した金額に補正される（月数補正）。

　また、比較教育訓練費の額がゼロである場合の取扱いについては、人

---

16　人材確保等促進税制における比較教育訓練費の額とは集計期間が異なる。

材確保等促進税制においても改正されていないため、前章第2節**10**を参照されたい。

## 7 中小企業比較教育訓練費の額

　中小企業者等の適用年度開始の日前1年以内に開始した各事業年度の所得の金額の計算上損金の額に算入される教育訓練費の額の合計額を、当該1年以内に開始した各事業年度の数で除して計算した金額をいい（H30措法42の12の5③十二）、中小企業者等向けの上乗せ控除制度の適用要件の判定に用いられる。

　この点に関し、当該各事業年度の月数と適用年度の月数が異なる場合には、当該教育訓練費の額に当該適用年度の月数を乗じてこれを当該各事業年度の月数で除して計算した金額に補正される（月数補正）。

　なお、中小企業比較教育訓練費の額がゼロである場合には、適用年度の教育訓練費の状況に応じて以下のように取り扱われる（H30措令27の12の5㉔）。

---

① **適用年度の教育訓練費の額がゼロである場合**
　中小企業比較教育訓練費に関する要件を満たさないものとする。

② **適用年度の教育訓練費の額が発生している場合**
　中小企業比較教育訓練費に関する要件を満たすものとする。

---

　したがって、過去において教育訓練費の支出がなく、当事業年度（適用年度）に初めて教育訓練費を支出する場合には、中小企業比較教育訓練費に係る要件を満たすものとして、上乗せ控除の適用を受けることができる。

# 第3章

# 人材確保等促進税制
（令和3年度）

# 第1節 制度の概要

　令和2年初頭より、新型コロナウイルス感染症の影響でわが国の経済活動が大きく制約され、厳しい局面が続いていたところである。コロナ禍にあって労働者を取り巻く環境が大きく変化する中で、企業が新しい社会へ適用していくためには、事業や構造を変革する新たな人材の獲得および人材育成の強化が重要であることや、企業の採用状況が悪化する中で第二の就職氷河期を作らないことも重要である[1]。

　このような観点から、従来の「賃上げ・投資促進税制」の適用要件等が抜本的に見直され、新たに人材確保・人材育成に着目した税制（人材確保等促進税制）に改組された（R3措法42の12の5①）。

　また、中小企業者等向けの「所得拡大促進税制」についても、これまでは個々の法人の継続雇用者の賃金引き上げに主眼を置いた適用要件が定められていたが、足下新型コロナウイルス感染症の影響で雇用情勢が厳しい中、単に自らの従業員に対する給与の引き上げを行うのみならず、雇用者報酬全体の維持・拡大に積極的に取り組む法人を支援すべきと考えられる[2]。

　このような観点から、制度の枠組みとしては現行制度を維持しつつ、適用要件等を見直した上で適用期限を2年延長することとされた（R3措法42の12の5②）。

---

1　財務省「令和3年度税制改正の解説」p.509「2．改正の趣旨及び概要」の表現を一部変更して引用。

2　同上

## (1) 「賃上げ・投資促進税制」から「人材確保等促進税制」への改組

| | 改正前 | 改正後 |
|---|---|---|
| 適用時期 | 平成30年4月1日から令和3年3月31日までの間に開始する事業年度に適用する。 | 令和3年4月1日から令和5年3月31日までの間に開始する事業年度に適用する。 |
| 適用要件① | 継続雇用者給与等支給額が継続雇用者比較給与等支給額から3％以上増加していること。 | 新規雇用者給与等支給額が新規雇用者比較給与等支給額から2％以上増加していること。 |
| 適用要件② | 国内設備投資額が当期償却費総額の95％以上であること。 | （廃止） |
| 税額控除限度額 | 【原則控除】<br>（雇用者給与等支給額－比較雇用者給与等支給額）×15％<br><br>【上乗せ控除】<br>上の控除率を20％として計算 | 【原則控除】<br>控除対象新規雇用者給与等支給額×15％<br><br>【上乗せ控除】<br>上の控除率を20％として計算 |
| 控除上限 | 適用年度の調整前法人税額の20％ | 同左 |

　改正前の制度（賃上げ・投資促進税制）が「雇用者給与等支給額」の増加分に税額控除のインセンティブを与えているのに対し、改正後の制度（人材確保等促進税制）は新規雇用者に対する雇用者給与等支給額そのものに税額控除のインセンティブを与えるように変更されたということである。

(2) 中小企業者等向け「所得拡大促進税制」の見直し

| | 改正前 | 改正後 |
|---|---|---|
| 適用時期 | 平成30年4月1日から令和3年3月31日までの間に開始する事業年度に適用する。 | 令和3年4月1日から令和5年3月31日までの間に開始する事業年度に適用する。 |
| 適用要件 | 継続雇用者給与等支給額が継続雇用者比較給与等支給額から1.5％以上増加していること。 | 雇用者給与等支給額が比較雇用者比較給与等支給額から1.5％以上増加していること。 |
| 税額控除限度額 | 【原則控除】<br>(雇用者給与等支給額－比較雇用者給与等支給額)×15％<br><br>【上乗せ控除】<br>上の控除率を25％として計算 | 【原則控除】<br>控除対象雇用者給与等支給増加額×15％<br><br>【上乗せ控除】<br>同左 |
| 控除上限 | 適用年度の調整前法人税額の20％ | 同左 |

　改正により、「継続雇用者給与等支給額」ではなく、「雇用者給与等支給額」の増加割合によって適用要件を判定することとされた。

(3) 「他の者から支払を受ける金額」の範囲の見直しと明確化

　給与等の支給額から控除される「他の者から支払を受ける金額」の内容について、これまでは通達中に例示されているものの、法令上では範囲が明確にされていなかった。

改正によりその範囲を明確化するとともに、給与等の支給額からは雇用安定助成金額（雇用調整助成金およびこれに類するもの）を控除しないこととされた（R3措法42の12の5③五）。

## 第2節 適用要件

　令和3年度の税制改正では、「賃上げ・投資促進税制」が「人材確保等促進税制」として抜本的に改組され、従来の（会社全体の）賃上げ幅に対する税額控除制度から新規雇用者に対する給与支給額に対する税額控除制度へと生まれ変わった。
　これに対して中小企業者等向けの「所得拡大促進税制」については、制度の枠組みを維持しつつ、適用要件の見直しが行われたところである。
　改正後の適用要件は下表の通りとなった。

| 摘　要 | 人材確保等促進税制 | 所得拡大促進税制 |
|---|---|---|
| 適用年度 | 令和3年4月1日から令和5年3月31日までの間に開始する各事業年度。 | 同左 |
| 適用要件<br>（賃上げの要件） | 新規雇用者給与等支給額が新規雇用者比較給与等支給額から2％以上増加していること。 | 雇用者給与等支給額が比較雇用者給与等支給額から1.5％以上増加していること。 |

　賃上げ・投資促進税制から人材確保等促進税制への改組に伴い、設備投資に係る適用要件が廃止された。また、「新規雇用者給与等支給額が前年度比で増加していること」という要件は、特定の雇用者について前年度からの賃上げを求めているものではなく、毎年の「新規雇用者」に対する給与等支給額の増加を求めているということである。すなわち、

新規雇用者の採用を拡大していかなければこの適用要件を満たすことは難しいと理解する必要があろう。

　一方、所得拡大促進税制の適用要件については、従来の「継続雇用者給与等支給額」を用いた判定から「雇用者給与等支給額」を用いた判定に変更された。これにより、基本的には全社ベースで給与総額が増加していれば本税制を適用できる可能性が高く、改正前に比べて要件を満たしやすくなったといえる。

　なお、いずれの税制においても、控除税額の計算上「雇用者給与等支給額から比較雇用者給与等支給額を控除した金額」（調整雇用者給与等支給増加額）が計算の上限とされていることから（R3措法42の12の5③四、十二）、「雇用者給与等支給額が比較雇用者給与等支給額以上であること」というかつての適用要件は実質的に維持されていたと考えられる。

　また、上乗せ控除のための要件も次ページ表の通り改正された。

| 摘　要 | 人材確保等促進税制 | 所得拡大促進税制 |
|---|---|---|
| 賃上げの要件 | ——— | 【必須要件】<br>雇用者給与等支給額が比較雇用者給与等支給額から2.5％以上増加していること。 |
|  |  | 【選択要件】<br>以下のいずれかの要件を満たすこと。 |
| 教育訓練費の要件 | 教育訓練費の額が比較教育訓練費の額から20％以上増加していること。 | ● 教育訓練費の額が比較教育訓練費の額から10％以上増加していること。 |
| 経営力向上の要件 | ——— | ● 当該事業年度終了の日までにおいて経営力向上計画（中小企業等経営強化法17条1項）の認定を受けており、当該経営力向上計画に記載された経営力向上が確実に行われたことにつき一定の証明がされたものであること。 |

　人材確保等促進税制における上乗せ控除のための要件は、賃上げ・投資促進税制における要件から変更されなかった。

　これに対し、所得拡大促進税制における上乗せ控除のための要件には2つの改正点が含まれている。第一に、改正前は必須の要件として「継続雇用者給与等支給額の要件」があったが、改正後の制度では廃止された。これは、税額控除の適用要件として継続雇用者給与等支給額を使用しないこととされたことに伴う措置である。これに代わり、雇用者給与

等支給額が前年度比で2.5％以上増加していることが求められることとなった。第二に、教育訓練費の要件について改正前は「中小企業比較教育訓練費」からの増加要件が定められていたが、この概念が廃止されたため、（人材確保等促進税制における教育訓練費の要件と同じく）比較教育訓練費からの増加要件に変更された。なお、経営力向上の要件は変更されなかった。

　令和３年度の税制改正による本制度は当初、２年間の適用期間を想定していたが、令和４年度の税制改正で人材確保等促進税制が抜本的に見直されることとなり、結局１年間しか適用されなかった。

# 第3節 用語の定義

## 1 国内新規雇用者

　法人の国内雇用者（➡第1編第5章1）のうち、その法人の有する国内の事業所に勤務することとなった日から1年を経過していないものをいい（R3措法42の12の5③二）、具体的には、雇用開始日（国内に所在する事業所につき作成された労働基準法第107条第1項に規定する労働者名簿に氏名が記載された日[3]）から1年を経過しないものをいう（R3措令27の12の5③本文）。基本的には、いわゆる「新入社員（中途採用含む）」と理解して差し支えない。過去において当該法人に雇用されており、その後一度退職したものの、一定期間後に再び同法人に雇用された者も、国内新規雇用者に該当する[4]。

　国内新規雇用者となるのは、国内雇用者のうち労働者名簿に氏名が記載された者に限られる点にも注意が必要である。

　ただし以下に該当する者は除かれる（R3措令27の12の5③一～三）。

### ① 役員および一定の使用人

　その法人の国内雇用者となる直前に、その法人の役員および一定の使

---

[3] その国内に所在する事業所につき作成された労働者名簿に記載されている「雇入れの年月日」（労働基準法施行規則53①四）をいい、その国内雇用者がその法人の国内に所在する他の事業所から異動した者である場合には、その法人の国内に所在する各事業所におけるその国内雇用者の雇入れの年月日のうち最も早い日とする（R3措規20の10②）。

[4] 『「人材確保等促進税制」よくある御質問Q&A集』（令和3年8月30日改訂版）A9より。

用人に該当する者は、国内新規雇用者の範囲から除外される（R3措令27の12の5③一）。

一定の使用人とは、具体的には以下の者をいう。

- 役員の特殊関係使用人である者
- 国外事業所の使用人であった者

すなわち、役員を退任して使用人になった者や、海外支店等から国内の事業所に異動した者は除かれるということである。

② **支配関係法人の役員、支配関係のある個人および一定の使用人**
(ア) 支配関係法人の役員および一定の使用人

その法人の国内雇用者となる直前に、その法人の「支配関係法人」の役員および一定の使用人に該当する者は、国内新規雇用者の範囲から除外される（R3措令27の12の5③二前段）。

支配関係法人とは、法人税法第2条第12号の7の5に規定する支配関係がある法人をいい、具体的には、「一の者が法人の発行済株式等の総数または総額の50％超を直接または間接に保有する関係（当事者間の支配関係）」または「一の者との間に当事者間の支配関係がある法人相互の関係（同一の者による支配関係）」のある法人が該当する。

一定の使用人の範囲は、具体的には以下の者をいう。

- 国内雇用者である者
- 役員の特殊関係使用人である者
- 国外事業所の使用人であった者

上記①の範囲に加え、「その支配関係法人の国内雇用者である者」が新たに追加されている。支配関係法人から異動した者については原則として国内新規雇用者に含まれないということである。

（イ）支配関係のある個人および一定の使用人

　その法人の国内雇用者となる直前に、その法人と「支配関係のある個人」および（その個人の）一定の使用人に該当する者は、国内新規雇用者の範囲から除外される（R３措令27の12の５③二後段）。

　支配関係のある個人とは、具体的にはその法人の発行済株式総数等の50％超を直接または間接に保有する個人、すなわち筆頭株主等を指すものと考えられる。

　一定の使用人の範囲は、具体的には以下の者をいう（R３措規20の10③、R３措令５の６の４⑤一）。

---
● その個人の国内雇用者である者
● その個人の国外事業所の使用人であった者

---

（ウ）組織再編成等が行われた場合等の取扱い

　上記（ア）および（イ）の取扱いには例外があり、その異動が組織再編成または連結納税グループ法人間の異動による場合には、一定の要件に該当する者については国内新規雇用者に含めることとされている。

　すなわち、その法人を合併法人等（合併法人、分割承継法人、被現物出資法人または被現物分配法人）とする合併等（合併、分割、現物出資または現物分配）が行われた場合において、その合併等の直後の国内雇用者のうち、その合併等の直前においてその合併等に係る被合併法人等の国内雇用者であった者は、上記①および②の範囲から除外されている（R３措令27の12の５③二イ）。

　つまり、その合併等によって被合併法人等から合併法人等に異動した使用人のうち、被合併法人等において国内雇用者であった者については、他の要件に該当する限り合併法人等において引き続き国内新規雇用者等に該当するものとして取り扱われる、ということである。この場合には、

その被合併法人等における雇用開始日を合併法人等における雇用開始日とみなすこととされている（Ｒ３措令27の12の５④）。

具体的には、合併等の日において被合併法人等における雇用開始日から１年を経過していない場合には、被合併法人等における雇用開始日から１年を経過する日までの間は合併法人等において国内新規雇用者となり、逆に、合併等の日において被合併法人における雇用開始日から１年を経過している場合には、合併法人等において国内新規雇用者である期間は存在しないこととなる[5]。

この取扱いは、その法人の国内雇用者となる直前に、その法人と連結完全支配関係にある他の連結法人の国内雇用者であった者についても同様である（Ｒ３措令27の12の５③二ロ）。

### ③ 合併等の直前において支配関係がない被合併法人等の役員および一定の使用人

その法人を合併法人等とする合併等（その法人との間に支配関係がない法人を被合併法人等とするものに限る）の直後のその法人の国内雇用者で、その合併等の直前においてその合併等に係る被合併法人等の役員および一定の使用人に該当する者は、国内新規雇用者の範囲から除外される（Ｒ３措令27の12の５③三）。

一定の使用人の範囲は、具体的には以下の者をいう。

---

● 役員の特殊関係使用人である者
● 国外事業所の使用人であった者

---

上記②（ウ）との相違点は、支配関係のない法人との合併等に係る被合併法人等における国内雇用者については、除外の対象に含まれていな

---

5　財務省「令和３年度税制改正の解説」p.513

いという点である。すなわち、他の要件に該当する限り、合併法人等において国内新規雇用者となるということである。この場合には、その被合併法人等における雇用開始日をその合併法人等における雇用開始日とみなすこととされている（R3措令27の12の5④）。

④ まとめ

以上をまとめると、下表の通りとなる（表中の号数はR3措令27の12の5③におけるもの）。

**【国内新規雇用者の範囲】**

| 異動者の直前の所属 | | 国内雇用者 | 役員の特殊関係使用人 | 国外事業所使用人 |
|---|---|---|---|---|
| その法人 | | －<br>（該当なし） | ×<br>（1号） | ×<br>（1号） |
| 支配関係のある法人 | 組織再編 | ○<br>（2号イ） | ×<br>（2号本文） | ×<br>（2号本文） |
| | 組織再編以外 | ×<br>（2号本文） | ×<br>（2号本文） | ×<br>（2号本文） |
| 連結完全支配関係がある他の連結法人 | | ○<br>（2号ロ） | ×<br>（2号本文） | ×<br>（2号本文） |
| 支配関係のある個人 | | ×<br>（2号本文） | －<br>（該当なし） | ×<br>（2号本文） |
| 支配関係のない法人および個人 | 組織再編 | ○<br>（規定なし） | ×<br>（3号） | ×<br>（3号） |
| | 組織再編以外 | ○<br>（規定なし） | ○<br>（規定なし） | ○<br>（規定なし） |

（○：国内新規雇用者の範囲に含まれる ×：国内新規雇用者の範囲から除外される）

支配関係の有無によって原則的な取扱いが異なることから、第2号および第3号の規定ぶりは複雑になっているが、前ページ表より、組織再編成があった場合には、支配関係の有無にかかわらず、同様の取扱いになっていることがわかる。

## 2 新規雇用者給与等支給額

　法人の各事業年度（適用年度）の所得の金額の計算上損金の額に算入される国内新規雇用者（雇用保険の一般被保険者（雇保法60の2①一）に該当するものに限る）に対する給与等の支給額から、その給与等に充てるため他の者から支払を受ける金額（➡第4章第2節**3**）のうち雇用安定助成金額（➡第4章第2節**4**）を除いた金額を控除した金額をいう（R3措法42の12の5③五）。

① **集計の対象者**

　新規雇用者給与等支給額の計算にあたっては、まず対象となる国内新規雇用者の範囲を確定させたうえで、雇用保険の一般被保険者に該当する者を抽出する必要がある。

　すなわち、国内新規雇用者に該当するとしても、雇用保険一般被保険者以外の被保険者（高年齢保険者、短期雇用特例被保険者または日雇労働被保険者）に対する給与等の支給額は、新規雇用者比較給与等支給額に含まれないということである。

② **集計期間**

　国内新規雇用者となるのは雇用開始日から1年を経過する日までであるから、新規雇用者給与等支給額の支給期間もおのずと最長12か月間ということになる。この期間は、国内新規雇用者の雇用開始日から起算さ

れることになるから、必ずしも事業年度の期間と一致するものではない。雇用開始日と事業年度開始日が一致していれば、国内新規雇用者となるのはその事業年度（12か月間）のみということになるが、雇用開始日と事業年度開始日が異なる場合、その者は2事業年度にわたって国内新規雇用者に該当することとなる。

したがって、各事業年度において「雇用開始日から1年を経過していない者」を把握する必要があるが、事業年度ごとにまとめて集計できるものではなく、各自の雇用開始日から1年を経過していない者を毎年度個別に集計する必要がある点に留意が必要である。ただしこれらは決算日を待たず集計可能であることから、税額計算を含めた決算手続を早期化する観点からはあらかじめ準備しておくことが重要であろう。

## 3 新規雇用者比較給与等支給額

法人の適用年度開始の日の前日を含む事業年度（前事業年度）の所得の金額の計算上損金の額に算入される国内新規雇用者に対する給与等の支給額から、その給与等に充てるため他の者から支払を受ける金額のうち雇用安定助成金額を除いた金額を控除した金額をいう（R3措法42の12の5③六）。

ただし新たに集計する必要はなく、前事業年度の確定申告において集計した「新規雇用者給与等支給額」をそのまま用いればよい。

適用初年度については、前事業年度において「新規雇用日から1年を経過していない者」を把握したうえで、それらの者に対する前事業年度中の給与等の支給額を集計することとなる。

ここで、前事業年度の月数と適用年度の月数が異なる場合、その月数

の大小関係に応じて以下のように算定する（R3措令27の12の5⑥）[6]。

① **前事業年度の月数が適用年度の月数を超える場合**

当該前事業年度における新規雇用者給与等支給額に当該適用年度の月数を乗じ、これを当該前事業年度の月数で除して算定する。

② **前事業年度の月数が適用年度の月数に満たない場合**

（ア）当該前事業年度の月数が6月に満たない場合

当該適用年度開始の日前1年以内に終了した各事業年度（「前1年事業年度等」という）に係る新規雇用者給与等支給額に当該適用年度の月数を乗じて、これを当該前1年事業年度等の月数の合計数で除して算定する。

（イ）当該前事業年度の月数が6月以上である場合

当該前事業年度における新規雇用者給与等支給額に当該適用年度の月数を乗じ、これを当該前事業年度の月数で除して算定する。

前事業年度の月数が6月以上である場合の計算が簡便化されているのは、半年以上の期間があれば、賞与（ボーナス・一時金）を含め1年を通じた給与等支給額の月平均とおおむね同等になると考えられるためである[7]。

③ **前事業年度がない場合**

特別の規定はなく、新規雇用者比較給与等支給額はゼロとして取り扱

---

6 改正前の賃上げ・投資促進税制における比較雇用者給与等支給額の調整計算（R2措令27の12の5⑥）と全く同じ取扱いである。

7 財務省「平成30年度税制改正の解説」p.416〜417を一部変更して引用。

われることとなる。

※ 新規雇用者比較給与等支給額がゼロである場合

　前事業年度がない場合や、前事業年度において国内新規雇用者が存在しない場合等、新規雇用者比較給与等支給額がゼロとなる場合には、人材確保等促進税制の適用要件を満たさない（R3措令27の12の5㉒）。

【設例】

　ここで、経済産業省から公表されている「人材確保等促進税制御利用ガイドブック」（令和3年8月30日改訂版）6ページに示されている具体例を紹介しておこう。

【前提条件】

● 3月決算企業を想定し、本税制の適用年度を令和3年度、前年度を令和2年度とする。

● 令和3年度における当該企業の採用者は以下の通りとする。

| 採用者 | 採用区分 | 雇用開始月 |
| --- | --- | --- |
| A | 新卒採用 | 令和2年4月 |
| B | 新卒採用 | 令和3年4月 |
| C | 中途採用 | 令和2年6月 |
| D | 中途採用 | 令和2年12月 |
| E | 中途採用 | 令和3年5月 |
| F | 中途採用 | 令和3年7月 |
| G | 中途採用 | 令和元年10月 |

このとき、適用年度および前事業年度の給与等支給額は下図の通りとなる。

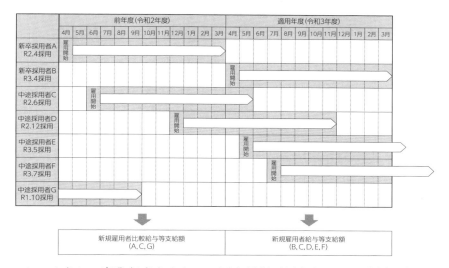

このように、事業年度をまたいで国内新規雇用者となる中途採用者は、2事業年度にわたり集計対象に含まれることとなる（上図の中途採用者EおよびFは、翌年度も新規雇用者給与等支給額に含まれる）。

## 4 控除対象新規雇用者給与等支給額

法人の適用年度の所得の金額の計算上損金の額に算入される国内新規雇用者に対する給与等の支給額から、その給与等に充てるため他の者から支払を受ける金額を控除した金額のうち、その法人のその適用年度の調整雇用者給与等支給増加額（➡第1編第5章 9 ）に達するまでの金額をいう（R3措法42の12の5③四）。

人材確保等促進税制の控除税額はこの金額を基礎として計算されることとなるが、以下の点に留意が必要である。

> - 国内新規雇用者に対する給与等の支給額の計算上、その給与等に充てるため他の者から支払を受ける金額がある場合には、その金額を控除した金額を用いるが、さらに雇用安定助成金額も控除する必要があること。
> - 「国内新規雇用者に対する給与等の支給額」は、適用要件の判断指標として用いられる新規雇用者給与等支給額（➡本節 **2** ）とは異なり、雇用保険の一般被保険者に限らず、すべての国内新規雇用者に対する給与等の支給額が対象となること。

　このように、「国内新規雇用者に対する給与等の支給額」と「新規雇用者給与等支給額」は似たような用語ではあるが下表の通り取扱いが異なっているので注意が必要である。

**【両者の取扱いの相違点】**

| 取扱い | 【控除税額】<br>国内新規雇用者に対する<br>給与等の支給額 | 【適用要件】<br>新規雇用者給与等支給額 |
|---|---|---|
| 支給対象者の範囲 | 雇用保険被保険者の<br>限定なし | 雇用保険の<br>一般被保険者に限る |
| 雇用安定助成金額<br>の取扱い | 控除する | 控除しない |

# 第4章

## 賃上げ促進税制
（令和4年度〜令和5年度）

# 第1節 制度の概要

　令和3年10月15日、「成長と分配の好循環」と「コロナ禍の新しい社会の開拓」をコンセプトとした新しい資本主義を実現するため、内閣に「新しい資本主義実現本部」が設置されることとなった（閣議決定）。この新しい資本主義実現本部の下で、新しい資本主義の実現に向けたビジョンを示し、その具体化を進めるため、「新しい資本主義実現会議」を開催して検討することとされた[1]。

　令和3年11月8日、新しい資本主義実現会議より「緊急提言」が示された。この中では「民間企業において人的資本など未来への投資を強化することで、中長期的に稼ぐ力を高め、その収益を賃上げ等の分配や更なる未来投資へ循環させることで持続的な成長を実現する。そして、現場で働く従業員や下請企業も含めて、広く関係者の幸せにつながる、多様なステークホルダーを重視した、持続可能な資本主義を構築していく。」「従業員に賃金の形で分配することで、消費が拡大し、消費拡大によって需要が拡大すれば、企業収益が更に向上し、持続的な成長につながる。我が国の労働分配率は、他の先進国と比較しても低い水準にあり、分配戦略は、成長を支える重要な基盤である。」「成長と分配を同時に実現するためには、幼児教育・保育や小中学校から企業内まで、「人」への投資を強化する必要がある。」などと述べられている。

　こうした中で、成長と分配の好循環を早期に起動させ、分配政策として持続的かつ積極的に賃上げを進める観点から、本税制について抜本的

---

1 「緊急提言」を含めた会議資料等は、内閣官房ホームページにおいてすべて公開されている（https://www.cas.go.jp/jp/seisaku/atarashii_sihonsyugi/index.html）。

に強化することとされた[2]。

　大企業向けの措置については、従来の「人材確保等促進税制」を改組し、一人一人の積極的な賃上げを促す観点から、継続雇用者に対する給与等支給額の増加（改正前：新規雇用者給与等支給額の増加）が要件とされた（R4措法42の12の5①）。また、一定規模以上の法人については、株主だけでなく従業員、取引先などの多様なステークホルダーへの還元を促進する観点から、持続的な賃上げなどマルチステークホルダーに配慮した経営への取組みを宣言することも適用要件に追加された。なお、教育訓練費の額の増加による上乗せ控除の措置は引き続き講ずることとされた。

　また、中小企業者等向けの措置については、適用要件に変更はないものの、一人一人の賃上げに加え、雇用を拡大することによる給与等の支給額の増加に対するインセンティブとしても機能するよう、税額控除割合の上乗せ措置が拡充された（R4措法42の12の5②）。

---

2　財務省「令和4年度　税制改正の解説」p.423「2　改正の趣旨」の表現を一部変更して引用

(1) 大企業向けの賃上げ促進税制の創設（人材確保等促進税制からの抜本改組）

| | 改正前<br>（人材確保等促進税制） | 改正後<br>（大企業向けの賃上げ促進税制） |
|---|---|---|
| 適用時期 | 令和3年4月1日から令和5年3月31日までの間に開始する事業年度に適用する。 | 令和4年4月1日から令和6年3月31日までの間に開始する事業年度に適用する。 |
| 適用要件① | 新規雇用者給与等支給額が新規雇用者比較給与等支給額から2％以上増加していること。 | 継続雇用者給与等支給額が継続雇用者比較給与等支給額から3％以上増加していること。 |
| 適用要件② | ─ | 事業年度終了時の資本金額10億円以上、かつ常時使用従業者数1,000人以上の法人については、「マルチステークホルダー方針」を公表していること。 |
| 税額控除限度額 | 【原則控除】<br>控除対象新規雇用者給与等支給額×15％<br><br>【上乗せ控除】<br>教育訓練費の要件を満たしている場合 ⇒ ＋5％ | 【原則控除】<br>控除対象雇用者給与等支給増加額×15％<br><br>【上乗せ控除①】（同左）<br>教育訓練費の要件を満たしている場合 ⇒ ＋5％<br><br>【上乗せ控除②】（新設）<br>賃上げの要件を満たしている場合 ⇒ ＋10％ |

|  | 改正前<br>（人材確保等促進税制） | 改正後<br>（大企業向けの賃上げ促進税制） |
| --- | --- | --- |
| 控除上限 | 適用年度の調整前法人税額の20％ | 同左 |

　改正後の制度では、一定規模以上の法人については、持続的な賃上げなどマルチステークホルダーに配慮した経営への取組みを宣言すること（マルチステークホルダー方針の公表）が適用要件に追加された。これは、「多様なステークホルダーを重視した、持続可能な資本主義」（新しい資本主義実現会議・緊急提言）の実現に向け、一定の社会的責任を有する企業に対し、そのための取組みを促すために整備されたものと考えられる。

　また、上乗せ控除の適用を受けるためには２つの要件が必要とされているが、要件ごとに上乗せされる控除率が定められている通り、いずれかの要件を満たせば足りる。

　２つの要件を満たせば控除率の上乗せは合計15％となり、最大控除率は30％となる。

## (2) 中小企業者等向けの賃上げ促進税制（所得拡大促進税制）の見直し

|  | 改正前 | 改正後 |
| --- | --- | --- |
| 適用時期 | 令和３年４月１日から令和５年３月31日までの間に開始する事業年度に適用する。 | 令和４年４月１日から令和６年３月31日までの間に開始する事業年度に適用する。 |

|  | 改正前 | 改正後 |
|---|---|---|
| 適用要件 | 雇用者給与等支給額が比較雇用者比較給与等支給額から1.5％以上増加していること。 | 同左 |
| 税額控除限度額 | 【原則控除】<br>控除対象雇用者給与等支給増加額×15％<br><br>【上乗せ控除】<br>賃上げの要件および教育訓練費の要件（または経営力向上の要件）をいずれも満たしている場合　⇒　＋10％ | 【原則控除】<br>控除対象雇用者給与等支給増加額×15％<br><br>【上乗せ控除①】<br>賃上げの要件を満たしている場合　⇒　＋15％<br><br>【上乗せ控除②】<br>教育訓練費の要件を満たしている場合　⇒　＋10％ |
| 控除上限 | 適用年度の調整前法人税額の20％ | 同左 |

　改正前の制度では、上乗せ控除の適用を受けるためには複数の要件（賃上げの要件および教育訓練費の要件または経営力向上要件）を満たす必要があったが、改正後の制度では、要件ごとに上乗せされる控除率が定められている通り、いずれかの要件を満たせば足りることとされた。なお、経営力向上要件は廃止された。

　2つの要件を満たせば控除率の上乗せは合計25％となり、最大控除率は40％となる。

## 第2節 適用要件

### 1 税額控除の適用要件

　令和4年度の税制改正では、「人材確保等促進税制」が「大企業向け賃上げ促進税制」として抜本的に見直され、令和2年度以前の「賃上げ・投資促進税制」に類似した税制に戻された。

　また、中小企業者等向けの「所得拡大促進税制」については、制度の枠組みをほぼ維持しつつ、上乗せ控除の取扱いが変更された。

　改正後の適用要件は下表の通りとなった。

| 摘　要 | 大企業向け | 中小企業者等向け |
|---|---|---|
| 適用年度 | 令和4年4月1日から令和6年3月31日までの間に開始する各事業年度。 | 同左 |
| 適用要件①<br>（賃上げの要件） | 継続雇用者給与等支給額が継続雇用者比較給与等支給額から3％以上増加していること。 | 雇用者給与等支給額が比較雇用者給与等支給額から1.5％以上増加していること。 |
| 適用要件②<br>（マルチステークホルダー方針公表要件） | 一定規模以上の法人にあっては、「マルチステークホルダー方針」を公表していること。 | ──── |

大企業向けの制度では、ふたたび「継続雇用者給与等支給額」の増加が適用要件とされることになったが、令和2年度までの「賃上げ・投資促進税制」における「継続雇用者給与等支給額」とは若干内容が異なっているので留意する必要がある。

　すなわち、「賃上げ・投資促進税制」における継続雇用者給与等支給額の定義は、令和3年度の税制改正によって一旦廃止されたものの、特定税額控除規定の適用停止措置（➡第1編第9章）の適用要件としてあらたに定義し直されている。そしてその用語がそのまま、令和4年度の税制改正によって本税制でも用いられることとなった。

　さらに、一定規模以上の法人については、賃上げの方針や下請け事業者その他の取引先との適切な関係の構築の方針などを含めた「マルチステークホルダー方針」を公表することが要件として追加されている。

　これに対して中小企業者等向けの制度では、継続雇用者ではなく「雇用者給与等支給額」の増加が適用要件とされているが、これは令和3年度の税制から変更されていない。

　なお、大企業向けの制度では継続雇用者給与等支給額の増加が要件とされているが、仮にこの要件を満たしたとしても、雇用者給与等支給額が比較雇用者給与等支給額よりも増加していなければ、控除対象雇用者給与等支給増加額が正数にならないため控除税額が発生しない（R4措法42の12の5③六）。この意味で、「雇用者給与等支給額が比較雇用者給与等支給額以上であること」という、かつての適用要件は現時点でも実質的に維持されていると考えてよさそうである[3]。

---

3　中小企業者等向けの制度では、雇用者給与等支給額の増加が要件とされているため、控除対象雇用者給与等支給増加額は必ず正数になる。

## 2 マルチステークホルダー方針公表要件

　前節でも述べたように、「新しい資本主義」の実現に向けた取組みの一環として、一定規模以上の法人については、多様なステークホルダー（利害関係者）に配慮した経営への取組みを行うことが社会的責任として求められるとの認識のもと、そうした取組みを行っている法人に限り賃上げ促進税制の適用を行うこととされた。

　具体的には、一定の「マルチステークホルダー方針」を自社のホームページに公表するとともに、公表した旨を経済産業大臣に届け出ることが必要である。さらに、公表届出後に経済産業大臣から発行される「受理通知書」の写しを確定申告書に添付することが必要である（R４措法42の12の５①、R４措令27の12の５①②）。

　その詳細については、第１編第２章第２節 2 を参照されたい。

# 第5章

## 連結納税制度における取扱い
## （平成25年度〜令和3年度）

## 第1節 制度の概要

本税制は連結納税制度を選択している法人（連結法人）にも同様の措置が定められていたが、単体納税制度における取扱いと異なる点がある。

## 1 適用年度

各連結法人の事業年度ではなく、「連結事業年度」において適用される。

ここで連結事業年度とは、連結親法人の事業年度開始の日からその終了の日までの期間をいい（R3法法15の2①）、連結子法人の事業年度が連結事業年度と異なる場合には、みなし事業年度が設定される（R3法法14①四）。

これをふまえ、単体納税制度における規定（R3措法42の12の5）における「事業年度」という表現を「連結事業年度」に改めた上で、同様の措置が規定されている（R3措法68の15の6）。

## 2 適用要件の充足性の判定

本税制を適用するための要件については、連結納税グループ全体で充足しているかどうかを判断することとなる（R3措法66の15の6①②）。すなわち、以下の金額は全ての連結法人の金額を合算して算定される。

① 新規雇用者給与等支給額
② 新規雇用者比較給与等支給額
③ 雇用者給与等支給額

④ 比較雇用者給与等支給額
⑤ 教育訓練費の額
⑥ 比較教育訓練費の額

したがって、仮に各連結法人が単体法人として適用要件を満たしていたとしても、連結納税グループ全体で適用要件を満たしていない場合には、連結納税グループ全体として本税制の適用を受けることはできないこととなる。

## 3 中小企業者等(中小連結親法人)の判定

連結親法人が「中小連結親法人」に該当する場合には、単体納税における中小企業者等の取扱いと同様の取扱いが連結納税グループ全体に適用され、所得拡大促進税制の適用を受けることができる（R3措法68の15の6②）。

ここで中小連結親法人とは、連結親法人のうち「中小連結法人」で適用除外事業者に該当しないもの等をいう（R3措法66の15の6②）。また、中小連結法人とは、連結親法人が次ページ表に掲げる法人に該当する場合の当該連結親法人または当該連結親法人による連結完全支配関係にある連結子法人（資本金の額または出資金の額が1億円以下のものに限る）をいう（R3措令39の39⑳）。

【中小連結法人の定義】

| 区　分 | 中小連結法人の定義 |
|---|---|
| 資本金額または出資金額が1億円以下である法人 | 以下に掲げる法人以外の法人<br>● 発行済株式総数または出資総額の2分の1以上が同一の大規模法人[1]の所有に属している法人<br>● 発行済株式総数または出資総額の3分の2以上が大規模法人の所有に属している法人 |
| 資本または出資を有しない法人 | 常時使用する従業員の数が1,000人以下の法人 |

　なお、中小連結法人の定義には資本金の額または出資金の額が1億円以下の連結子法人も含まれているが、本税制の適用上は、連結親法人が中小連結法人に該当していることのみが要件とされていることから（R3措法66の15の6②）、連結子法人の中に大企業が含まれている場合であっても、連結納税グループ全体として中小連結親法人の取扱いが適用されることとなる。

## 4　税額控除限度額と控除上限額

　税額控除限度額は、各連結法人の控除対象新規雇用者給与等支給額の合計額の15％相当額（上乗せ控除のための教育訓練費の要件を満たす場合には、20％相当額）とされるが、これが当該連結事業年度の連結所得に対する調整前連結税額の20％相当額を超えるときは、その20％相当額を

---

1　第4章第2節11を参照されたい。

控除上限額とする（Ｒ３措法68の15の６①）。

　なお、雇用促進税制との併用に伴う調整計算や複数の税額控除制度を適用することによる調整前連結税額超過額の取扱いについても、単体納税制度のものと同様のものが設けられている（Ｒ３措法68の15の６①、68の15の８）。

## 5　各連結法人の当期控除額の個別帰属額

　本税制による税額控除額は連結納税グループ全体として算出されるものであるから、各連結法人の連結法人税個別帰属額の算定上、その控除額を各連結法人に配分することとなる。

　当期控除額の個別帰属額は、各連結法人の控除対象新規雇用者給与等支給額の割合に応じて配分される。

# 第2節 連結納税開始・加入時の取扱い

　新たに連結納税を開始する場合または既存の連結納税グループに新たに加入する場合には、その対象となる連結法人は単体納税から連結納税に移行することに伴い、事業年度の取扱いが変更されることとなる（事業年度から連結事業年度へ）。

　このとき、新規雇用者比較給与等支給額、比較雇用者給与等支給額および比較教育訓練費の額の算定上、適用年度の前日を含む事業年度が連結事業年度に該当しない場合には、その事業年度における金額を用いることとなる（R3措法68の15の6③五、七、十）。

## 第3節 連結離脱時の取扱い

　連結納税グループから離脱して単体納税に戻る場合にも、前節と同様の取扱いが定められている。すなわち、新規雇用者比較給与等支給額、比較雇用者給与等支給額および比較教育訓練費の額の算定上、適用年度の前日を含む事業年度が連結事業年度に該当する場合には、その連結事業年度における金額を用いることとなる（R３措法42の12の５③六イ、八、十一イ）。

# 第4節 地方税の取扱い

　地方税（法人住民税および法人事業税）については連結納税の制度がないことから、引き続き各連結法人が単体で納税義務を負う。

　このとき、法人住民税（法人税割）の課税標準となる個別帰属法人税額については、原則として本税制の適用を受ける前の金額による（R3地法23①四の三、292①四の三）が、その連結法人が「中小連結法人」に該当する場合には、平成30年4月1日から令和4年3月31日までの間に開始する各連結事業年度の法人の道府県民税および市町村民税に限り、税額控除後の金額を用いることとなる（R3地法附則8⑫⑭）。

　また、法人事業税の外形標準課税においては、各連結法人が単体として本税制の適用要件を満たしている場合には、付加価値額から雇用安定控除率調整後の控除対象新規雇用者給与等支給額を控除することとなる（R3地法附則9⑭）。このときの控除対象新規雇用者給与等支給額は、各連結法人がそれぞれ計算することとなる。この取扱いは、仮に連結グループ全体として本税制の適用要件を満たさずに税額控除を行うことができなかったとしても、事業税については別途単体の法人として適用要件の充足性を判断する必要があるので留意する。

■著者紹介

鯨岡　健太郎（くじらおか・けんたろう）

1997年　専修大学商学部卒業
1998年　監査法人トーマツ（現：有限責任監査法人トーマツ）に勤務
2002年　公認会計士登録
2003年　税理士法人トーマツ（現：デロイト トーマツ税理士法人）に勤務
2005年　税理士登録
現　在　税理士法人ファシオ・コンサルティング　パートナー
　　　　鯨岡公認会計士事務所　代表

（著書）
・『賃上げ促進税制の実務解説』清文社、2022年
・『人材確保等促進税制（所得拡大促進税制）の実務解説』清文社、2021年
・『中小企業の判定をめぐる税務』清文社、2021年
・『賃上げ・投資促進税制（所得拡大促進税制）の実務解説』清文社、2018年
・『三訂版　最新企業会計と法人税申告調整の実務』（日本公認会計士協会東京会編、専門編集員）日本公認会計士協会、2017年
・『中小企業のための事業承継ハンドブック』（日本公認会計士協会東京会編、専門編集員）清文社、2016年

（主な講演実績）
株式会社プロフェッションネットワーク、一般財団法人会計教育研修機構、日本公認会計士協会、TKC全国会、株式会社税務研究会、株式会社レガシィ、株式会社KACHIEL、TAC株式会社ほか

中小企業の繰越控除にも対応！
詳解　賃上げ促進税制
給与額の集計方法から適用判定、申告書の書き方まで

2024年11月29日　発行

著　者　　鯨岡　健太郎 ©

発行者　　小泉　定裕

発行所　　株式会社 清文社

東京都文京区小石川1丁目3-25（小石川大国ビル）
〒112-0002　電話03(4332)1375　FAX03(4332)1376
大阪市北区天神橋2丁目北2-6（大和南森町ビル）
〒530-0041　電話06(6135)4050　FAX06(6135)4059
URL https://www.skattsei.co.jp/

印刷：大村印刷㈱

■著作権法により無断複写複製は禁止されています。落丁本・乱丁本はお取り替えします。
■本書の内容に関するお問い合わせは編集部まで FAX（03-4332-1378）又はメール（edit-e@skattsei.co.jp）
　でお願いします。
■本書の追録情報等は、当社ホームページ（https://www.skattsei.co.jp/）をご覧ください。

ISBN978-4-433-71224-2